杨南生传

伏　萍◎著

中国宇航出版社
·北京·

图书在版编目(CIP)数据

杨南生传 / 伏萍著. --北京 ：中国宇航出版社，2017.12

ISBN 978-7-5159-1372-8

Ⅰ. ①杨… Ⅱ. ①伏… Ⅲ. ①杨南生(1921－2013)－传记 Ⅳ. ①K826.16

中国版本图书馆 CIP 数据核字(2017)第 212873 号

责任编辑　黄　莘
责任校对　王　妍　马　喆　　装帧设计　宇星文化

出版发行　中国宇航出版社

社　址　北京市阜成路 8 号　邮　编　100830
(010)60286808　(010)68768548
网　址　www.caphbook.com
经　销　新华书店
发行部　(010)60286888　(010)68371900
(010)60286887　(010)60286804(传真)
零售店　读者服务部
(010)68371105
承　印　三河市君旺印务有限公司

版　次　2017 年 12 月第 1 版
2017 年 12 月第 1 次印刷
规　格　787×960
开　本　1/16
印　张　21.75
字　数　280 千字
书　号　ISBN 978-7-5159-1372-8
定　价　68.00 元

《杨南生传》
编审委员会

固体火箭事业的开创者和奠基者

代 序 一

航天科技四院院长 田维平　党委书记 邓红兵

杨南生，我国固体火箭技术的开创者和奠基者之一，我们最受爱戴的老领导、最受尊敬的前辈和师长，为中国航天固体动力事业的发展作出了突出贡献。为系统回顾和总结杨南生先生对固体动力事业和航天事业作出的重要贡献和取得的科学成就，回顾和总结他个人的成长历程，记录和传承他的科学思想和创新方法，为航天事业积累精神财富，为年轻科技人员学习传承航天前辈的品格情怀竖起精神标杆，中国航天科技集团公司第四研究院党委研究决定，组织力量编撰出版《杨南生传》。

他是固体火箭发动机技术的开拓者。在固体火箭事业创业之初，杨南生先生作为技术指导员，参与创建了两大固体火箭发动机研制基地，指导解决了一批技术关键和大量设计、工艺、试验难题，主持研制成功了 10 余种固体发动机。在他的指挥带领下，从第一台复合固体推进剂火箭发动机，到发射第一颗人造地球卫星“东方红一号”的运载火箭“长征一号”的末级发动机，再到第一枚潜射战略导弹发动机；从助力第一颗科学试验卫星“实践一号”、第一颗通信卫星“东方红二号”的远地点发动机，到成功帮助第一颗返回式卫星返回地面的返回式制动发动机，中国的固体动力事业从无到有、从小到大，不断发展壮大。

他专注于基础理论研究和科学方法创新。杨南生先生非常善于运用基础理论解决工程实践难题，从而推动了固体发动机技术的创新和发展。他将有限元法应用于发动机壳体和装药的应力分析，提高了发动机结构设计的精确性；他运用断裂力学理论，指导发动机超高强度钢壳体设计，调整材料的机械性能指标，提高了壳体强度的可靠性；他运用粘弹力学理论，解决了长期困扰科研人员的装药裂纹问题，顺利突破了大型发动机装药关；在玻璃钢壳体研制初期，遇到了点火瞬间后封头烧穿和壳体爆炸的所谓“神秘冲击”问题，他通过对壳体和装药的动态应力分析，采用人工脱粘技术，彻底解决了这一难题，奠定了用纤维缠绕发动机壳体的技术基础。

他是研制大国重器的先驱。杨南生先生主持制定了我国第一代潜地固体战略导弹的总体方案和两级发动机方案，为导弹在 1982 年的水下成功发射奠定了技术基础。他还主持开展了综合新材料、新技术、新工艺单项预研成果的 3 种综合试验发动机的研制，均取得了地面试验的圆满成功，为我国第二代固体战略导弹的发展奠定了技术基础。

今天，经过 60 余年的不懈奋斗，我国航天事业取得了举世瞩目的辉煌成就，走出了一条自力更生、奋发图强之路。伴随着航天事业的发展，作为中国航天固体动力事业的发祥地和领军者，四院的固体火箭发动机技术快速发展、应用领域不断拓展，从直径300毫米到2米及以上，从研制到批产，从建院初期以战略为主，逐步拓展延伸到现在拥有地地、地空、潜地、海防等战略、战术、宇航并举的全应用领域固体发动机研制生产能力的发展格局，始终保持着固体动力技术在国内的领先地位。成绩的取得，离不开包括杨南生先生在内的老一辈四院人的无私奉献和不懈努力。

今天，当我们的固体发动机参加飞行试验获得圆满成功时，当我们的型号产品批产交付列装部队时，我们更应该追忆那些为之付出一生的航天前辈，正是他们在那个特殊的年代，艰苦奋斗、矢志创新，才为我们铺好了继续前进的道路。他们身上体现出来的自力更生、艰苦奋斗、科学创新、追求真理的高贵品质和爱国主义精神，是我们不断奋勇前行的动力和事业发展的宝贵精神财富。

在我们迎来航天固体动力事业暨四院创建55周年之际，我们十分欣喜地看到《杨南生传》的出版，一个更加完整、更加清晰、更加生动的航天学者形象跃然纸上！希望年轻的四院人和所有后来者,通过这本书，能够系统地了解杨先生一生的光辉事迹，重温四院和航天固体动力事业艰辛的创业发展历程，更要传承和学习杨先生身上所迸发出的高尚的精神品格和家国情怀：学习他放弃西方国家优越生活和工作条件，毅然回到一穷二白的祖国，献身航天事业的伟大爱国主义精神；学习他勇于打破封锁垄断，严肃认真、精益求精、苦学深钻，用科学理论指导实践，不断指导攻克技术难关的创新拼搏精神；学习他无论是大漠戈壁还是秦岭深山，面对极其困难的工作和生活条件，始终淡泊名利、甘之如饴的无私奉献精神；学习他晚年即使退居二线多年，仍时时牵挂四院和固体动力事业发展进步的不灭的航天情怀。

发展航天，动力先行。航天固体动力技术是国防武器装备发展的核心，也是航天运载技术多样化发展的根基。如今，发展航天事业、建设航天强国的重担正落在我们这一代航天人的肩上，我们相信，一定会有越来越多的有志青年，沿着杨南生等老一辈航天人的足迹，学习传承他们的优良作风、崇高品质、科学思想和创新精神，在固体动力事业、航天事业发展建设的征程中不忘初心，牢记使命，继续前进，再创辉煌。

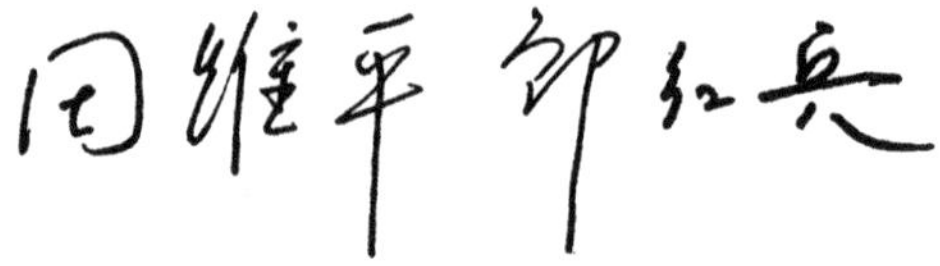

让探空火箭冲云天

代序二

中国科学院院士 王希季

《杨南生传》的出版是一件非常有意义、有价值的事情，特此表示热烈祝贺！

杨南生先生是我国著名的探空火箭、导弹和力学专家，是我国航天事业的开创者和组织者之一，是“两弹一星”研发的帅才之一。他为中国航天事业发展作出了重大贡献。

“两弹一星”是我国的战略威慑力量，是“不战而屈人之兵”、争取和平的“国之重器”。杨先生正是以研发中国第一枚运载火箭团队（中科院“1001”设计院、上海机电设计院）领导人（副院长）的身份进入我国航天界，开始承担党和国家交付的重任。他为“两弹一星”研发团队的创建和壮大，为我国固体导弹、探空火箭、第一发卫星运载火箭的研发等都作出了重大贡献。我国返回式卫星的制动发动机和高轨定点卫星的远地点发动机也是由杨先生负责主持研制的。

开始我国第一代运载火箭研制时，国家正处于经济条件困难、工业和技术基础薄弱的时候。杨先生提出了“从零开始，由小到大，以技术难度比较小的无控制探空火箭为突破口，从技术练兵做起，循序渐进地创造条件，在适当的时候再开始运载火箭研制”的建议，得到了上级的批准。于是，开始了代号为 T-7 的无控制（不用姿态控制系统）探空火箭的研制。为了慎重起见，先做一个缩比模型火箭，代号为 T-7M。研究任务主要由上海机电设计院承担。

事业的开创都很艰难。成立初期的上海机电设计院技术人员平均年龄也就 20 岁多一点，大家没有火箭方面的相关知识，有的只是开创祖国航天事业的激情。不懂就学，边学边干，边干边学，学了就干，不懂再学。杨先生带头学，头天晚上刚刚掌握，第二天就给大家传授。杨先生平易近人，他的授课深入浅出，理论联系实际，概念清晰，重推理，深受研发人员的欢迎。

上海机电设计院当时没有院长，杨南生副院长既是全院的行政和技术领导，又是 T-7M、T-7 火箭工程大系统的总设计师。他遵循钱学森先生系统论的观点和系统工程的方法，在十分艰苦困难的条件下，从顶层正确定位各层次的各个分系统、子系统，带领团队有条不紊地创造出了几个月内就发射成功 T-7 模型火箭 T-7M 的奇迹。在此基础上继续努力，T-7 火箭又只用了不到一年的时间就研制成功。T-7M 和 T-7 的成功是我国自主研发液体推进剂火箭取得的第一个重要进展，从而揭开了中国火箭探空活动的序幕。随后，气象火箭、生物火箭、物理火箭、高空试验火箭等探空系列火箭相继研制成功。

研发火箭，火箭发动机先行，研发火箭发动机，发动机试车台必不可少，这是规律，不能违背。试车台必须有防爆、防毒和防火措施，这是规律，不能违反。在当时时间和财力都不允许新建的情况下，杨先生跑遍上海郊区，在江湾机场内找到了一座当年国民党军队废弃的旧碉堡，自己动手修改。时处寒冬腊月，科技人员当起了“泥瓦匠”，弄水和泥，搬砖抬石，很快就利用碉堡的夹道建成了一个防爆、防毒和防火的发动机试车台。在这个无遮无掩的废碉堡里，科技人员白天干活，晚上进行数据分析。碉堡隔出一块作为热试车时的测试室。工作人员和参观人员可在测试室或碉堡外观察试车，被同志们戏称为“碉堡试车台”。

有了试车台，还要发射场。杨先生带队骑自行车多次勘察，选择在南汇老港的滩涂建设火箭发射场。当时滩涂上只有一间平房和一个空军雷达站。杨先生率领年轻的科技人员徒步 10 多里，在滩涂上搭起了芦苇窝棚，用稻草铺成地铺，手拉肩扛，艰苦地修建发射场。从选址、设计、加工制造设备到建成投入使用，仅用了不到三个月时间。

1960 年 2 月 19 日，中国第一个完全自己设计、自己制造的液体推进剂探空火箭 (T–7M 主火箭) 完成了发射前的一切准备工作，静静地伫立在 20 米高的发射架上，只待一声令下就腾空而起。时任中国科学院副院长张劲夫、秘书长裴丽生和力学所所长钱学森等人都来到现场督战。

这发火箭看起来简陋，但却是结合国情的科学之作。定时装置由小台钟改装而成，点火装置则是将手电筒灯丝裹上硝化棉制成的，推进剂加压设备是自行车打气筒……而这些都是经过多次模拟试验和环境试验的可靠产品。

16 点 47 分，随着发动机喷射出的耀眼白光直冲云天，T–7M 火箭发射试验圆满成功。和所有在现场的人一样，杨先生也忘情地雀跃欢呼："成功了！成功了！"

这枚实验型液体推进剂模型火箭的发射成功，标志着我国奔向太空的征程起步了。1960 年 5 月 28 日晚，毛泽东主席莅临上海友好大厦（今上海展览馆），视察陈列在上海新技术展览会尖端技术展览室里的 T–7M 火箭，并给予了高度评价。

1998 年 2 月上海南汇老港竖起的"中国第一枚探空火箭发射成功纪念碑"上镌刻着这样的字样——

一九六〇年二月十九日十六时四十七分，中国第一枚试验探空火箭"T–7M"在此发射成功。"T–7M"火箭由上海机电设计院（现航天工业总公司空间技术研究院五〇八研究所）杨南生副院长、王希季总工程师等百名科技人员自行设计、制造，历时三月。艰苦创业，以此为志。

当时，我特邀杨先生参加纪念碑落成仪式，但因年岁、健康等原因，杨先生没能成行，他为此专门寄来了一封情真意切的信函，其中写道："回想起我们当时工作，上海各方面所获得的殷切指导和援助，许多具体情节至今历历在目，令人铭记在心，终生难忘。"他还勉励大家，"同心协力、再接再厉，以更大的航天成就迎接即将到来的 21 世纪！"

回想杨先生领导、并与我们并肩战斗的日子，仿佛就在昨天，我们的友谊，我们的奋斗，我们的信念，永远铭记在上海南汇老港这座历史的丰碑上，激励后人继承和发扬航天传统和爱国主义精神，团结前进，再创辉煌！

王希季

永远的师者和楷模

代序三

中国工程院院士 侯 晓

我是1990年自西北工业大学博士研究生毕业后到四院工作的，工作中经常听到同志们提起的一个人就是老院长杨南生先生。大家一提起他，那种尊敬爱戴之情溢于言表，从同志们的言谈之间，我了解到了杨南生老先生是一位爱国敬业、知识渊博、技术过硬、作风严谨、平易近人的老专家、老前辈。作为一名在航天战线工作的后辈，我能为杨南生先生传记作序，不仅感到惶恐万分，同时也感到万分荣幸。

杨南生老先生的一生波澜壮阔，无论是在事业发展方面，还是在人格魅力塑造方面，都取得了了不起的成就。当我翻开这本书，阅读老先生经历的每一件事，那个曾经激情燃烧的岁月，就如同放电影般展现在我的眼前。书中叙述的很多事自己还是第一次获知，对杨老的了解越多，对他的尊敬之情就越深，对我们所从事的航天事业爱得也就越切。

1949年新中国成立后，杨先生舍弃了英国给予的优厚待遇及舒适生活，毅然返回到一穷二白的新中国。回国后，他把自己的人生和祖国的建设以及航天事业的发展紧密联系在一起，开启了几十年的艰苦创业生涯。他和四院的老一辈航天人一起，挺进深山、开赴荒原、转战戈壁、奔走三线，哪里有需要，哪里有困难，就出现在哪里。岁月如梭，他几十年如一日，一直坚守在我国航天事业创业发展的第一线，始终如一，无私奉献，作出了突出贡献。杨老先生作为我国航天事业的奠基人和固体火箭技术的开创者之一，为我们树立了学习的楷模。

杨南生先生和老一辈航天人一起，创造了我国航天事业特别是固体动力技术发展史上的多个第一。杨老先生参与主持研制并成功发射了我国第一枚探空火箭，开启了中国航天事业发展的大幕。之后，他受命转战到航天固体动力技术领域。作为导弹武器系统的“心脏”，固体火箭发动机的独特用途，决定了其从诞生那天起就必然受到国际上严密的技术封锁。先生和科研人员一起，充分挖掘极少的资料，带领科研人员通过反复演算、手工操作等办法，在实践中学习，在实践中提高，组建了我国航天固体火箭发动机科学研究体系。他主持研制的多型固体发动机用在了我国第一颗人造地球卫星、第一颗返回式卫星、第一颗试验通信卫星以及第一枚潜射固体战略导弹上……他的这种成功，源于一种选择，这种选择，就是国家的需要；这种成功，更源于对初心的坚守，这个初心，就是浓厚的家国情怀。

杨老先生治学严谨，深受大家的爱戴，是大家尊敬的前辈和师长。固体火箭发动机是一个多学科交叉的高科技领域，涉及到固体力学、流体力学、物理化学、高分子化学、机械化工、复合材料、仪器仪表，等等，他从理论分析入手解决工程问题，带领团队进行了一项项的攻关，吃透了一个个的关键技术，深厚的理论功底、精湛的科学方法让大家叹服。科研上他严格要求，因为差之毫厘、谬以千里；严苛的要求，确保了一次次成功，也培养了年轻科研人员“严慎细实”的工作作风。碰到年轻人问问题，他总是耐心详细解答，同时还充分发扬学术民主，尊重年轻人的想法，鼓励年轻人多想多干。杨老先生平易近人、生活俭朴，一辆简易的 28 式自行车，一直是他最心爱的交通工具，他骑着它走遍了四院的各个研究室、工厂和车间。他一生的最爱就是科学研究，他一生的追求就是祖国强大，科学的态度、朴实的作风、高尚的品格，不断地培养人、教育人、影响人，带出了一批品学兼优的拔尖人才，为我国航天固体动力事业的不断传承和发展打下了坚实的人才基础。

中国的航天事业来之不易。正是因为有了一批像杨南生先生这样的四院人、航天人，他们始终以祖国强盛、民族昌盛为己任，冲破重重险阻，攻克道道难关，才使得我国固体动力事业和航天事业实现了从无到有、从小到大、从弱到强的跨越发展。我国航天事业经过 60 多年的发展，取得了举世瞩目的成就，也孕育形成了具有时代特征的伟大的航天精神，而这个精神的源泉，正是因为有一大批像杨老先生一样的航天人，他们热爱祖国、无私奉献、自力更生、艰苦奋斗，在各自舞台上书写着自己的华彩乐章，凝聚形成了宝贵的精神财富，不断激励着我们这些后辈奋发前行。

不忘初心，坚守初心，方得始终。在国家最困难的时候，像杨南生先生这样一批人，怀着“实业报国”的理想，以无比忠诚的家国情怀，把全部的青春、热血、智慧甚至是生命，都无私奉献给了祖国的航天事业，他们也因此受到了党和国家的褒奖，也深受人民的爱戴和尊敬。科学探索无止境、宇宙太空探索无止境，发展航天事业，建设航天强国，是我们不懈追求的航天梦，也更需要我们后来者进一步继承老先生和先辈们的遗志，继续传承和发扬航天精神，奋力创新、继往开来、砥砺前行。

目　录

第十二章　风雨人生不问高

第十三章　思思念念 心系航天

引　言

每个人都是世间的匆匆过客。有的人与之邂逅，转身忘却；有的人与之擦肩，必然回首。想起臧克家的一首诗：有的人活着 / 他已经死了 / 有的人死了 / 他还活着……是啊，杨南生如同一颗璀璨的星，默默地来，又默默地去，耗尽毕生精力，只为奉献，从无后悔……他已经成为中国航天科技集团公司第四研究院一张沉甸甸的名片。

2013 年 3 月 5 日，是毛泽东主席发出“向雷锋同志学习”号召 50 周年纪念日。这一天，一位航天巨星正默默地躺在洁白的病床上，与家人、与战友、与所有的医护人员道别，留下了他最后的微笑。这位 92 岁的世纪老人，为共和国而跳动的心，终于累了，向他钟爱了一生一世的人和事业谢幕。

他的名字叫杨南生。一个缔造了新中国多个“第一”的传奇人物；一个用中华传统文化和价值取向铸就灵魂的精神楷模。凌晨 4 时 20 分，他静静地走了。人们仰望他，犹如仰望一颗璀璨的星辰。泪眼中，为他送去永远的追忆：终生心血奉人民天问无愧，一世功名任春风碑树人心！

当我们沿着杨南生先生的足迹，走访了居住在北京、呼和浩特、上海、西安等地的100多位航天老前辈之后，崇敬之意愈久弥坚。开明、民主、不谋私利，人们为他勾勒出为祖国、为人民、为航天事业无私奉献、成就斐然而又淡泊名利的人生轨迹，称颂他在道德、品格、修养、事业和情趣等方面闪耀的人性光辉。

杨南生毕业于西南联大，留学英国，1950年携妻回到新中国，在中科院的指派下，领导研制成功了我国第一枚探空火箭后，即为建立中国强大的国防，带着周恩来总理的任命书，一头扎进瘴疠之地的四川泸州，继而转战内蒙古荒原，又率领航天四院年轻的科研队伍，拉开了中国航天固体火箭发动机事业发展的大幕。几十年艰苦卓绝，在他们的努力下，中国航天固体火箭发动机事业从无到有，从小到大，从粗到精，发展壮大起来。

杨南生是第一批回归新中国的海外学者，是第一批加入中国共产党的回国高级知识分子，是奉命调往艰苦三线后毅然决然拔掉大城市的根、带着户口本去边疆的专家之一，还是带头扎根三线深山老林的学者之一；中国的第一个固体火箭发动机研制基地和它的大三线基地建设，有他的心血和汗水；他主持研制成功了我国第一个自行设计的实用型探空火箭系列，并组织进行了中国第一次高空气象探测研究和高空生物学研究的发射；他率领一批创业者，研制成功了中国第一种复合推进剂固体火箭发动机，以及第一种实用型复合推进剂固体火箭发动机，参与了我国第一颗人造卫星的成功发射；他和团队冒着风险，沿着世界上没有先例的先海后陆途径，展开了我国第一代固体战略导弹的研制，第一次取得了直径 1400 毫米固体发动机模样机的试车成功；在他主持下，为我国的第一代返回式卫星提供了制动发动机，以及保证卫星在地球同步轨道上准确定点的远地点发动机；在他的组织带领下，第一次把固体发动机直径做到 2 米，第一次使用复合材料壳体、碳 / 碳整体大型喷管喉衬、柔性全轴摆动喷管推力向量控制等新技术，把我国的固体发动机技术提升到了一个崭新阶段，为性能精良的第二代固体战略导弹的研制成功做好了准备，夯实了基础，打通了道路……所有这一切的成功，杨南生和他的团队都以固体火箭发动机无可替代的地位与价值，在其中写下了让中国笑傲世界的精彩篇章。

但是，由于他所从事的航天领域不仅因其技术尖端，更因其与国防安危息息相关，所以他和他的战友以及他们的事业一直是个神秘王国。特别是其中的固体火箭发动机更为神秘。改革开放把中国推入了新时代，这个领域开始逐步得以解禁，神秘王国的面纱才被揭开一角，王国里的人物方能走出神秘，站在世人面前，与大家同庆卫星上天，共贺导弹升空。杨南生就是从固体火箭发动机这个神秘王国里走出来的传奇人物，作为中国探空火箭及固体动力事业的奠基人之一，也是这些事业从无到有、从小到大的领军者、技术指挥者之一，他为中华民族赢得国际地位作出了重要贡献。这些积淀了的史实，也让人们回忆起了航天固体大军转战南北、艰苦创业的一个无私而伟大的群体。毕竟，中国航天固体动力事业的成就，是这一事业的全体从业者共同奋斗的结果。

人们说，和朴实的人在一起可以纯净灵魂；被高尚的灵魂所感召，人生就有了新的坐标。笔者是如此的幸运，能够有机会一点点、一步步地了解、知晓并走近杨南生和他战友们的传奇。所到之处，人们口碑相传：他是一个亲和力极强的人，与他在一起，有一种轻松、一种愉悦，更有一种超凡脱俗的魅力吸引着你，这种感觉令人费解。要知道，与他接触，有的人是一生一世，有的人是擦肩而过，有的人甚至只是听闻过其人，可他的故事却深深镌刻在大家心中。在大家心目中，杨南生不仅是一位德高望重的指挥者，一位知识渊博的专家，更是一位令人崇敬的、伟大的爱国主义学者。他睿智幽默、豁达开朗、果断刚毅、不计名利，因为他的率真，他的坦诚，他的无私无畏，他的敢于担当，人们才会勾勒出一副人生正义的坐标，这个坐标之上，一头是祖国和人民，一头是他的赤胆忠诚。他的人生写满了故事，令人敬仰。他对每一位劳动者以应有的尊重，从他身上，人们得到的是生命的尊严。

战略导弹是现代国防的基础，宁可千年不用，不可一日无备；而研制导弹，离不开其重要的核心关键技术——航天动力技术。中国的航天事业用较短的时间实现了从无到有、从小到大、从弱到强的飞跃，使我国跨入了世界航天大国的行列，先后在“两弹一星”、多种卫星研制、战略战术导弹研制、大型运载火箭研制、载人航天、探月工程等项目中都取得了重大成果，为国家的科技发展和国防建设作出了巨大贡献。这些伟大功绩的取得，离不开无数敢想、敢说、敢干的航天人的默默奉献。中国航天事业在收获了丰硕的科研生产物质成果的同时，也逐步孕育、形成了宝贵的精神财富——航天精神，这就是“自力更生、艰苦奋斗、大力协同、无私奉献、严谨务实、勇于攀登”。在这一精神鼓舞下，老一代航天人历经了无数艰辛，“献了青春献终身，献了终身献子孙”。在这一代人中，杨南生先生无疑是最杰出的代表之一。

当我国第一代、第二代、第三代甚至第四代固体发动机蓬勃发展、创造一个又一个辉煌的时刻，他却永远地走了。但他的名字却随着国家固体发动机事业的发展，连同他高风亮节的大家风范，永远闪耀着光芒，给人们留下永久的回忆，他勤勤恳恳，踏踏实实，给予和付出是他生命的价值。虽然他走了，但人们却把他抬举得很高、很高。

在 1978 年全国科学大会上，他获得先进个人奖；他荣立过航天工业部一等功；他 1990 年开始享受政府特殊津贴，1991 年第一批被国务院认定为“有突出贡献专家”；他还是我国第一批国际宇航科学院院士。

丰碑之下，他是一面不倒的旗帜。

第一章

回归祖国 茁壮成长

他出生在缅甸仰光，但中国始终是他梦里的故乡。骨髓里存储的中国元素、家庭的熏陶，以及中华民族优秀的传统文化，便是他“人之初”的启蒙：忠厚、善良、诚信、正道……他怀揣梦想，刻苦学习，企盼着有朝一日为国争光。

1. 异国他乡出生

在福建省南部，东对厦门的海湾，有个龙海县（旧称海澄县），这座被世人誉为兵家必争之地的千年古城，留有朱熹、郑成功等将相的足迹。这里有闻名天下的东郊步月、北岸含烟、锦水归帆、河埭蛙鼓等景观，与金门岛、太武山隔海相望，有着“白云深处”梦一般的情怀。

这里是杨南生祖籍所在地，而杨南生却出生在异国他乡。

杨南生的父亲杨允修（又名杨永修），系缅甸华侨，从小在缅甸、新加坡一带求学，中学时期被福州名门萨氏家族后裔萨君陆（又名萨幼实）所开办的“闽省华侨公学”录取，成为该校的首期学员。

1951 年，杨南生父母在香港的合影

杨南生的母亲萨本祥，出生于福建省福州市。作为福州名门望族的后代，她六岁起就在私塾念书，而且秉性倔强，年幼时坚决不肯缠足，幸而父亲萨君陆开明，才让她成为福州第一个“天足少女”。九岁时，她女扮男装，与弟弟们一同进入福州第二公立男小读书，还动员家人一起把头发剪短。十三岁时，福州女子师范开设，她即考入该校继续读女中。

萨本祥的父亲萨君陆，是少数民族著名诗人萨都剌（色目人，属蒙古族）的后裔，祖上是随元朝迁入福建的盐商。清末时期，萨君陆曾留学日本，期间因参加“反帝制”革命运动，被他母亲电报催促辍学回到中国。萨君陆在福州任闽省视学官期间，曾于宣统元年（公元 1909 年）赴南洋各地视察华侨学校，回国时，带回 11 名华侨学生（其中就有杨允修），在福州北后街开设补习班，讲习中文。一个学期后，校名定为“闽省华侨公学”。

萨本祥的母亲是一位传统的家庭妇女。萨本祥曾在她的自述中写道：“我母亲善做绣花鞋，紧紧的，强迫我穿，幸我父亲比较开通，替我解放出来了。”

萨本祥是家中老大，性格活泼热情，青年时期遇见在父亲中学读书的杨允修，心中喜爱就大胆追求。与她感情甚笃的二弟萨本栋还曾当过他们情书的秘密传递人。

1913 年，杨允修考上福建华侨留日训练班，东赴日本明治大学学习银行会计专业。萨本祥也想去日本留学，祖母不肯，她便“哭了十数天与她斗争，始获如愿”，随后前往日本东京的日本女子大学学习家政。

1918 年 7 月，杨允修夫妇回国完婚。婚后他们再度返回日本，继续完成学业。

1921 年，杨允修在日本完成学业，携全家一起回到缅甸仰光，受聘于仰光华侨中学，担任该校第二任校长。

1921 年 12 月 29 日，杨允修夫妇迎来了他们的第一个儿子，他们为他取名“杨南生”，意为“在‘南洋’缅甸出生”的孩子。这个小生命的降临，给杨氏家族带来了莫大的喜悦。

杨南生出生后不久，父母决定带他回到中国的土地，希望他在那里茁壮成长。

1923 年，杨允修夫妇携子一同回到故土中国。

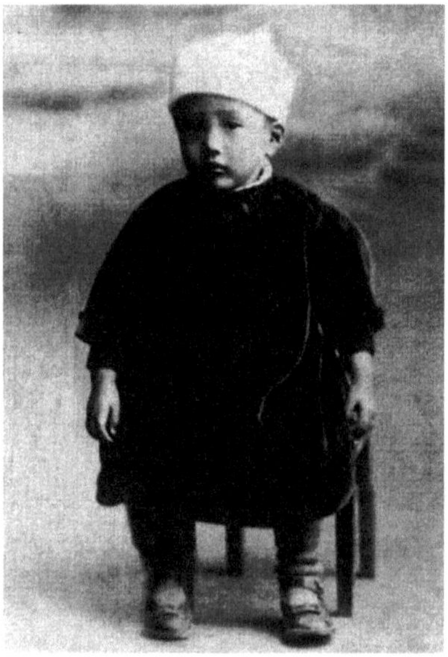

1924 年的杨南生

2. 回国童年飘荡

回国初期，杨允修辗转于福建与北平之间，由于居无定所，父亲就将“顽劣”的杨南生带在身边，手把手地教他识字。到了入学年龄，则把他寄养在北平外祖父家里。

几年后，杨允修终于定职于北平国立图书馆，担任日文编辑。后又曾在清华大学兼教日语，同时业余编纂《日华字典》。他们夫妇一共养育了四个子女：

长男，杨南生，1921 年生于缅甸仰光（取“南洋”之意）。

长女，杨燕生，1924 年生于北平（取“燕京”之意）。

次男，杨福生，1926 年生于福州（取“福州”之意）。

次女，杨平生，1929 年生于北平（取“北平”之意）。

杨南生小学上的是教会办的“育英”学堂，开始接受早期的英语教学。他的童年及青少年时光大部分都是在外祖父家度过的，有十多年的时间，他们都是和外祖父一家一起居住在北平东城区东单三条一幢三层的小红楼里。所以，杨南生和弟弟妹妹们与他们的外祖父和舅舅们建立了深厚的感情。

杨南生的外祖父萨君陆，从福州到北平定居后，一直不愿做官，便在天文台工作。他有一个交往甚密的族叔父，是声名显赫的萨镇冰。萨镇冰

1933 年，萨家三代在北平东单三条红楼三号寓所前合影
萨君陆夫妇；萨本祥夫妇及其四个子女（前排左三为杨南生）；
萨本铁夫妇及其长女；萨本栋夫妇及其长子；萨本祓。

早年赴英学习海军，清末曾任海圻舰舰长和北洋海军提督等要职，经历过甲午海战。后来当过北洋军政府的海军总长，福建省省长、代理国务总理等。因对蒋介石独裁专制不满，1933 年，他帮助李济深联合 19 路军蔡廷锴等反蒋抗日，在闽建立“中华人民革命政府”。新中国成立后，他被特邀为中国人民政治协商会议第一届全体会议代表；历任全国政协委员、中央人民革命军事委员会委员、全国华侨事务委员会委员和福建省人民委员会委员等职。

杨南生的两个舅舅，青年时期均赴美留学，成绩优异。其二舅萨本栋，1928 年放弃了美国优越的工作和生活，毅然回国，在清华大学物理系任教授，是我国著名的物理学家，他所撰写的《普通物理学》一书，在 20 世纪 30 年代出版后，在很长时间内作为我国高等学校的物理教材。抗战时期，萨本栋曾任国立厦门大学第一任校长，在那里呕心沥血忘我工作多年，积劳成疾，43 岁即胃癌发作，赴美就医不治，卒于美国。

杨南生的父亲以一个小职员的微薄收入抚养着一家老小，家境并不阔绰。杨南生在父亲的影响下，勤俭生活，发奋学习。受当时流行畅销书《爱的教育》中《少年笔耕》一文影响，杨南生经常帮着父亲誊抄文稿及卡片。

杨南生从小成长在这样一个崇尚刻苦奋斗和以实干报国的开明家庭中，他刻苦好学，与人为善，志存高远。

小学毕业后，杨南生以优秀的成绩考入了北平师大附中。当年，北平师大附中十分讲究英语教学，他的英语教师是一位燕京大学毕业生，向学生们坦言要用“直接法”教学，课堂上全用英语授课，而且规定学生一律用英语对话，这无疑为杨南生打下了厚实的英语功底。直至杨南生的晚年，他还一直怀念着这位严师。

1936 年，正在读高中的杨南生帮父亲誊抄书稿

3. 舅舅的影响

杨南生读初中时，两位舅舅已先后从美国留学归来，在清华大学任教。他们给杨南生带来了英语环境的熏陶，使他对标注英语的舶来品，如船模等，以及英语图书资料产生了浓厚兴趣，时不时地把玩、阅读。兴趣所至，他还带领弟弟妹妹共同设计和动手完成了许多模型，有飞机，也有轮船，据弟弟杨福生回忆，其中最“庞大”的船模，长达 2 米多，足有沙发大小，不光有各层甲板及救生艇，在船体内还有船舱、客房和家具……其精致逼真程度，连父亲和舅舅都深为赞叹，而且专门为它拍了照，这张“玉照”一直被杨南生终身珍藏着。后来，杨南生还倡导弟妹们自制“工艺品”，每个周末开一次“抽奖大会”，互换作品，鼓励大家动脑动手的实干能力。平生小妹曾画有一幅画，有房子，有人物，太阳正在下山，小鸟在天空飞翔。杨南生高兴，即兴题诗“日落西山鸦归巢，纸鸢空中又飘摇”，大家都非

常开心。

这个时期，也正是杨南生的二舅舅萨本栋紧张地撰写《普通物理学》的时候。萨本栋一边起草，一边请姐夫杨允修誊抄，这件事也引起了杨南生的兴趣。他利用假日和晚间，一边帮父亲誊抄，一边自学了这本《普通物理学》，成为舅舅大作的第一位小读者，也受到了物理学科最初的启蒙。

在父亲和舅舅崇尚“实学”（即科学）报国的思想熏陶下，杨南生年少的心中，已经悄然萌生了要以科学来求真、求善、求美，此生要为国家做实事的志向。

在学校，他醉心于数理化，成绩一直拔尖。有一次物理考试，全班大多数人不及格，而他却独得100分；在一次全北平高中数理化会考中，他又夺得亚军。同时，他还热爱各项体育运动。从小学起，他就是学校百米田径赛场上的运动健将，还是学校的排球队员及足球队的守门员。

杨南生是一个富有情趣的人。他热爱古典音乐，尤其喜爱肖邦、贝多芬等音乐大师的优美旋律，甚至能背出许多名曲的乐谱。他大量阅读各类世界名著，既以其中主人公个人奋斗的经历激励自己，也陶醉于美妙的文学享受之中。在同学中，他活泼、幽默，时常会突然甩出一两句俏皮话，令人捧腹大笑。弟弟福生回忆：他初中时得了盲肠炎，就在家中居住，父亲的同事曾在家中居住，那时叫“同居”，同事搬走时，要杨南生题词，他不知从哪搞了一个塑料玩具鹦鹉，学着鹦鹉说道：“一场同居的梦终于成了泡影，离别的悲哀掐住了我的咽喉，我更能说些什么呢？”大家哈哈大笑。弟弟福生说：“你看有多酸，是模仿新月派诗写出来的。”福生对电感兴趣，杨南生就买来漆包线鼓励他做电动玩具，没想到他的这个兴趣一直延续下去，后来竟然考取了重庆交通大学电机工程系，后来成为清华

晚年，沉浸在回忆中的杨南生（左）、杨福生（右）兄弟俩，为当年的往事笑开了花

大学电机系教授。

“七七事变”前夕，陈嘉庚先生所创办的厦门大学正式由私立改为国立，杨南生的二舅萨本栋被聘任为国立厦门大学（简称“厦大”）第一任校长，杨南生的父亲被聘为校长秘书（相当于现在的“校长办公室主任”）随之前往。他们义无反顾地离开了当时北平舒适的生活和家庭，前往厦门。

就在萨本栋和杨允修到达厦门的翌日，“七七事变”爆发。为了不让厦大落入日本人之手，他们赶在厦门沦陷前，成功地组织了厦大的迁校，将学校的图书、设备、仪器等妥善搬迁到了闽西的一个叫长汀的偏僻山城，那里没有自来水，也没有电。就在这样艰苦的条件下，他们克服重重困难，为学生建立各种教学设施，就在迁校时带来的几卡车物资的基础上，硬是把厦大发展成了一所具有相当规模的品牌大学。

那时，出于内心强烈的抗日之情，精通日语的杨允修坚决不教日语，只辅佐萨本栋打理学校事务，在任校长秘书之余兼任学校图书馆馆长。

1937 年，厦门大学换任校长留念。前排右起第四人为私立厦门大学校长林文庆、第五人为国立厦门大学第一任校长萨本栋；后排位于两任校长之间的为杨南生的父亲杨允修

父辈们的选择和行动也深深地影响和教育着杨南生。在他年轻的心中，除了对日本侵略者刻骨的恨，还有着对像舅舅这样有骨气的无私忘我为国献身的中国知识分子的崇敬之意。他知道，虽然舅舅和父亲没有走上抗日前线的主战场，但他们用自己的行动，在科学救国的道路上贡献了力量。

4. 胸怀实学报国心

杨南生的父亲和二舅走后不久，北平也被日寇占领，当时的北平师大附中，一部分迁到陕西城固，另一部分被伪政府接收。杨南生未能离开北平，北平学校里的爱国声浪此起彼伏，教师们的爱国热情影响着学生。一次英语课上，燕京大学毕业的刘老师突然向同学们宣布了一个坏消息：南京沦陷了！说完便呜呜大哭，老师的情感感染了杨南生和这批高二学生，全班哭作一团，抗日的火种在他们的心中燃烧起来，那年杨南生还不到 16 岁。

1938 年，杨南生的母亲带着杨南生的弟弟和小妹，前往福建与他父亲会合，正在就读高中的杨南生和他的大妹则暂时寄居在北平外祖父家继续完成学业。

随后，校方依照亲日伪政府的要求，要组织排球队与育英中学争夺冠亚军，杨南生为校队主力，理应奋战赛场。但是，杨南生毅然决然地把发给他的运动服退还，拒不参加比赛，以示对日本侵略中国的强烈抗议。后来，北平发生了两次反日大游行，杨南生虽是一般参加者，但他却兴奋不已，在当天的日历上作了记录：北平学生反日抗争第一次游行，北平学生反日抗争第二次游行，表现了青年学生的爱国热情，这种对日本侵略者的愤懑之情，他终生都没有衰减。

不久，伪政府便向学校派来一名自称“爱民”的训导主任，他满口脏话，一脸杀气，对爱国师生恨之入骨。汉口陷落后，北平伪政府要求召开庆祝会，还要组织各校师生到天安门集会。那个所谓“爱民”的训导主任召集师生训话，下令全校师生届时参加，不得缺席。杨南生非常生气，便与一位朱姓同学商定“有事请假”，借故躲避开会。杨南生用毛笔写了一张“请假条”，又偷偷盖了父亲的名印，交给了训导处。不料，“庆祝”会后，训导主任把杨南生叫到办公室，瞪着眼，喷着唾沫星，狠狠训斥了杨南生，说他不给皇军面子。当天，学校布告栏贴出一张处罚告示：“查高三学生杨南生玩忽校令，欺骗师长，特予记大过处分，以示训诫。”杨南生对记过毫不在乎，嗤之以鼻。正在同学们议论纷纷时，没几天，布告栏又贴出一份“学业优秀者免交学费”的通知，上面又写着杨南生的大名。这一罚一奖，使得本来已小有名声的杨南生，在全校成了“新闻人物”，同学们对他敬佩有加。

1939 年，杨南生在全市中学数理化会考中取得第二名，以优异的成绩从北师大附中高中毕业。在他们班的同学录上，有这样一段对杨南生的文字记载，从中可以看出他的一些性格特征来：

他的天才与环境，把他造成一个会跑而不会跳、爱念书可也爱闹的家伙。

他有一种怪脾气，怎么怪也说不出。你若在他以为自己的意见很对时，去反对一下，他就要给你一个没有台阶的驳儿。但他在平时，对人的亲和力是很大的；尤其是对跟他研究功课的人，他永远是抱着有求必应的主张。

他有点爱修饰，每次要出门、回家时，总要把头发、衣服整理一下，大概是想使每一个看见他的人，都对他有一个好的印象罢？

高中毕业后，青年杨南生的面前展现了一个全新的未来，他期望更多地掌握科学本领，早日报效祖国。

他的成绩在当时北京名校是数一数二的。他的舅舅曾留学德国，想介绍他去德国上学，他认为德国是法西斯国家，所以坚决不去，心里只想着爱国。

这一时期的杨南生，如何选择今后的奋斗方向，是他人生中的一次重大抉择。年轻的他想去当个飞行员，可以开飞机去打日本鬼子！在这个人生的重大关头，历来不善多言却非常关注子女成长的父亲杨允修与儿子进行了一次平等、深入的长谈。父亲分析了杨南生的特长与不足，帮助他经过慎重思考后，冷静地做出了一个适合他的选择——实学报国。父亲还根据自己的人生感悟，为杨南生写下一个座右铭：“宜立业而后成家，勿成家而后立业。”这些，直至杨南生八十岁高龄时，还深深感怀并牢牢铭记。

在力求“实学”报国的思想主导下，杨南生确立了此生要以实干为国家作出大贡献的志向。当时，杨南生的大舅萨本铁希望他留在北平读大学，但是他不愿留在日本人统治下的北平。为了能以更高的学识提升自己，早日为中国的富强贡献力量，青年杨南生选择了离开北平，前往偏僻艰苦的大后方云南，进入由当时的国立北京大学、国立清华大学及私立南开大学共同组成的“西南联合大学”学习深造。

经过一番准备，杨南生先来到上海，又经过活动，取得了法国护照，从上海乘船，由水路途经越南，绕开了日本人的封锁，辗转抵达昆明，并顺利考取了西南联合大学航空系。

杨南生在西南联大的学习生活是刻苦而清贫的。他除了在工厂勤工俭学之外，还在学习间隙如饥似渴地阅读英文古典名著，如《大卫·科波菲尔》和《约翰·克利斯朵夫》等，以主人公正直的为人和勤勉奋斗的精神为榜样，卧薪尝胆，为报效祖国而积蓄力量。

著名历史学家、翻译家何兆武先生在《上学记》中回忆：从 1940 年夏天到 1941 年秋天，日本飞机几乎天天到昆明来轰炸，早晨九十点钟肯定拉警报。西南联大就在城边，一拉警报大家就往郊外跑……在艰难危险的时刻，人的反应是不一样的，有时会让你感到人性中更深层的心态。比如梅贻琦跑警报的时候依旧是不失仪容，安步当车慢慢走，同时疏导学生；还比如有个叫杨南生的同学，就从来都不跑警报。他说：“不跑留在屋里还炸不到。”

杨南生热爱科学，尤其迷恋航空专业。他希望学好这个专业，为国家制造飞机，报国有门。可是，当他看到国民政府航空委员会“只修不造”的现状，感到航空专业的前景令人失望。一年后，他终结了对航空专业的迷恋，转入机械系深造——这也算是他人生中一次“痛苦”的抉择吧，但正是这种多学科的涉猎，才奠定了他多学科领域科学巨匠的基础。

1943 年，杨南生从西南联大机械系毕业，受昆明中央机器厂的延聘，在此担任工务员。

1943 年夏，杨南生（第三排右一）在西南联大毕业前的集体照

1945 年，中国迎来了抗战胜利，杨南生与同学们共同欢呼庆贺。他们满以为赶走了日本强盗，自己也能安心地为科学报国成就一番事业了，于是杨南生又回到西南联大担任材料力学专业的助教。却未料，蒋介石向解放区发动进攻，闻一多教授被害，“一二·一”昆明惨案血的事实，使他再次觉得报国之艰难，陡增了一层忧愤之情。11 月，昆明大中学校师生集合在联大，举行“反对内战时事会”。国民党军警、特务闻讯，立即包围联大，放枪甚至扔手榴弹进行恫吓，引起各校罢教罢课，以示强烈抗议。12 月 1 日，军警与特务再次到各校镇压殴打罢课师生，有几名学生，永远

倒在了血泊之中。这便是中国现代史上有名的“一二·一”昆明惨案。

那天，有几名特务打扮成工人模样，也冲进了联大机械系，原想到学生宿舍抓人，结果乱闯到教授宿舍，不问青红皂白，扭住马大猷教授连拖带打地往外走，马教授一边抵抗，一面高喊：“你们是干什么的！”正在二楼宿舍看书的杨南生与另一位助教听见响声，急忙下楼看个究竟。杨南生见马教授被一名特务又打又推，跑上前去，对准特务的下巴，迅雷般一拳，击得他直打踉跄。杨南生两人趁机拉着马教授躲进二楼宿舍。等那特务回过神，又招呼来几个特务，在楼下哇哇直叫：“穿黄夹克的（杨南生当时穿的皮外套）出来！抓住黄夹克！”但咋咋呼呼不见动静，只好没趣地走了。马教授对杨南生的义举颇表感激和敬意。多少年后，杨南生说起这件事，坦言有点“后怕”，倒不是怕自己会怎么样，而是担心马教授的安危——那时，马大猷教授刚刚回国不久啊！

5. 音乐为媒

杨南生性格开朗，爱好广泛，在学校不仅热爱运动，还酷爱音乐。在西南联大机械系读书时，他的一个主要业余爱好就是听古典音乐。每当课余和假日，在同学们自己组织的“Party”或别的文娱活动中，只要有好的音乐欣赏，杨南生都会去听。同校土木系有位漂亮的女生，叫莘耘尊，不仅风姿绰约，精致典雅，还是一位音乐迷，经常与杨南生不期而遇。作为当时西南联大为数不多的女生之一，莘耘尊除了具有聪颖的资质外，还具有优雅的艺术气质。她开朗热情，热爱音乐，喜爱弹奏钢琴；又喜爱旅游，擅长摄影和绘画；同时还热爱体育运动，是学校女子篮球队队员。

一来二去，音乐，这位彼此共同兴趣爱好的“媒婆”把他们牵在了一起。

他们谈音乐、谈学业、谈人生，直到有一天必然会提到的感情，双方敞开了心灵，无话不谈。两颗年轻的心，在共同爱好的贝多芬交响乐的旋律中撞出了火花，爱情在共同的兴趣中成长开花。

1946年春，杨南生和莘耘尊慎重地拟定了一份订婚启事，在报纸上刊出，以示两人心心相印，决意走向婚姻殿堂。

1945年11月25日，杨南生与莘耘尊的订婚照

1946年夏，西南联大解散，各校迁回原址，正在西南联大担任助教的杨南生和莘耘尊一起离开昆明，回到了北平，在清华大学继续担任助教。

在这个中华文明的历史古都，他们一同去工厂学习，一同徜徉漫步于清华园，又在颐和园、石景山留下了热恋的记忆。他们还经常一起骑着自行车出游。天坛、故宫的建筑使他们咏叹不已，巍巍长城令他们流连忘返，圆明园遗址又让他们发出悲怆的叹惜……

开朗活跃的杨南生和莘耘尊在学校中有着良好的人缘，他们经常与同学一同外出踏青游玩，留下欢声笑语于山水间。

暑期，杨南生约在国立交通大学（现称上海交通大学）学习的弟弟一同回福州探望父母和妹妹，他也要把自己的婚事面禀双亲。那时，父亲杨允修已转入福建省银行工作，两位胞妹分别在福州工作和上学。一家人在抗日战争后还是第一次团圆，这种久别后的相聚，自然显得格外珍贵。

兄妹四人，搀扶着双亲，特意游了一次鼓山。福州东郊，闽水之阴，鼓山群石如鼓，山岩嵯峨；又有名刹“涌泉寺”，摩崖而峙。杨南生一家在这风景胜地，拍了一张“全家福”——留下了难以忘怀的纪念和回忆。

55 年后，当年迈的杨南生从丝绒布层层包裹的相册里，小心翼翼地翻出这张照片时，他的眼眶润湿了，有股感激父母养育之恩的挚情，如“涌泉”般迸发，他那镜片后的目光，炯炯有神，但却被泪水折射成无数的花朵，晶莹闪烁……

1946 年暑期，杨南生的父母与四个子女同游福州鼓山，留下的珍贵照片。这是 1937 年至 1956 年间，父母和四个孩子们的唯一一次大团圆，一年后，杨南生就去英国留学了

暑假结束后，杨南生回到了清华大学，开始为刚回国的钱伟长教授担任助教。钱伟长教授回清华后开设的“现代应用力学”新课程，令杨南生兴奋不已，在钱教授的影响下，他将研究的目光，投向“力学”这个崭新的领域。

第二章

海外学成 报效祖国

“为什么我的眼里常含泪水？因为我对这土地爱得深沉……”他喜欢艾青的诗句，知道落后就要挨打，贫穷就会受欺。不甘受辱的他，毅然选择了出国留学深造，“打铁还需自身硬”，自身强大，才能为国效力。学业有成后，杨南生甘愿放弃国外高薪聘请，在中国命运决战时期，冲破国民党的重重阻挠，选择了回到新中国。

1. 英国留学深造

回到清华园，杨南生在钱伟长教授的影响下，把新的研究方向定在了“力学”上，并担任了一年的助教，对“力学”更加情深意笃。

1947年，国民政府公开招考第九届中英庚子赔款公费留学生。钱伟长教授建议杨南生报考，并指点他把当时还非常陌生的力学理论前沿——“塑性力学”作为研读方向。

于是，杨南生一边工作，一边利用晚上的时间挑灯苦读。当考试成绩揭晓时，他获知：在全国8000余名报考人员中，仅有19名学子考取此届中英庚子赔款公费留学生，而在机械工程专业考中的2名学子中，杨南生的成绩名列第一。

杨南生选择去英国老牌名校曼彻斯特大学攻读硕士学位，研究“塑性力学”。1947年9月，他告别了亲人，登上开往英国的轮船，开始了在异国他乡艰苦的留学生活。

曼彻斯特，一座美丽的都市，总会飘起缠绵的烟雨。这个爱尔兰海湾英国重要的工业中心，号称“工业革命的故乡”，珍妮纺织机在这里问世，触发了由纺织业发轫的工业革命；这里曾经生活过名噪世界的文学巨人拜伦、狄更斯，还有著名的音乐家本杰明、所罗门、伍德，以及凯特尔贝。

1947 年 9 月 10 日，杨南生（左一）在赴英的轮船上，与全体中国留学生合影

这座作为大不列颠工业中枢的城市，拥有多所老资格的高等学府，尤以曼彻斯特大学为最。

在这里，杨南生开始了塑性力学课程的学习。一年后，因学习成绩优异，他被批准转读博士学位。

那时，研究生们要根据自己的情况认领学校提出的一些研究课题，在实验室自己动手做一些仪器，起早贪黑地做实验以求得数据；同时，他们还要在理论研究上有所建树，力争有所创新和发展。杨南生的学习生活是紧张而充实的，他几乎将全部时间和精力都投入到学习之中，如饥似渴地阅读了大量的书籍，并将为数不多的奖学金尽可能地用在刀刃上。他省吃俭用、节衣缩食，将节省下来的费用想方设法地购买各种课内外书籍，还学会了寻找和购买一些“二手（Second Hand）书”，在小心地阅读和完成学习笔记后，再作为“二手书”交换出去，以换得更多的书籍继续学习。

在那个没有计算机的年代，杨南生使用“卡片”摘记学习的重点。每当他阅读到一本有价值的图书或杂志，他就会将其中的重点摘记到一张12.5cm × 7.5cm的卡片上，以便今后自己再次检索和查阅。这个习惯他延续了一生，这样的卡片，他积累了近万张。

2. 步入婚姻殿堂

1948年春，莘耘尊辞去清华大学助教一职，自费前往英国，考入了曼彻斯特附近的利物浦大学，专攻城市规划与建设。

乘上赴英远航的轮船，看着浩渺无边的大海，她暗下决心，一定要刻苦攻读，学业有成，用所学知识回报祖国。

很快，她便在英国与杨南生会合了。在那里，她看到的是一个新的世界、新的环境，汲取到的是新的理念、新的知识。那里的一切带给了她一种鲜活与神奇的美。我们贫穷的祖国，在西方世界的快车道上，已经远远地落在了后面。

利物浦，距离曼彻斯特50余千米。杨南生在曼彻斯特租了一间小阁楼，这里就是他们在异乡的栖息之所。平时，两人分别在两地读书，周末期间短暂小聚。夕阳西下时，两人推开小窗，享受着家的温馨。夜晚，他们坐在温暖的壁炉前，从文学到音乐，从现实到梦境，从昨日到明天，总是有说不完的话题。

1948年12月，杨南生和莘耘尊在英国曼彻斯特照相馆郑重地拍了一张结婚照。

1948年12月22日，是一个终身难忘的日子。杨南生与莘耘尊的婚礼，在曼彻斯特他们租住的小阁楼里举行。他们的英国房东、证婚人及部分留

1948 年 12 月，杨南生与莘耘尊在英国曼彻斯特的结婚照

英同学共同见证了这一美好时刻。阁楼里点起了洁白的蜡烛，在壁炉熊熊火光的映照下，暖意浓浓。一对新人胸前佩戴鲜艳的红玫瑰，在英国友人和同学们的祝福下，携手步入神圣的婚姻殿堂。

从此，杨南生和莘耘尊在英国开始了共同生活和学习的日子。清晨，夫妻双双潜入晨雾，匆匆赶赴各自的学校；夜晚，他们共聚灯光下，从一本本英文书中，学习和积累着各自的专业知识，为实现他们报效祖国的愿望，积聚力量。

假期，杨南生、莘耘尊和同学们经常骑车游览周边的风景名胜，风华正茂的身影，徜徉在英国曼彻斯特的公园里、利物浦的乡间小路上和风景秀丽的湖边草地上。

暑假来临，醉心于研究各国建筑艺术的莘耘尊，和杨南生一起畅游了法国巴黎。在那里，他们流连于举世闻名的欧洲古建筑之间，在凯旋门、凡尔赛宫、协和广场等名胜古迹前留下了珍贵的合影，他们赞叹着灿烂悠久的历史文化，体会着那震撼心灵的力量。

看着国外发达的情景，杨南生和莘耘尊心里也有一种酸涩和凄苦——他们多么盼望自己的祖国也能够早日强盛发达啊！

1949 年秋，莘耘尊以优异的成绩获得了英国利物浦大学城市规划与建设硕士学位，陪伴着杨南生继续学业。

3. 为新中国鼓与呼

杨南生爱国，他渴望自己的祖国能够早日脱离贫穷落后、被世界轻蔑和欺侮的状态，尽快强大起来。他对腐败无能的国民党政权深恶痛绝。在昆明求学和工作期间，他亲历“一二・一”事件和“反饥饿”游行。1947 年来到英国后，他积极参加左派学生的反蒋活动，开始接触马列主义，了解共产党和共产主义思想。这一时期，他认真读完了全套英文版的马克思《资本论》，对共产主义有了自己的认识和理解。

1949 年 10 月 1 日，中华人民共和国成立，当五星红旗在天安门广场升起的消息传到英国、传到留学生中间时，杨南生和几位同学（后来才知道，有的同学是地下党员）发起组织了“中国科学家协会留英分会”（简称留英科协），与同学支德瑜等一起组织筹办了许多活动，他从各种图书报刊上搜集了一批介绍新中国的图片、资料。

1950 年春，在留英科协和英国社会主义协会主办的“中国艺术展览”和“新中国概况介绍会”上，杨南生担任主讲人，他的倾情讲演和介绍获得很大反响。在曼彻斯特大学理工学院的一间会议室，200 余名英国来宾，饶有趣味地聆听杨南生用地道的英语介绍解放区土地改革情况，分析中国政治协商会议与西方议会的区别，以及它的优点所在，盛赞中国共产党领导中国人民推翻黑暗的国民党统治，建立新中国的丰功伟绩。两小时的报告结束后，杨南生又很热情地回答了来宾们的提问。忽然，一位阔少模样的“绅士”，很带挑衅地向杨南生发难，并当场辩论起来。

“Mr. Yang，you said that the proletariat of China had liberated the people，what is ‘liberation’？ I kown，Chiang Kai-shek and his army drove out the Japanese troops，isn’t it liberation？”（请问杨先生，您说中国的无产阶级解放了人民，什么叫‘解放’？我知道，蒋介石和他的军队，赶走了日本人，这不是‘解放’吗？怎么还会有其他什么‘解放’？”）“绅士”诘问。

杨南生据理力争，反驳说：“Sir, please pay attention to that it was the people of China who defeated and expelled the Japanese invader. Please pay attention again, the people didn’t have the liberty, democracy and independence at all under the rule of the Kuomintang. Only when the proletariat overthrew the bourgeois and liberate the people from the rule of the capitalism can they acquire the democracy and freedom. This is ‘liberation’ in real sense！”（“先生，请您注意，日本侵略者，是中国人民把他们打败、把他们赶走的！再请注意，国民党政府统治下的人民，并没有自由、民主和独立。只有无产阶级，打倒资产阶级，从资本主义统治下解放了全国人民，他们才真正有了民主和自由，这才是真正的‘解放’！”）

“绅士”虽然不会服气，但杨南生的慷慨陈辞，驳得这位挑衅者就像傲慢的英国人习惯的那样，手一摊，肩一耸，默然了。

在留英同学会分会的一间小屋里，留英学子们挂起了亲手制作的五星红旗，在四周墙上贴出许多介绍北京的图片（杨南生搜集的），搬来了一架幻灯机，杨南生他们热情接待了 20 多位急于想了解红色中国首都北京的英国友人。杨南生一边放映自制的幻灯片，一边介绍北京的历史、北京的建筑、北京的民俗、北京的皇城文化、北京的美味小吃。杨南生仿佛又一次神游故都，凭着在北平生活学习的丰富经历，他把对北京、对国家的爱，倾注在一个多小时的讲演中，英国友人不时报以热烈的掌声。

一贯喜欢幽默的英国朋友在轻松愉快的气氛中，也不时与杨南生开个小小的玩笑。他们对情绪激昂的杨南生说："杨先生，你的介绍很出色，不过，我想，你或许不是一位优秀的建筑师。"杨南生笑了，是啊，在建筑领域他简直就是个无知者。看来，今后还要多向自己的妻子学习，要多了解了解建筑学等多领域学科，多一门知识总是有好处的啊！虽然只是朋友间的一句玩笑话，但却让杨南生明白，知识面越宽越好，可以起到触类旁通的作用，这也点燃了他对不同领域知识的求知欲望。

1950 年暑期，杨南生经过了三年在异国他乡的刻苦攻读，以题为《各

1949 年冬，杨南生（中排左三）与莘耘尊（前排左五）
在英国曼彻斯特中国学生会门前

向同性金属的塑性应力应变关系》的优秀论文，取得了曼彻斯特大学颁发的自然哲学机械工程学博士学位证书。英国导师向他祝贺，同行同学向他祝贺，他的爱妻向他祝贺。他身穿博士长袍，微笑着站在校园里，拍下了一张纪念照。

1950 年 7 月，杨南生在英国曼彻斯特大学取得博士学位

在照片背面，杨南生激动地写下：

爹爹妈妈赐存

获博士学位时的照片

男 南生敬献

一九五〇年七月摄于曼彻斯特大学

这张照片，飞渡英吉利海峡，飞到了杨允修和萨本祥夫妇的手中。父母亲盼望着儿子早日归来，祖国母亲也盼望着他早日回家。

而此时的杨南生想得最多的，是在远方的父母与亲人，是对故土的眷恋，更是对国家富强的憧憬。

4. 回国曲折路

祖国，是杨南生内心深处抹不去的一道光，明亮而闪烁，如同耸立在心中的坐标，总有一个影子在向他召唤，那里有刚刚喷薄而出的朝阳，那里有一双双张开的臂膀。那是父亲母亲般亲切的挂念，那是生命与血脉中爱的流向。

回国的时机已然成熟。

杨南生夫妇躲进小楼，研究返回祖国的路程。当时已有研究单位、高等学校向他们发出留英工作的邀请，留下来，就意味着汽车、洋房和英镑。这些，都被他们婉言谢绝了，他们要为新生的祖国增砖添瓦、奉献力量。于是，他们放下人生旅途中的荣华富贵，身无长物地只带着西方的科学与思维，风尘仆仆地踏上了回归祖国的艰辛之路。

由于大不列颠及北爱尔兰联合王国还没有与中华人民共和国建立外交关系，尽管国民党驻英使馆、领事馆都已关闭，可是人员尚未撤走，他们鹰隼般的目光，并没有从年轻的留学生身上转移。杨南生夫妇暗中联络了几名同学，经过一翻周折，打通关节，弄到一份“无国籍人士”护照，匆匆打点简单的行装，告别友好的英国房东，登上客轮，途经印度孟买，驶往香港。

抵达香港后，他们又受到国民党分子的拉拢和阻拦。唱“白脸”的，用金钱、地位“鼓动”他们去台湾发展；唱“红脸”的，则威逼恐吓，摆出“挟持”的架势，想让他们就范。为了避开烦人的骚扰，他们整天“打游击”，在各处转悠，趁这个机会，领略维多利亚港湾霓虹中的夜色，徘徊山顶公园的人工湖畔，漫步熙来攘往的繁华街市。经过巧妙的周旋，杨南生和莘耘尊终于在1950年10月踏上心中深深眷爱的故土，成为从海外回到新中国的第一批专家。

杨南生与莘耘尊从英国辗转至香港走下轮船

多年后，当同事们谈起这段往事时，有人认为，英国人对杨南生这么尊重，而且给出的待遇又那么优厚，他完全可以留在英国发展。可杨南生平静地说："你不要看外国人对我很客气，也很尊重，但他们骨子里对中国人是看不起的。"言外之意，看得起我杨南生，看不起我的祖国，我也是不会留下来为它服务的。为了新中国的强大，杨南生不惜放弃优厚待遇，决意回到新中国。他承认回国是碰到过很多困难，但这些困难阻挠不了他们报效国家的决心。他说："必须永远记住，外面再好，那也不是我们的家呀！"他的话简简单单，没有惊人的豪言壮语，但是留给我们的思考却是深远的。

第三章

践行夙愿 实业兴国

杨南生为了中国的强大，放弃了当教授的机会，毅然选择了一条艰苦卓绝的创业之路。他学成回国后，成为新中国汽车制造业的第一代创业人，开篇便立下战功：研发国产汽车材料，为汽车工业和解放牌汽车国产化作出了重要贡献。

1. 建设汽车工业筹备组

踏上新中国的土地，杨南生百感交集，积贫积弱的中华民族，经历了艰苦卓绝的抗争，终于洗刷了百年耻辱，赢得了独立和自由。但是，当中国人民刚刚开始清理战争废墟、治疗战争创伤时，朝鲜战争爆发了。美国武装干涉朝鲜内政，将战火烧到了鸭绿江边，对我国边境地区实施轰炸，中国领土受到严重威胁。应朝鲜政府请求，中国作出“抗美援朝，保家卫国”的决策，组成中国人民志愿军入朝作战。

杨南生回国后，便接到北京大学等好几所高等学府的聘书，但他质朴地考虑到，新中国内忧外患，百废待兴，工业基础更是薄弱，自己一介书生，不能像战士那样在战场上冲锋陷阵，但完全可以把自己的知识，转化成建设国家的力量，也就是将所学的专业知识——力学理论，变成实实在在的力量，为前方将士提供后勤保障，不更能为保家卫国作出实际贡献吗？所以，他谢绝了在北京等大城市从事大学教授的工作，接受了汽车这一新兴产业的挑战，目的就是为了身体力行地参加到新中国的建设中去。

早在新中国成立前夕，毛泽东主席和他的战友们，在西柏坡、阜平、保定、北平等地召开的一系列重要会议上研究新中国的建设时，就做出指示，一定要在旧中国原来十分落后的基础上，尽快地把工业搞上去。

新中国专门成立了汽车工业筹备组，希望凭借自己的力量尽快研制出国产汽车。最初，筹备组的主要领导有三人：郭力、孟少农、胡亮。那时北京还没有开始搞基建，原则上充分利用老房子，筹备组就设在北京地安门外鼓楼东扁担胡同的一座四合院里。杨南生在清华大学时，曾做过孟少农的助教，回国后，他就被孟少农招集到这个筹备组来了。这时的筹备组急需各类人才，杨南生便告诉孟少农，他在英国还有一个好友叫支德瑜，能力很强，希望把他也请来。几个月后，支德瑜回到了祖国，孟少农通过筹备组向中央人事部申请要人，直接把支德瑜要了过来。当时，筹备组仅有几十个人。根据苏联专家建议，筹备组下面组建了两个技术单位：汽车实验室和汽车工厂设计室，前者研究产品，搞汽车实验，后者开展设计。苏联专家提醒筹备组领导，汽车后桥的一对螺旋伞齿轮的制造是关键项目，因为其加工设备和技术为美国某公司垄断，中方要有所准备。杨南生 1943 年从西南联大毕业后，曾在当时中国最大、最先进的昆明中央机器厂螺旋伞齿轮制造部门工作过，那里的刀具就要近百个计算公式才能设计出来。中国没有汽车工业，竟有杨南生这样的人才，并且他已是汽车工业筹备组的成员，领导得知后大喜过望，便在新毕业的大学生中选了几个优秀人才交给杨南生，目的是要他带领一班人，尽快掌握螺旋伞齿轮制造技术。

1951 年，杨南生来到重工业部汽车工作筹备组汽车实验室。汽车实验室设在北京南池子 76 号，地方很小，只有 1000 平方米，下设汽车设计、材料试验等科室，主任是吴敬业。杨南生担任材料试验科科长。

初创时期，杨南生既是行政领导，又是工程师。他不但要负责制订规划蓝图，又要抓基建，亲自参加设备的选购和安装。在异常繁忙的情况下，为了加快人才培养，杨南生利用工作空隙，或节假日，或夜深人静时，伏案编写了20多万字的《塑性力学》讲义，利用各种机会，给年轻的技术人员讲授这方面的理论知识，前后坚持了一年多，把自己所学的知识毫无保留地传授给年轻技术人员。杨南生一生坚持这个传授知识的做法，在需要的时候，他都会开讲，多年积累下来大量讲稿，时间跨度从1950年至1979年，范围涵盖金属机械性能及应力分析、材料、应力测试、火箭技术等。

就这样，其中一部分仅有高中同等学历的年轻人，在杨南生一年多的培训辅导下，最终通过了考试，成为了合格的材料试验员，有的还晋升为技术员。为此，杨南生也获得了归国后的第一项奖励——“培训干部奖”。杨南生风趣地说：“这本讲义，可以算作我国最早的塑性力学老本了。”的确，他的几名助手，就是得益于杨南生的培养，并运用这些理论，解决了许多设计难题，为同行所推崇。

中央开始兴办工业时，只设了一个重工业部，部长是何长工。最早的任务就是领导筹备汽车工业。后来国家办航空业、农机业，都是从汽车工业筹备组里抽调干部。这个筹备组成为我国各行各业尖端人才的摇篮。

1953年10月，新中国第一个汽车厂——长春第一汽车制造厂终于破土动工了。10月，杨南生便率领汽车实验室材料试验科整建制地从北京调入长春，组建了“一汽”中央实验室，杨南生任室主任。年底，莘耘尊也跟随他一同来到了条件艰苦的大北方——吉林省长春市，就职于汽车厂基建处。

杨南生利用在材料实验室积累起来的经验，从培训人员入手，结合设备安装调试等实际操作，提高员工的技术水平。夜深人静时，他开始撰写《金属材料的力学性能》《试验数据处理的数理统计》等讲义，每周开课两次，给实验室以及设计处的工程技术人员讲课，理论与实践相结合，员工的技能水平很快得到提高。

他自己也坚持参加夜校学习，不耻下问，四处求教，突击学习俄语，很快达到能够笔译和会话的水平，为他通过多渠道向苏联学习经验和技术打下了基础。后来，他参加了苏联大百科全书工业卷——《汽车工业》的翻译工作，并将翻译所得的全部报酬，捐献给了抗美援朝战争。

2. 第一辆“解放”牌汽车问世

为了尽早生产出中国第一辆“解放”牌汽车，杨南生在领导中央实验室筹建工作的同时，边基建边研制，带领技术人员，对千余种材料进行试验分析，或取或舍，或提出替代品，确定它们的各种性能指标，再进行测试分析。其间，他们还为工厂基建所用的各种材料做了大量的选配和试验工作。就这样，在他们的艰苦劳作下，最终解决了汽车材料国产关，确保了我国第一辆“解放”牌汽车的研制成功。第一辆汽车下线了，这是多么激动人心的时刻啊！杨南生终于用所学知识回馈了自己深爱的祖国！他作为中央实验室主任，为中国汽车工业的创建，为第一台“解放”牌汽车的制造成功，作出了重要贡献。这一刻，留在杨南生心里的，不仅是一份光荣，一份骄傲，更是一个新的目标的起点！ 1954 年，杨南生光荣地当选为吉林省第一届人大代表。

在长春第一汽车制造厂，杨南生虽说只工作了三年，但那份光荣与骄傲，却永远地镌刻在他的心里。从此以后，收集汽车模型便成为他一生的爱好之一。在杨南生家的客厅中，陈列着近百辆各种样式、五颜六色的车模。同事们以为是他孙辈们的玩具，没想到杨南生竟回答说，那是他多年收集的宝贝疙瘩，因为，他的心血曾经泼洒在新中国的汽车事业里。

1956 年，杨南生与长春第一汽车制造厂冶金处的同事们合影留念

他也曾说过，第一辆和第一批“解放”牌汽车在一片欢呼声中走下生产线的时候，他没能在场，没有留下珍贵的纪念，不无遗憾。但是，他留下了自己的聪明才智和“创业者”的无限快慰。

3. 初为人父

杨南生与妻子莘耘尊结婚后，出于深厚的爱国之心，决意不在国外生孩子，因为他们不愿意生一个有外国国籍的孩子！

回国后，因二人忙于工作与奔波，曾怀过的两个孩子都没能顺利成活。直到 1955 年 2 月，年届 34 岁的杨南生和妻子才在长春第一汽车制造厂的医院里，迎来了他们第一个顺利出生的孩子，他们非常激动和珍视。由于当时恰逢夫妇二人都在积极争取加入中国共产党，故为女儿取名杨小红（1968 年改名为杨红）。

1955 年 3 月，杨南生与莘耘尊在长春第一汽车制造厂宿舍，怀抱着刚满月的女儿

女儿满月后，莘耘尊便经常出差，杨南生就用奶粉喂养孩子。他严格按照苏联育儿手册上建议的配置比例进行配比，在孩子不同生长时期为她调配不同比例的奶粉，是个像样的“洋”爸爸。

书生气十足的杨南生，遵从书本上的教导，定期给女儿称量体重。在物质贫乏的时代，他发明了在家里称重的土办法：将一根长木条放在支撑体上做成天平，木条的一端挂着襁褓中的孩子，另一端就一本本累加上他预先称过并记载了重量的书籍，两边平衡后，就可以根据每本书的重量计算出孩子的体重了。

长春的冬天，日照时间特别短，初为人母人父，害怕孩子因缺少日晒而缺钙，每天下班后，他们都会抱着孩子在院子里追着夕阳晒太阳；闲暇时，杨南生夫妇还会带着女儿去公园里玩耍。

多年后，杨南生和莘耘尊感叹地说："小红既没有出生在北京的名医院，也没有名医来接生，反而在长春第一汽车制造厂简陋的厂医院中顺利地出生了。"按捺不住内心的喜悦，莘耘尊总是自言自语："宝贝，妈妈要是知道你这么好玩儿的话，早就生你了！"

这一年，杨南生当选为中国科普协会吉林省分会秘书长，并于1956年出席了全国首届科普工作积极分子大会。8月，杨南生突发阑尾炎，被送进医院，做了阑尾切除手术，还没有完全恢复，他便急着出院，因为他放不下单位的工作啊！

与此同时，奋斗在长春"一汽"基建处的莘耘尊也毫不逊色。她利用自己所学的知识，为长春第一汽车制造厂的生活区总体规划而忘我、热情地工作，很快当选为长春第一汽车制造厂的先进工作者，后又当选为吉林省首届人大代表，并被选为省人民委员会委员、省妇联常委；她还出席了全国政协第二届全体会议，受到毛泽东主席、周恩来总理等党和国家领导人的接见。用今天的话来说，她是一位"女强人"。难怪后来杨南生不无幽默地回忆说："想当年，她可比我风光多了。"

4. "一汽"邀请出席庆典

回想起来，杨南生在长春"一汽"，虽然只工作了三年，但却是开拓性的、打基础的三年。在这里，他不仅收获了"创业者"的甘醇，而且，政治上也逐渐趋于成熟。这三年的火热实践，使他进一步了解了中国共产党的伟大之处：她不但能领导人民推翻黑暗的统治，而且也完全有能力带领人民，在满目疮痍的废墟上，建设起一个崭新的共和国。于是，他抑制不住内心的激动，向党组织递交了自己最高的政治请求——申请加入中国共产党！

1956年9月，杨南生被批准光荣地加入了中国共产党，实现了自己最美好的心愿。

时隔近37年，1993年初冬的一天，在中国汽车工业的摇篮——长春第一汽车制造厂建厂40周年之际，全厂10万职工仍没有忘记他们的奠基人和创业者。“一汽”集团公司发函，盛情邀请杨南生回长春参加庆祝活动。信中有一段热情洋溢的文字——

杨南生先生：

您作为老一辈创业者，为“一汽”的建设和发展，作出了卓越的贡献，有着特殊的功勋。在“一汽”建厂发展的那些难忘岁月里，您傲霜冒雪，栉风沐雨，刻苦学习，忘我工作，把宝贵的青春年华献给了“一汽”的建设。您不仅为“一汽”的建设发展创立了辉煌业绩，而且为年轻一代汽车工人留下了宝贵的精神财富。您忘我的革命精神和卓越的工作成就，深深赢得了汽车工人的尊敬和钦佩！

这是多么荣耀的事啊，时隔37年，“一汽”人仍然为杨南生的功绩留有一席之地，仍然记着他的奠基与成果，令他感动。然而，遗憾的是，由于健康原因，杨南生未能重返长春参加庆典活动。但他委托曾是自己的工作秘书，同时也是一生挚友的廉茂林先生，向“一汽”送去了衷心的祝福，祝愿中国汽车工业不断展翅腾飞！

第四章
转战航天 奠基筑梦

怀揣中国人的飞天梦想，杨南生转战航天，他和与他有着相同志向的科学家一道，如孩童般在工业基础一穷二白的中华大地上蹒跚起步。先后经历了“卫星”上马、下马的曲折动荡与阵痛，从中科院力学所到神秘的“1001”设计院，虽国力不济，但他们开拓创新的步伐始终没有停歇，杨南生成为中国航天事业的奠基人之一。

1. 导师钱学森

钱学森是享誉海内外的杰出科学家和我国航天事业的奠基人，也是我国航天固体动力事业的积极筹划者和倡导者。离开“一汽”后，正是在钱老的领导、支持下，杨南生开始投身航天，转战这项他挚爱一生的事业。

中国曾有许多学子怀抱强国理想，远游美洲、欧洲和日本等地，汲取世界文明的精华。学有所成之后，回归故土，报效祖国，钱学森便是其中的杰出代表之一。这位后来被中国人民和国外舆论誉为“中国火箭之父”的学者，1955 年回国，1956 年就向党中央和毛泽东主席呈上厚厚的一份关于发展我国空间技术意见的报告。

1956 年阳春，中南海。中央军委举行重要会议，周恩来总理及共和国老帅、将军们齐聚一堂，微笑着洗耳聆听钱学森报告发展中国火箭技术的规划设想。当毛泽东主席和周恩来总理等党和国家领导人的决策思维融入科学家的意见时，很快就构建起一套自力更生开创与发展中国火箭技术的宏伟蓝图，而且迅速组织力量付诸实施。

随后，国家在全国挑选了一批专家，同时从重点大学征召了一批毕业生和即将毕业的优秀学生，开始组建国防部第五研究院，由钱学森担任院长。这一大批专家和大学毕业生，穿上军装，服从指挥，竭尽忠诚地履行党和国家赋予的神圣使命。他们首先是学习，一次一次地聆听钱学森院长的讲课，人人像海绵一样尽情汲取有关火箭方面的知识，为实际工作夯实理论基础。

我国火箭喷气技术即导弹技术的建立，是钱学森先生首先提出来的。他参加了《十二年科学技术发展远景规划》制订工作，担任综合组组长，作过一个很精彩的关于核聚变问题的学术报告，为科学规划的制定出谋划策。特别是他亲自起草和制定的关于火箭喷气技术，实际就是导弹技术的发展计划，使大家深受鼓舞，中科院院长郭沫若更是诗兴大发，欣然挥毫，题诗一首："赠钱学森——大火无心天外流，望楼几见月当头。太平洋上风涛险，西子湖畔数风流。冲破藩篱归故国，参加规划献宏猷。从兹十二年间事，跨箭相期天际游。"

钱学森出任新成立的力学所所长以后，迅速聚集起诸多优秀科学家。杨南生被钱学森邀来任学术秘书，协助建设力学所，在中关村建起了力学所大楼和各项内部设施，同时开展了多项研究工作。

1956 年，杨南生在力学所担任钱学森助手的同时，还任副研究员、课题组组长，从事高温塑性材料理论的研究。在为人处事方面，杨南生以钱学森为楷模，视钱学森为导师，使自己在学术创新、带领团队方面受益匪浅。

2. 人造卫星研制计划

自古以来，人类就对浩渺无垠、神秘莫测的宇宙空间充满幻想，遨游太空，到地球以外的星球观光探秘，早已成为千百年来人们的憧憬和追求。在中国，自古就有夸父追日、嫦娥奔月等传说，这些神话与传说，寄托着人类向往宇宙、探索太空的美好愿望。

随着科学技术的发展，人们竭尽自己的智慧和才能，开始把幻想变为现实。从创立航天理论到制造登天工具，经过几代人的探索和努力，终于跨出了飞向太空的第一步。1957 年 10 月 4 日，苏联成功地把人类第一颗人造地球卫星“斯普特尼克”号送上了太空，令世界瞩目。而美国人则把苏联卫星上天之日宣布为国耻日，并加快了他们研制卫星的步伐，终于在 1958 年 1 月 31 日，将一颗名为“探险者一号”的卫星送入太空。中国人也不甘落后。中国是火箭的故乡，有着五千年灿烂辉煌的文明，中国的四大发明“指南针、印刷术、造纸术、火药”，曾为推进世界文明进程作出过巨大贡献。虽然近百年来，中国科技发展滞后，但中国人民已经站立起来了。面对茫茫宇宙，中国——这条东方巨龙应该昂起头颅了。毛主席和党中央十分关注太空技术，分管科学技术的聂荣臻副总理向中科院党组书记、副院长张劲夫交代，要科学院密切注意有关情况。中科院副院长竺可桢、力学所所长钱学森、地球物理所所长赵九章等建议开展中国的卫星研究工作，认为这是关乎国防和人民和平与安宁的头等大事。

1958 年 5 月 17 日，毛泽东主席在中共八大二次会议上发出“我们也要搞人造卫星”的号召，聂荣臻立即责成张劲夫和国防部五院王诤等组织有关专家拟定人造卫星规划。当时，新中国正处于“大跃进”时期，全国均处于高度兴奋状态，科技界意气风发地开始了向高新技术进军的新征程。毛泽东主席发出了号召，科学家们更加振奋，纷纷表示要急起直追，迅速赶上世界先进水平。那是“大跃进”的火红年代，全国各行各业都在“敢想敢干”，大放“卫星”，“卫星”成为工农业各条战线做出突出成绩的代名词。力学所也出现了“科学院应该放卫星”这类的大字报。

同年 5 月 29 日，钱学森在参加由聂荣臻主持召开的航委会会议上，代表国防部五院和中科院就发射探空火箭、人造地球卫星、洲际导弹的设想意见进行了汇报。汇报中，他提出了“三步走”的方案：第一步是发射重型火箭、探空火箭和地球物理火箭；第二步是发射一二百千克重的人造卫星；第三步是发射一吨以上的卫星。发射卫星是那时提出的“上天、入地、下海”这三大任务之一。“上天”指卫星；“入地”是指要向地球深层次挖掘，开发新的资源；“下海”就是利用海洋资源，以及用科学方法加强我国海防。后来，经过多次研讨，我国人造地球卫星正式列入了国家计划。

当时，科学家们认为，造卫星是一项综合性很强的工作，从“任务带学科”考虑，可以带动诸多新兴技术的发展。卫星可以民用，亦可以军用。利用科学院已有的基础加速研究，再加上国防部五院等兄弟部门的力量协助，用上几年时间，就能把卫星送上天，建议科学院把卫星列为重点任务来抓。据此，中国科学院把卫星研制列为1958年头号重要任务，代号为“581”工程。

研制人造卫星终非易事。首当其冲的任务，一是迅速聚集和培养人才，二是积极争取苏联的援助。

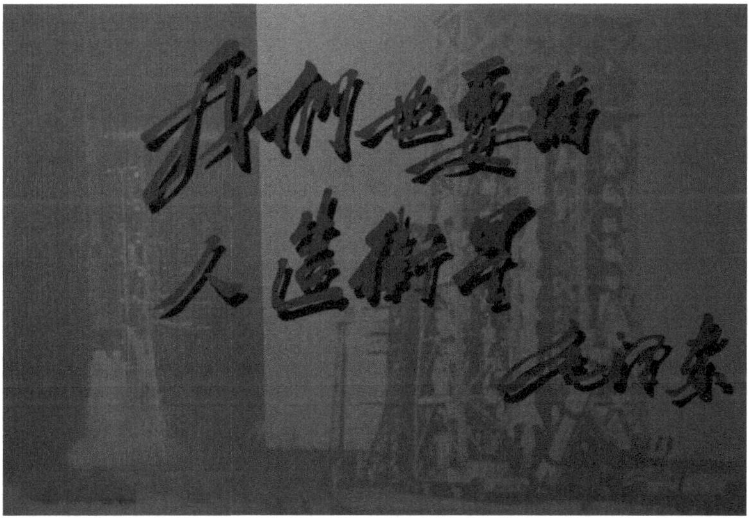

毛泽东主席提出“我们也要搞人造卫星”的号召

就在人们积极准备大干一场时，岁月进入了三年经济困难时期。同时，中苏关系紧张，苏联撤走了援助专家。在这“天灾人祸”的双重夹击下，国家出台了“调整、巩固、充实、提高”的八字方针。对于卫星研制，邓小平做出指示：“现在放卫星与国力不相称，要调整空间技术研究任务。”国力不济，财政紧缩，投入减少，中科院遂做出决定：我国尚未具备发射人造地球卫星的条件，应根据我国的实际情况，先从探空火箭搞起。

3. 在中科院力学所

杨南生调到中国科学院力学研究所后，曾当选为中国力学学会第一届理事会理事。建所初期，他协助所领导筹划建设力学所的办公大楼及实验室，为开展相关研究奠定了工作基础。

组建力学所，是一切从零开始的。办公借用了哲学所的半座小楼，没有实验室。初期，人员不多但层次高，副研究员以上的人员中，除两人以外，都是留学归来的专家学者，且从美国回来者居多。杨南生是其中最早回国者之一，且是其中唯一的党员。他是1956年在“一汽”入的党，调入力学所时尚未转正。

杨南生除了协助所领导筹建办公和实验条件、组织管理科研工作以外，还主持高温塑性力学课题研究，带领年轻人开展工作并取得了成果，写出了题为《三七黄铜的塑性应力应变关系》的论文，发表于《力学学报》（1958年1月）上。期间培养出的一批青年技术骨干，都成为以后相关领域的中坚力量。

1958年5月，力学所科研人员参加了为期半个月的兴修十三陵水库的劳动。杨南生也在其中，和年轻人共赴工地劳动。工地劳动主要是挑土，年轻人大多没有干过，挑半筐土都像“扭秧歌”。一天下来，大多肩膀红肿、手掌起泡。工地生活按照半军事化管理，睡的地铺密集如沙丁鱼罐头，一人起身影响左右一片；吃的是窝窝头就大葱，外加玉米粥。劳动实行三班倒，夜班披星戴月。杨南生与年轻人一样劳作，还不时鼓励年轻人几句。经过半个月锻炼，收获是“晒黑了肌肤，炼红了心”，这成为当时最时髦的话语。经过这段同吃同住同劳动的经历，年轻人对杨南生更加尊敬、佩服和亲近。

1958 年 7 月 6 日，力学所所长钱学森、副所长郭永怀、党委书记兼副所长杨刚毅等领导在颐和园万寿山召开务虚会，把 1956 年在聂荣臻主持下制订的我国《1956—1967 年国家科学技术发展远景规划（纲要）》中没有提到的送人造地球卫星上天的任务提了出来，把力学所的主要任务归结为“上天”“入地”“下海”，并进行了任务分配，杨南生等人被分配负责“上天”任务。会后，为了进一步落实“上天”“入地”“下海”三大任务，7

1957 年，杨南生（二排左三）和中科院力学所塑性组成员合影

月底，除了在力学所广大科技人员中开展深入讨论外，还组织了由力学所和清华大学合办的工程力学研究班的部分学员进行了讨论。参加讨论的人都为这一宏伟目标而深感鼓舞，期盼着迅速组织起来，为开展这方面的工作大显身手。

人们或许还不知道，此时，党和国家最高决策者们，正在为未来 10 年的强军强国计划做着一系列紧张的准备。朝鲜战事刚刚停止，毛泽东主席便开始作一系列的调查研究，他集中数月听取了党中央、国务院 34 个部委的汇报，酝酿了“十大关系”。1956 年 4 月 25 日，在政治局扩大会议上，他作了著名的报告《论十大关系》，其中提到了发展沿海支援内地，以及建设国防工业与发展国民经济的关系。周恩来总理对“国防工业步子放慢”的命题，作了辩证的阐述，指出：首先要打好工业基础，“另一方面，把原子弹、导弹、遥控装置、远程飞机搞起来，其他的可以少搞”。不久，陈云同志回到上海，带去毛主席的指示：上海有前途，要发展。在此形势下，钱学森主持力学所领导会议，确定了力学所主要任务之一，就是要研制运载火箭，让中国的卫星尽快“上天”。旋即，杨南生等人为之倾注心血，展开了前期的学习摸索工作。

4. 神秘的“1001”设计院

1958 年 8 月，中科院开始策划“上天”工程，筹建起三个研制卫星和运载火箭的设计院，一院搞总体设计，二院搞控制技术，三院负责空间探测仪器研制。随之，力学所也相应进行了组织机构调整，把原来按学科划分的六个研究组，按“上天”“入地”“下海”和其他学术方向，调整为 4 个研究室和 1 个设计院，设计院代号为“1001”。该设计院当时“重中之重”的任务，就是研制中国第一颗人造卫星和发射所需的运载火箭（第一级代号 T–3、第二级代号 T–4）。

8 月 21 日，在力学所阶梯教室里，“1001”设计院正式成立。由力学所副所长郭永怀任院长，杨南生任副院长主持技术工作，相关人员从力学所、高校力学班和自动化所等处抽调。院内设总体、结构、自动控制、发动机等专业设计部，并以杨南生为首组成核心组，负责技术与业务，开展发射人造卫星所需运载火箭的研制。

为了扩大队伍，把研究设计任务尽快开展起来，力学所又派出党委书记、副所长杨刚毅到天津、沈阳、哈尔滨、长春、西安等地进行“游说”，请求各地支持这项新兴科学事业，抽调技术力量共同为“上天”作出贡献，得到了各地省市委和相关高等院校、科研机构的积极支持。之后，从清华大学、北京大学、哈尔滨工业大学、南开大学、西北工业大学等高等院校，遴选了一批尚未毕业的高年级优秀学生和部分老师，集结北京，“1001”设计院随之由原来的 20 多人迅速增加到 100 多人。之后，又从复员军人中挑选了一些优秀干部和战士充实到各个岗位，并租用了西苑大旅社 10 号的二、三两层楼作为设计院的临时办公地点。

当时从清华大学抽调来的有吕德鸣、郑兆昌等，北京大学有李颐黎等，南开大学有许达等。这些还未毕业的高等学府学子们都有过这样一段类似的经历：

1958 年夏天的某天，阳光明媚，紧张了一个上午的学子们都静静地躺在宿舍午休。突然，他们被轻轻地从床上拍打起来，睁眼一看，是班长站在面前。班长轻轻告诉他们：“快起来，马上到校党委会议室开会，有紧急任务传达。”不一会儿，参加会议的人员全部到齐，会议开始。校领导简单传达了中共八大二次会议精神，并说："根据中央的要求，学校决定抽调你们在座的同学提前毕业，去参加我国的一项重大工程会战。具体什么内容，你们到了那里就知道了。会后，你们回去把自己的东西整理好，明天下午2点离校，有北京来的领导带你们去。"听到这样的消息，同学们好激动啊！没想到这么快就要走上工作岗位，投身伟大的社会主义建设事业了。在回宿舍的路上，大家还在窃窃私语，到底让他们去接受什么样的特殊任务呢？

第二天，这些同学们将简单的行李都装上了车，大家直奔火车站。在火车上，这群年轻人围着前来接他们的北京领导，希望他透露些消息出来。但那位领导既神秘又高兴地说："你们真是幸运的一代，你们要去参加一项伟大的工程，由于保密的原因，我不能在这里告诉你们，反正是搞尖端项目，不是上天就是入地。"他们不再问了。那一刻，每个人的心里都充满了神秘与向往，恨不得马上飞到目的地。

一路奔波，终于来到了北京。已经有车在等他们了，汽车很快将他们送到了北京西苑大旅社10号楼。好大、好漂亮的一座大楼啊！在大门口，还有解放军荷枪实弹站着岗。同学们惊呆了，他们又是一阵热血上涌，心想：这里大概是军事要地吧？第二天，他们才知道，这里是"中国科学院力学研究所第1001设计院"，他们的任务就是要在钱学森领导下，设计我们国家第一枚发射卫星的运载火箭，具体技术负责人是回国专家杨南生。这些年轻人为有机会参加这样一项伟大的工程而感到无比的兴奋和光荣。

住进宽敞明亮的西苑大旅社后，大家好开心啊！睡在又软又舒适的"席梦思"床上，这些年轻人沉浸在欢乐无比的遐想之中。

他们的第一堂课是保密教育。那时国内阶级斗争异常激烈，国外反华势力风起云涌。我国研制火箭，反华势力是不甘心的，千方百计阻挠和破坏。为此，“1001”设计院的工作和生活是全封闭的。办公、设计、住宿，除吃饭时间能走出大楼外，所有的学习、工作和生活全在大楼内。领导还再三下令：通信是严格管制的，一切对外的信件、通话，任何时候都不能对任何人谈及有关工作内容、机关性质等事宜，包括自己的家人也不能说，管理十分严格。即使是这样，年轻人中还是有一个同学因谈恋爱，在信中谈到了他的工作，吹了牛，隔了几天就被安全部门带走了。从这以后，大家都知道保密工作有多么重要，坚决做到“不该问的不问，不该说的不说”，一切都按照规章制度严格办事。

这一时期，杨南生作为“1001”技术负责人，全权负责技术及安全保密工作，出入“1001”大楼的证件是杨南生副院长手写的个人姓名加盖私章的一张小纸片。由于任务的特殊性，搞什么项目是绝对不能向家人和亲朋好友说的；住集体宿舍的人晚上外出要两人同行；笔记本等资料，每天下班前必须存入保密柜；写过字残留的纸片要及时烧毁处理。有些年轻人图方便，就将纸片撕碎后投入抽水马桶，好几次使下水道管道发生堵塞，受到市房管部门的通报批评，后来就采取集中销毁的办法解决。

为了尽快熟悉和了解航天知识，技术员戚南强买了一本国防工业出版社刚刚出版的苏联科学家写的《火箭技术导论》。考虑到晚上回原单位宿舍阅读方便，便特地包了个书皮，在封面上写上《青春之歌》的书名，以掩人耳目。而告诉家人的通信地址是 “北京某某某信箱”。当然，这在地图上是查不到的。

在那个“敢想敢干”“一天等于20年”的年代，所有指标都定得特别高，提出卫星的重量要超过美国和苏联的第一颗卫星；运载火箭的推进剂选用当时世界上还没有人敢用的高能推进剂，而且要在 1959 年 10 月 1 日前发射升空，向国庆十周年献礼。杨南生率领这班人马，以“大跃进”的精神、“力争上游”的干劲，开始了发射我国第一颗人造地球卫星的运载火箭的设计任务。

张劲夫十分支持设计院的工作，曾多次召开由力学所、自动化所、地球物理所等有关单位参加的专题会议，研究运载火箭、人造卫星任务的落实工作，并且和国防部第五研究院讨论商定了五院和“1001”设计院的分工：五院搞导弹、常规推进剂火箭；“1001” 设计院搞卫星、高能推进剂火箭。

一群从未搞过火箭、甚至多数连普通产品都没有搞过的年轻人，在杨南生的指挥下，在西苑大旅社 10 号楼热火朝天、玩儿命地大干起来。他们过着人民公社式的生活，但心情却特别激动。因为他们是在干着从未有人干过的飞天大事，所以大家有着极大的热情。但激动归激动，对于火箭既缺乏基本知识、又缺乏工程设计经验，却是残酷的现实。作为技术指挥的杨南生要承受多大的压力，可想而知。

杨南生的办法是一边给大家讲课，一边指导大家开展工作，“摸着石头过河”。当时有位新来的大学生在黑板上画了个想象中的“火箭”，豪情满怀地在旁边写道“今天画在纸上，明天拿在手上，将来飞在天上！”引起了大家的共鸣，人们为他的大胆设想和豪气而热烈鼓掌。豪气激励行动，经历了摸爬滚打之后，“1001”设计院的这支年轻队伍终于从充满幻想的“上天”，逐步降落到脚踏实地的“大地”上来，在杨南生的带领下，首先从研制小型火箭样机入手，通过这些基础性工作，扩大和加深人们对火箭的认识，获取宝贵的研制经验，并学会从系统工程角度考虑问题，使研究贴合国家实际。

一群热血青年在杨南生的带领下，蹒跚起步，研制道路举步维艰。当时的中国，强调独立自主，自力更生，“有条件要上，没有条件创造条件也要上！”在这样的精神鼓舞下，这支以青年人为主体的研制队伍，在杨南生的指导下，白手起家，仅有国外公开资料作参考，展开技术设计。他们住在西苑，吃在西苑，干在西苑，一早起床，除了吃饭，全部时间都投入工作，经常干到后半夜才去睡觉。经过闭门三个月尤其是最后 20 多天的日夜奋战，他们奇迹般地设计出了火箭结构总图，它是一种可以发射 100 千克卫星的三级液体推进剂运载火箭。杨南生和他的年轻团队终于可以拿着这张结构总图去向建国 9 周年献礼了，依此做出的模型，在中科院“大跃进”成果展览的新技术展室展出，毛泽东主席及其他领导参观后，给予了充分肯定，杨南生团队受到了莫大的鼓舞。

但终因国力不支，人造卫星任务还是下马了。

随后，上级指示杨南生率队先开展探空火箭研究。“1001”设计院全班人马迁至上海，组建成中科院上海机电设计院，杨南生出任副院长（院长空缺），集中力量研制探空火箭，为卫星上天探路。这是一个了不起的开端，可以被视为中国航天事业发展的第一步，是航天事业得以健康发展、日趋强大的奠基礼。如今，为航天事业作出重要贡献的诸多专家、技术带头人中，有许多人就是当年“1001”设计院的热血青年。“1001”设计院的发起似乎幼稚、冲动，但总比坐等条件而无所作为要强。就如同小孩学走路，总是要摔跤的，旁边没有人帮扶会多摔几次，还可能会摔得鼻青脸肿，但最终还是学会了走路。“1001”设计院虽是昙花一现，但她却具有其历史意义。

这就是历史，这就是航天事业承前启后、生生不息的发展史。杨南生是这页历史最早的书写者之一，他从中国科学院力学所，到“1001”设计院，到上海机电设计院，一直孜孜不倦，献身开拓。

第五章
开拓中国探空火箭

来到上海机电设计院，他不仅在专业和学术上作出了巨大贡献，而且，从无到有，组建起一支队伍，一边规划，一边设计，一边建设，一边传授，最终完成了中国运载火箭研发及探空火箭基地的建设。新中国也把最高的奖赏送给他——1959年10月1日，杨南生手执由毛泽东主席等党和国家领导人签署的请柬，登上天安门城楼，观礼中华人民共和国成立10周年庆典，他看到中国巨龙昂起了头颅。

1. 纪念碑后的故事

探空火箭是中国发展空间技术的起步项目。20世纪50年代后期，杨南生率领原“1001”设计院人马，与从上海招进来的一批年轻人，聚集在黄浦江畔，组建成中科院上海机电设计院，怀着为祖国争光、为民族争气的雄心壮志，开始了被认为神秘、光荣而又十分艰辛的创业之路。

今日，在上海南汇老港的荒原与农田间，一座纪念碑挺立中央。石碑面朝东海，傲向苍穹，向世人讲述着50多年前那个惊天动地的壮举——1960年2月19日，我国第一枚探空火箭T-7M在这里发射成功！

在这历史的丰碑上，赫然铭记着——

> 一九六〇年二月十九日十六时四十七分，中国第一枚试验探空火箭“T-7M”在此发射成功。“T-7M”火箭由上海机电设计院（现航天工业总公司空间技术研究院五〇八研究所）杨南生副院长、王希季总工程师等百名科技人员自行设计、制造，历时三月。艰苦创业，以此为志。

虽然这次的发射高度只达到8千米，但在中国航天事业发展征程上却迈出了历史性的一大步，具有里程碑意义，值得树碑纪念。

这座碑起立于1998年，上海《新民晚报》1998年2月20日记载了当

1998 年 2 月，上海南汇老港树起了“中国第一枚探空火箭发射成功纪念碑”

中国第一枚探空火箭发射成功纪念碑碑文

时的情景：早春浓浓的雾霭中，坐落在南汇（县）老港东进村的中国首枚探空火箭发射纪念碑，昨天举行了隆重的落成仪式，历时一年的“建首发火箭纪念碑”活动，终于划上了圆满的句号……总高5.345米的纪念碑由基石、主碑、碑顶三部分组成。碑文介绍了T-7M探空火箭的性能与发射情况，以及毛泽东等党和国家领导人的评价。碑顶是用不锈钢做成的比原箭缩小二分之一的首发火箭模型，指向蓝天。

请不要忘记，新中国第一枚试验型液体推进剂探空火箭，代号T-7M，成功发射的日子：1960年2月19日。这一天，距离领袖毛泽东在党的八大二次会议发出“我们也要搞人造卫星”的号召，只有短短的21个月又2天！T-7M曾经作为国家重要机密尘封了30多年。1997年，中国工程院院士孙敬良等专家提议，上海市政协、市科协、上海航天局、上海新闻界以及上海人民积极支持，决定在火箭发射原址，建立纪念碑，以昭彰中国第一枚探空火箭发射成功，激励后人继承和发扬航天传统和爱国主义精神，在青少年一代燃起科教兴国、科技强国的思想之火。

当年，T-7M的总工程师、中国科学院院士王希季出席了纪念碑落成仪式。此前，王希季院士以及上海市宇航学会，向杨南生先生送去了热情的邀请函，但因年岁、健康等原因，杨南生没能成行，但他寄去了一封情真意切的信。

上海市宇航学会并转有关方面：

承蒙王希季院士转告我，上海市已在南汇县老港镇建起了T-7M探空火箭首次发射成功的纪念碑，并将于近日揭幕，令我十分激动。谨向您们致以衷心祝贺！并对您们邀请我前往参加纪念碑揭幕仪式致以深挚的谢意！

T–7M（以及其后的T–7系列）火箭的研制工作，是在上海市党、政、军、工各级领导的亲切关怀下和上海市许多高等院校、工厂等单位大力支持下得以胜利完成的。

回想起我们当时的工作，从上海各方面所获得的殷切指导和援助，许多具体情节至今仍历历在目，令人铭记在心，终身难忘。

算起来，T–7M火箭首次上天到今天刚好38年。38年以来，我国航天战线的同志们在中国共产党的领导下，坚持自力更生、艰苦奋斗的方针，结合改革开放的政策举措，使中国的航天事业从基本空白的状态发展到跻身于国际航天市场的今天，这使得我们这个曾经首创过火药的中华民族，再次显示出她不断奋发图强的进取精神。

让我们大家同心协力、再接再厉，以更大的航天成就迎接即将到来的21世纪！

谨此恭祝全体到会同志：团结前进，再创辉煌！

杨南生一边措辞书写贺信，一边回忆那“历历在目”的上海岁月。他想起毛泽东的号召，想起幽静的淮海中路，想起老港海滩边的发射，想起江湾“碉堡”里的试车，想起了聂荣臻、张劲夫、钱学森、粟裕，想起了为祖国第一枚探空火箭早日上天而共同探求科学真理的同志们。当年，大家自带行李，坐着人货混装的卡车，经过狭窄的海堤，一路颠簸来到这里。他们的工作和生活都在草棚里，没有床，晚上就在泥地上铺稻草打地铺，直到试验结束后，才发现在席子底下爬满了黑色的长脚虫……

如今，当年用于试验的发射台，在历史的烟云中只留下一些水泥墩子和一片废墟。墩子上那些锈迹斑斑的地脚螺栓还在，仍然坚固地守护着昔日的梦想。村民们惊叹：“原来我们一直在和一群伟大而神秘的航天英雄为邻，在我们祖祖辈辈生息繁衍的土地上，原来孕育着如此伟大的事业啊！”他们无法忘却，有一群神秘的航天人，风餐露宿，肩挑背扛，在瑟瑟的寒风中，犹如外星人般，不怕寒潮，不惧风沙，披星戴月，浑身充满了魔力，在短短的几个月时间内，便在泥泞之中竖起了一座20多米高的铁塔。他们在简陋的草棚里安置测量仪、靠打气筒加注推进剂、由人工摇动天线测试架、用手势指挥发射试验，除了杨南生，所有的人都没有见过“火箭”是个什么模样……就是在这样艰苦的条件下，杨南生带领自己的团队，在这片贫瘠的土地上创造出了东方飞天的奇迹！

采访中，东进村年轻的村支书告诉我们：他从小就生活在这片土地上，习惯于一直远远地观望这群神秘的人，时间久了，自然升起一股敬佩，他知道，这些人艰苦创业，无私无畏，身上蓄积了宝贵的精神财富，如果不去恢复，不去重建，就会遗忘。所以，他们也曾为之鼓而呼。

现在，南汇老港俨然是一个小型航天科技博览园，除了探空火箭纪念碑外，还建有中小学航天教育基地、德育教育基地、太空育种农业观光基地、风力发电站、防护林……就连学校和村里的巷道都与航天有关：火箭路、飞天路、钱学森路……更为奇特的是，这里的“农家乐”也以航天为荣。我们走进一处叫“滨海农家乐”的小屋，墙壁上挂着第一枚探空火箭的发展简史，图文并茂，弥足珍贵，而杨南生副院长的照片也在其列，表达了他们对航天前辈们的崇敬与爱戴。

2. 迁址上海，创建上海机电设计院

设计图纸要变为产品，需要加工制造和试验测试。也就是说，“1001”

设计院完成了运载火箭方案的设计后，只是任务的第一步。在哪里进行加工制造和试验测试？全无着落。而且，只有一百多名缺乏实践经验的技术人员和管理人员，也是无法满足设计图纸变成实物任务要求的。这些问题不解决，所谓“上天”，也只能是纸上谈兵。为此，张劲夫与上海市委第一书记柯庆施电话联系，要求得到上海市加工生产技术力量的支持，提出把“1001”设计院从北京迁到上海，由上海补充一些有经验的技术力量，利用上海的加工生产能力，共同促进“上天”任务的完成。柯庆施表示积极响应和欢迎，并提出设计院来沪后，可以考虑把毕卡地公寓（即现在的衡山宾馆）作为办公场地。

于是，科学院决定将以杨南生为首的“1001”设计院队伍携全套技术资料和设备迁到上海，与上海的技术力量结合，组建成一个名为“中科院上海机电设计院”的新机构，由中科院和上海市双重领导，以便借助上海雄厚的工业和基础技术力量，由小到大地发展我国的空间技术，任务也转向研制探空火箭。

1958 年 10 月下旬，力学所党委书记杨刚毅和杨南生，受科学院党组书记、副院长张劲夫委派，率领着 4 人先遣小组迅即到达上海，与上海市委协商确定了办公场所。杨南生这次出来，就没有返回北京，日常生活用品由后来的同事为他捎来，他便一直为新单位的建立马不停蹄地四处奔波。最终，上海市委决定，将上海市淮海中路 1162 号——淮中大楼的一幢公寓，作为设计院生活与办公的场所。淮中大楼是一幢 8 层的高级公寓，设施先进，装修华丽。由于设计院保密规定严格，对外无正式名称，更不挂牌，只有一个信箱代号。

一个月后，北京的 50 余人陆续搬迁到上海。

上海市委调来得力的上海机床厂厂长艾丁任党委书记，杨南生任副院长，又抽调交通大学王希季副教授任总工程师。

因为院长一直缺位，实际上杨南生在主持院务工作，所以，大家都称呼他“杨院长”，或者尊称他“杨先生”。在人们的心目中，他既是好领导，又是学识渊博的专家，而且事事处处以身作则，平易近人，亲切和善，极富魅力，博得了大家的尊敬与爱戴。

为满足各岗位的人才要求，上海市委紧急从工业部门、研究单位等处抽调有经验的工程技术人员和政工干部充实进来，还招收了一批高等院校的学生，让他们提前毕业，走上工作岗位，并号召大家到条件艰苦的地方去，人人写下决心书。就这样，设计院人员迅速增至600人，正式建立起院部各职能机构，成立了火箭总体（一室）、结构（二室）、自动控制（三室）、发动机（四室）和后来的回收测试（五室）共五个研究室，党委也建立了组织部、宣传部、团委、保卫科等职能部门。

为了加强研制加工和科学试验能力，1959年下半年，张劲夫、钱学森等领导、专家，专程来上海有关工厂参观调研，随后，杨南生副院长、王希季总工程师和相关科技人员也多次到有关工厂，探讨协商探空火箭协作加工事宜。一切就绪，各项任务就悄悄展开了。

最后，上海市委将设计院产品零部件和试验设备的生产加工任务，分别下达到上海技术实力比较强的一些工厂，如空军十三修理厂、上海柴油机厂、上海机床厂、四方锅炉厂、上海汽轮机厂、上海仪表厂、江南造船厂等，形成了一个有力的、比较完整的生产加工协作网。这个时候，设计院已万事具备，只待行动了。

可是，由于国家经济困难的局面已经出现，全国许多“大跃进”上马的项目纷纷下马，上海机电设计院也传出了下马风声。而且当时机电设计院搞大火箭的任务一直未能列入国家计划，经费也发生了困难。设计院能不能继续存在下去？院内一时思想比较混乱。就此，院党委书记艾丁向市委书记柯庆施作了汇报，柯庆施告诉艾丁说：上海对这项新技术要坚持，没有任务，就是停工学习也不能解散。上海机电设计院顶住了下马风，最终走向成功。

1958 年 1 月，张劲夫来了解上海机电设计院的工作情况。1 月 6 日，机电设计院在市科学会堂召开大会，聆听张劲夫报告。报告对上海机电设计院提出了“边战、边练、边建”的发展方针，要求上海机电设计院把基础打好，苦干三年，突破科学尖端关，于 1959 年完成以 T–5 火箭为中心的各项研制任务。研制工作又快马加鞭地展开了。

3. 平易近人，诲人不倦

在人们的眼里，杨南生副院长是一位平易近人的专家学者，他经常亲临现场指导工作。一天，杨南生走到一个年轻技术员身边，问过姓名后，知道他叫赵文瑜，刚从上海动力机器制造学校提前毕业来到设计院，便关心地问道：

“工作习惯不习惯？有没有困难啊？”并拉家常般地问他：“家里有几个兄弟姐妹？”

赵文瑜回答说：“有八个。”

“这么多呀！你老几呀？”

“老大。”

“那下面弟弟妹妹还很小，现在你工作了，在经济上还要补贴家用，是不是？”

“每月四十多元工资，除了七八元伙食费外，绝大部分交给我父母。”

“小伙子，真不容易！好好干，将来会好起来的。”一席话说得赵文瑜心里暖暖的。而最让赵文瑜难忘的是杨南生的谆谆教诲。

一天，赵文瑜正在绘制成套试验台的图纸，杨副院长又来到他的身旁，亲切地问：“工作忙不忙？”

他说：“还好。”

杨南生顺手拿起一张绘制好的图纸仔细看了起来。不一会儿，他轻声说道：“小赵，你绘的图纸很正规，表达也清楚。但这张轴形零件图为啥要用A4图纸画，而不是用A3图纸呢？”

赵文瑜说：“这个零件竖起来画，正好将A4图纸充满，横着画，图纸显得浪费。”

“唔，小赵，节约精神很好，但这个零件怎么制造？”

赵文瑜脱口而出：“用车床车呀。”

杨南生说：“对呀，在车床上零件是横车的，不是竖车的，既然这样，车工师傅在看你这竖形图纸时会感到别扭，不习惯，且容易看错上面所注的尺寸。一旦看错，制造出来的零件将会因不合格而报废。这废品的代价，其材料费、电费、工时费等等加起来，不知要比一张A4纸的代价要高多少倍呀！这是不是造成更大的浪费了呢？”

赵文瑜先是一愣，仔细一想，对呀，这样竖画的确容易看错图纸啊！

杨副院长接着语重心长地说：“我们搞设计的人员，除了在工作上要认真仔细、少出错外，还要为制造产品的工人师傅着想，为他们创造良好的工作条件，图纸就是第一位的工作条件；再说节约和浪费是相对的，创造良好条件的过程中可能有一点点浪费，但为后面的工作少出错误，这是最大的节约。你说对吗？”

赵文瑜忙说：“对对，我一定记好杨院长的话，贯彻到今后工作中去。”很快，赵文瑜将这张零件图用A3纸重新画了出来。从此，“图纸是我们设计人员为工人师傅创造的第一位的工作条件”就成了赵文瑜及所有设计人员在设计师岗位上的座右铭。每次画零部件图纸之前，总要事先考虑图纸的布局，尤其是较复杂的零部件。设计人员开始关注细节，不仅仅是完成自己的图纸设计任务，而且学会了替加工产品的工人师傅考虑，开始注重零件的尺寸标注环节，并且认真对待。因为他们知道，若尺寸随便乱注，很容易造成工人师傅寻找不方便、零件尺寸误差加大等问题的发生。后来，赵文瑜多次更换单位，但他出手的产品图纸屡屡受到工人师傅的好评，说赵工的图纸视图布置、尺寸标注清晰得体，不会使人产生误解。听了表扬，赵文瑜还不大好意思，但仔细一想，这不正是杨院长早年教诲的结果吗？他的教诲使人受益终生。

杨南生也是一个非常宽容的人。孙天标刚参加工作时，外语水平有待提高，杨南生就批准他去参加中苏友好学会办的俄语培训班，支持年轻人学习。可有一次，孙天标竟然将报告中的“W”看成“V”了，弄得非常狼狈。但杨南生马上幽默地说：“不用怪他们，多一弯就是W了。”一下子解除了尴尬场面，这让正在成长中的年轻人十分感动。

一天中午，杨南生正在大食堂吃饭。一个叫王继盛的年轻小伙子因为感冒去晚了，当时食堂里就剩杨南生一个人了。小伙子一进去，看见杨副院长在里面，彼此打了招呼。杨南生已经在吃面，而小伙子的面才上来。杨南生帮他付了钱，小伙子不好意思了，杨南生却拍拍他的肩膀说：“你是孩子，不客气，慢慢吃。”当时不到20岁的王继盛远离父母，也想家了，看到杨副院长像父亲一样对待他，眼泪都快流了出来。其实，这样的事情太多了。单位里哪个职工加班晚了，回不了家，他就把他叫到自己家里去住。杨南生认识下面的每一个人，他像父亲一样爱护着每一位职工。

那时，强度组和发动机部件设计组的十多位成员都来自高校，只学过材料力学、结构力学，少数学过塑性力学，也就是说，他们要承担火箭结构强度和发动机部件强度分析的重任，基础知识明显缺失。杨南生在了解到这一状况后，利用工作之余，为年轻的研制人员补课，每周半天，为他们开小灶，讲授塑性力学这门深奥的课程，从零起步。杨南生讲课非常认真，犹如给研究生正式开课，课前写讲稿，整理成讲义，刻印后免费发给学员。他的讲授理论联系实际，深入浅出，概念清晰，重应用，重数值推理，使研制人员的理论分析能力得到很大提升，为日后工作打下了坚实的基础。后来，杨南生还将所有讲稿汇编成册，装订时，已形成8章25万余字的厚厚一本塑性力学专著。

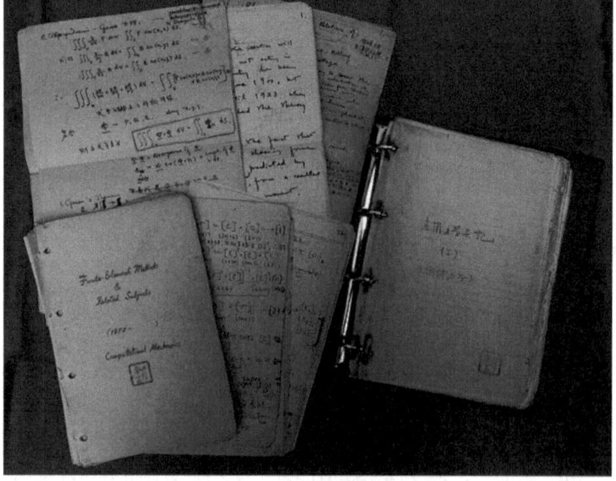

杨南生留下的数百页学习笔记

这里的年轻人整天嘻嘻哈哈不知烦恼不知疲倦，对杨南生等专家却是十分尊重，把他们看作是自己的偶像和奋斗目标，一律尊称他们为“先生”。在年轻人眼里，这些年近四十的“老先生”能够传阅一些神秘的参考消息和绝密文件，而这些资料，当时的年轻人是看不到的。杨南生总是将自己所学所看到的知识，转化成可应用的知识，及时传授给年轻人，在关键的试验中，杨南生总是慎之又慎，反复计算，反复推敲，做到万无一失。看他对研究如此严谨务实，身边的年轻人对他更增添了许多敬慕。人们谈起杨南生，都会充满无比的信任，经常自豪地说：“多大的技术难题，只要我们的杨先生一到，先细听大家的各种意见，然后发问，一、二、三……科学分析、科学总结、科学推断，再实践，再总结，没有解决不了的问题。”

无论工作多忙、劳动多累，杨南生都要挤时间不停地看书、学习。星期天，人们总能看到杨南生在宿舍走道里纳凉看书的身影。他说，专业领域太宽了，比如我对电子射频技术就不太熟悉，需要补课；可是，补完了这一课，又会有下一个新的课程需要我去学习和掌握。所以，无论春夏秋冬，酷暑严寒，人们总能见到杨南生孜孜不倦、刻苦学习的身影。年轻人心疼了，见他从来没有星期天，就提议杨南生与他们一同去看一场电影，放松放松。沉浸在知识海洋中的杨南生放下书本，微笑着欣然答应。在看电影聊天的过程中，人们才发现，原来，他们的杨院长不仅专业技能及知识学问高，艺术修养、综合素质也非常人所能及，太了不起了！

杨南生和大家伙儿同吃同住，不分白天黑夜地干，他竟然还能抽空博览当时报刊，将相关资料和信息搜集起来，送给研制人员。在火箭发动机流量自动调节小组，他将找到的一篇关于海轮上土洋结合创造自动操舵仪器的文章，做成剪报，送给小组成员，鼓励大家大胆创新。在杨南生的启发下，这个小组终于定下方案，设计出图纸，完成了计划任务。

4. 重逢王希季

杨南生怎么也没想到，在上海会见到王希季。见面后才得知，他的这位学长之前一直在大学任教。眼下，他被调来任上海机电设计院总工程师，听从杨南生指挥。

在接受笔者采访时，王希季回忆说："就在1958年的11月份，上海市委人事部门突然告诉我说，市委决定调我到上海机电设计院工作，担任技术负责人，仍兼任交通大学工程力学系副主任，那年我37岁。我到上海机电设计院报到之前，根本不知道要去做什么事。去了后才知道，这是一项开创性的、十分艰巨又需要严格保密的工作，既不能对家人说，更不能对外介绍。凑巧的是，设计院的副院长竟然是杨南生同志，他在西南联合大学读书时和我同系，是低我一年级的同学。我1942年毕业，他1943年毕业。我们同是西南联合大学机械系足球队的队员，在系队里，他是守门员，我是右前锋，在学生时代我们就非常熟悉，曾并肩作战。毕业后，杨南生去英国留学，获得博士学位，而我则留学美国，两人均于1950年回国。"

王希季说，他在美国弗吉尼亚理工学院研究生院动力及燃料专业学习。获硕士学位后不久，他在《纽约时报》上看到了两张照片，感动极了。一张是解放军露宿上海街头，不进老百姓的家；另一张是反映中华人民共和国成立的。他是在军阀间互相打仗，国家被蚕食、被分治的状态下长大的，有生以来首次看到真为老百姓的军队和祖国大陆的统一，他为此而欢呼，决心回国参加新中国的建设。

当时美国政府为了留住中国留学生，给留学生创造了许多优厚的条件。

王希季院士在北京接受笔者采访

而回国的留学生，在国内每人每月大致只能得到相当于600斤小米的报酬。周围的人或劝他读完博士再回去，或劝他留居美国。但他想到他出国前就抱着的“工业救国”的理想，想到抗战时，在兵工厂感受到的中国工业落后的状况，考虑到自己留学的目的就是为了改变祖国的落后面貌，现在祖国大陆统一了，该是自己为国效力的时候了，他毅然踏上了驶向东方的“克利夫兰总统号”邮轮。

王希季回忆说，记得那是1950年3月，一个阳光明媚、海风拂面的上午，在甲板上，他和几十名中国留学生围在华罗庚教授一家人的身旁，有的站着，有的坐着，有的仰望着蓝天，有的凝视着碧海，但大家的心都一齐向着祖国飞去，所有的话题都是回国之后如何建设一个强大富饶的中国。当谈到新中国应该有自己强大的工业和国防时，他抑制不住兴奋的心情，放声唱了起来：“黄河之滨，集合着一群中华民族优秀的子孙……”紧接着，华罗庚教授和所有的中国留学生都一起高声唱了起来。

王希季还说，在当年非常年轻的上海机电设计院的工作人员中，人们把他和杨南生，还有最初从力学所请来讲课的卞荫贵、李敏华先生等人看成是“老”先生。其实，他和杨南生也只是四十岁左右的人，对火箭和卫星也知之不多。他们一边学，一边给大家上课，一边还要设计生产，“摸着石头过河”。在T–5火箭受挫的严酷现实面前，他们深刻地认识到，要研制一枚运载火箭，不能只考虑运载火箭本身，运载火箭只是卫星进入太空的大工程系统中的一个系统。发射人造卫星，除了运载火箭，还得有发射场，测控网，对返回式卫星还要有回收场等。另外，研制中国制造的运载火箭，一切必须从中国的实际出发。

从那个时候起，他们学会了从研制卫星发射大工程系统的角度去考虑研制火箭的问题。一方面由杨南生主要负责，创造大工程系统的各方面条件，在3个月内把整套工程系统的外在条件建立起来；另一方面由王希季主要负责抓火箭的研制。他们根据当时的客观条件，一步一个脚印地从陆地上干起，研制较简单、较小、无控制的T–7探空火箭。为了发展T–7，根据钱学森的建议，他们先做了T–7M，即T–7的模型火箭，这个模型火箭的设想方案是在1959年9月明确的。

杨南生与王希季，在中科院上海机电设计院为发射我国卫星，艰苦奋斗了四年，虽未达到目的，但却打下了基础。他们携手开展了T–7两级探空火箭工程系统的建设，一方面研制试验型T–7M和T–7火箭产品，一方面建设试验、发射等设施。两人的密切合作，终于促成了探空火箭的成功发射。

后来，上海机电设计院归属七机部，杨南生于1964年调往七机部第四研究院（当时是国防部五院第四分院）任副院长兼总工程师，开始领军开创固体火箭事业。

没想到分开之后，杨南生和王希季这两位同学加战友，1965年又一次为发展我国运载火箭而走到了一起，再一次密切合作，并肩作战。王希季根据我国火箭技术现状和发展趋势，制定出运载火箭总体方案：即采用已有的两级中程液体导弹加一级正在兴起的固体火箭。这就是后来被正式命名为“长征一号”的运载火箭。为落实这个方案，王希季去找杨南生沟通，杨南生一口答应。为发射卫星，开创中国航天时代，携手在上海机电设计院艰苦奋斗了四年的两个人，将在向太空进军的战斗中再度合作，心情无比欢欣。

5. 催生T-5探空火箭

1959年1月14日，上海市科委召集上海机电设计院以及承担火箭加工、研制协作任务的9家工厂、5个有关局和2所大学的负责人，开会研究探空火箭工作，要求与会单位积极协作和支持上海机电设计院研制探空火箭。由此，一个以上海机电设计院负责设计、试验、试制、发射和有关单位（包括空军第十三修理厂、上海柴油机厂、上海四方锅炉厂、上海汽轮机厂、上海机床厂、江南造船厂等）承担生产协作的探空火箭研制体系开始形成。确定设计院当年的任务是确保三个探空火箭（T-4、T-5、T-6）上天，计划的发射时间分别定在5月、9月和11月。也就是说，在一年左右的时间内，就要完成三发火箭的研制与发射任务，这显然是不太切合实际的。

院党委于3月18日召开扩大会议，认真分析了形势，感到原来拟定的一年发射三发探空火箭的计划脱离实际，不可能实现，即使仅仅把T-5送上天也不易办到。就这样，将当年的任务指标由原来的三发调整为一发，集中兵力打歼灭战。于是，全院同志全力以赴投入到T-5的研制工作中。

T–5 探空火箭（探空五号火箭）为单级有控制液体火箭，它是有控制、能量较小、采用常规推进剂发射的探空火箭，将用于探测中层大气结构和各种地球物理现象。T–5 探空火箭研制在杨南生、王希季领导下进行。

这时，淮中大楼很快容纳不了这么大的设计院了，于是，1959 年 5 月，在市委的支持下，上海机电设计院搬迁到虹口区四达路原上海财经学院校园内，继续开展我国第一枚探空火箭的研制工作。直至 1961 年秋，设计院才迁往松江郊区横潦泾新址办公。

T–5 的研制任务客观上遇到很大困难。主要需要解决下列 10 项关键技术：推进剂贮箱的设计、计算和制造，尾翼的设计、计算及副翼控制，推进剂输送系统中软管和管道的保温、绝热，推力室壁面冷却和热应力，发动机点火，火箭运动方程和数学模拟，火箭蒙皮温度计算，结构动力学特性，推进剂混合比调节，推力室摆动设计、制造及控制等。

在重重障碍面前，大家在杨南生和王希季的带领下，发扬蚂蚁啃骨头的精神，研制工作一点点深入下去。随后，这些关键技术大多数在理论上获得初步解决，其中一些项目还取得了工程研制的成果。

推进剂贮箱所用的钢板，当时国内尚无符合要求的品种。上钢五厂根据配方要求，冶炼并轧制出合格的产品。问题解决后，这种大直径薄壁贮箱的封头冲压成形、箱体焊接、整箱热处理又成为加工中的三大工艺难关。封头冲压成形，开始由于钢板薄、塑性变形差以及冲床吨位不够，整件冲压起皱现象严重。后来改用先分块冲压、分瓣手工成形，再拼焊的方法获得成功。箱体焊接，原拟采用电弧焊，因铬锰矽钢焊接性能差，致使焊缝气孔多且容易产生裂纹，只得另辟蹊径；经改用电焊加气焊的方法，最终得到解决。而整箱热处理经过直接淬油、喷水淬火、喷雾淬火等多次失败后，最后采用喷水“淋浴”方法才取得突破。之后，火箭弹道计算于 1959 年 3 月确定了动力方程，4 至 10 月利用电动和手摇计算器求出了一条完整的飞行轨迹，累计运算工作量达 50 万次。推进剂输送系统中有 18 套高精度阀门，其中的电磁阀，开始参照 V–2 火箭产品设计，结构庞大、性能不良。后又参照飞机上用的产品设计，性能仍不理想，也不符合火箭要求。研制人员经多次试验后，又对设计做了修改，才研制出结构简单、性能稳定的产品。

T–5 探空火箭于 1959 年 12 月初完成尾段组装，15 日高压气瓶和液氧贮箱、甲醇贮箱交付合格产品，29 日结束第一枚火箭总装工作。在总装中，由于推进剂输送系统软管未研制成功，用常温软管代替。航向控制系统中的测量元件（陀螺）精度不符合需要，也未安装。刘少奇主席、邓小平总书记、李富春副总理、陈毅元帅等党和国家领导人曾于 1959 年 12 月视察了 T–5 探空火箭产品和试制生产情况。

T–5 探空火箭虽然完成了总装工作，但离进行飞行试验还有相当大的距离。其中，发动机系统因为缺少试验条件，未能进行整体水压试车和热试车；自动控制系统虽经过动作演示表明方案可行，但还有少数部件未达到设计要求，多数部件和整个系统也没有进行动态试验，整个系统尚不能按预定的要求连续运动。

T–5 探空火箭终因条件限制，仅试制出模样弹，便下马了。这枚在当时很是现代化的火箭，由于研制条件距离要求相差甚远，未能走完研制全过程，最终只能成为一枚展品陈列在展室里。就是在这样一种情况下，党和国家领导人还是饶有兴趣地参观了这枚火箭，给了杨南生团队很大的鼓励。

研制 T–5 探空火箭起到了练兵的作用。毕竟，它在中国航天早期发展史上起着引领作用，它的许多开创性技术和实践探索为我国日后大、中型火箭发射起到了引路和铺垫作用。

研制人员借此取得了研究、设计、制造探空火箭的初步知识，认识到发展火箭技术的艰巨性和必须把火箭研制作为一项系统工程来组织实施。特别是认识到在研制经验缺乏、技术储备不足、国家投资有限的情况下，要使探空火箭在短时间内取得实用性成果、满足火箭探空事业的需要，应该选择技术难度比较小的无控制火箭作为突破口。

1959 年下半年，院党委总结了一年来的实践，初步认识到在没有外援的情况下，火箭技术和发展只能经历从小到大、从低级到高级、从气体挤压式到涡轮泵式、从无控制到有控制的循序渐进、逐步发展的过程，在实践中积累经验，提高自己的水平。

6. 研制 T–7M 模型火箭

探空七号模型火箭，为探空七号气象火箭的模型火箭，是由第一子级火箭（固体发动机）、第二子级火箭（液体发动机）与箭头组合而成的两级无控制火箭，代号 T–7M，技术负责人为王希季，行政负责人为杨南生。

T–7M 火箭拟携带 15 千克遥测仪器飞达 10 千米高空，主要用来对探空七号气象火箭运载系统采用的主要技术途径进行可行性验证。

杨南生在总结了 T–5 探空火箭的经验教训后，设想研制一种无控制的小型探空火箭，推力不大于 30000 牛顿（约 3 吨）、采用常规推进剂、飞行高度在 100 千米以内，取名为 T–7。

但杨南生考虑到当时毕竟没有实践经验，大的试车台一时无法解决，根据钱学森的意见，决定从研制一个相当于 T–7 十分之一的 T–7M 模型火箭开始。

它的方案和计划任务书呈报国防科委和中科院后，很快获得批准。1959年9月，在杨南生等领导下，T-7M正式开始设计，火箭总长5.345米，直径0.25米，可携带19千克有效载荷，自重75千克，以硝酸和苯胺、糖醇混合液作为推进剂，推力为2200牛顿，加上固体助推器后，发射高度可达10千米左右，箭头内装有测量参数的遥测系统；头、体在弹道顶点附近分离后，用降落伞回收。

T-7M的任务立即得到全院广大技术人员的热烈响应，并迅速投入到了具体设计和创造各种必需的试验条件中去。

参与研制T-7M的这支队伍，绝大多数是刚出校门不久的年轻人，平均年龄只有24岁。虽然年轻，但他们热情高涨，激情燃烧，满怀着赶超世界先进水平、为国争光的雄心壮志。他们知道，麻雀虽小，五脏俱全，要想成功研制T-7M，必须严格、谨慎、一丝不苟。

没有电子计算机，就用电动和手摇计算器进行计算。算一条弹道，计算纸摞得有半人高，一天24小时都有人算，算了四五十天才算完。一摞摞的计算纸摞在屋里，能摆满半间屋子，有问题就请设计人员一张一张地修改，然后再审查，如此反复，直到合格为止。他们发扬自力更生、白手起家、因陋就简、艰苦奋斗和团结协作的精神，坚持科学实验和实践出真知，勇于攻关和破解难题的精神令人敬佩。

T-7M探空火箭发动机推进剂供应系统的试验设备，就安装在单位厕所隔出来的小天井里，大概不到5平方米。人们就在这个狭小而又有气味的地方进行液流试验，获取数据。决定用爆破薄膜作为启动发动机的爆破阀，其技术要求很高，薄膜铣削深度公差在0.005毫米以内。在杨南生的指导与鼓励下，两位刚出校门的女大学生大胆实践，花了一个多月时间，设计出了几十种方案，经过 700 多次试验，终于拿出了合格产品。当时的点火装置是将普通小电珠的玻璃敲碎，然后取出里面的灯丝，再裹上硝化棉制作而成，这就是最初的引火头。而控制头、体分离的定时机构则是用市场上 7 元一只的小台钟经过改装，并通过各种环境试验研制成功的。

研制工作取得了可喜的进展。终于，第一枚 T-7M 火箭试制出来了，只待试车，这可是我们国家的重大科研成果啊！国家给予充分肯定和鼓励，邀请杨南生作为代表参加国庆庆祝活动，那份邀请函是由毛泽东、刘少奇、宋庆龄、董必武、朱德、周恩来六位领导人联名签署的。1959 年 9 月 29 日下午，杨南生走进人民大会堂，参加了“中华人民共和国成立十周年庆祝大会”。10月 1 日上午，他又在天安门城楼上观看了阅兵与群众庆祝游行。这份光荣让杨南生激动不已，铭记终生。

1960 年 4 月，在上海机电设计院，杨南生（前排右一）陪同陈赓等领导参观探空火箭产品

7. 舐犊之情

早在1956年杨南生调离长春“一汽”来到北京后不久，他的妻子莘耘尊便舍弃了在长春干得正火的事业，跟随着杨南生调回了北京，在北京市都市计划委员会（后更名为北京市城市规划管理局）担任工程师。在北京中科院力学所，杨南生忙得不亦乐乎的时候，莘耘尊也在为新北京、新首都的建设大展身手。这一年，莘耘尊实现了自己美好的心愿，被批准加入了中国共产党，成为党组织中的光荣一员。夫妇两人各自在建设新中国的岗位上忘我地奋斗着。

1957年10月26日，杨南生和莘耘尊夫妇欣喜地迎来了他们的第二个孩子，他们的生活紧张而快乐。由于当时恰逢全国开展反右斗争，为提醒自己在运动中要站稳立场，他们为儿子取名“杨小立”。

这一年，两岁多的女儿小红也要入托了。望着女儿洋溢着快乐的小脸，夫妇俩为孩子拍下了珍贵的照片，并写上“1957年11月4日，北京中关村，小红第一天去托儿所”。

然而，这样宁静温暖的家庭生活并没有持续太久。1958年10月下旬，杨南生接到了去上海出差的任务，没想到原计划的短期出差，变成了长期的工作调动。来不及跟上杨南生征战步伐的莘耘尊，仍然留在北京市城市规划管理局工作，和亲眷一起照料着两个尚且年幼的孩子。

在这样的日子里，杨南生与妻子保持着频繁的书信往来。在书信中，他们欣喜地分享着孩子们成长过程中那些点点滴滴。在1959年的一张小画纸上，杨南生给远在北京的女儿写道：“小红，我给你画的汽车还没有涂好颜色吗？你把这两个小球涂上颜色，再给我多画几个球好吗？”一位慈父对不在身边的孩子的思念和关爱之情跃然纸上。而孩子们这些零零碎碎

1958 年 4 月，莘耘尊抱着六个月大的儿子杨小立，摄于北海公园

的小纸片及孩子们的“儿时作品”，后来竟被杨南生携带着走南闯北，珍藏了一生。

1959 年 10 月，杨南生将四岁多的女儿接到了上海，因为工作太忙，他将女儿送进了上海市机关第一幼儿园的全托班。即使这样，杨南生也不能做到每周都将孩子接回家。有时他会托单位的同事带孩子回去玩儿，有时，还会留她一个人在幼儿园里度过一个周末。在那些小朋友都回家了的寂静夜晚，小红常常一个人趴在幼儿园宿舍的窗台边，往下张望着深夜里静悄悄的马路，盼望着路上能够出现爸爸来接她的身影。

遇到爸爸能亲自来接女儿的周六，是小红最幸福的时刻。她会飞奔着扑向爸爸，和爸爸一起回到他在单位的单身宿舍。晚上，她会爬到架子床的上铺，听爸爸给她讲一个小白兔坐飞船到月球旅行的故事，满意地入睡。孩子睡着了，杨南生才开始看书，他坐在暖黄色的灯光下，聚精会神地读着写着，不知不觉中就到了深夜。

周日，杨南生还经常需要加班或开会，那时，小红就一个人安安静静地在走廊里玩儿。由于自己不会做饭，他经常带着女儿去食堂就餐。当时正处在困难时期，女儿因食堂饭菜难以下咽而吃不下去。杨南生耐心说服，总是要求女儿将碗里的饭菜全部吃掉，一点儿不能浪费。女儿艰难地吃着，食堂里经常只剩下他们两个人。

周一，去幼儿园的日子又到了。杨南生会给孩子拿一块小小的、组织上配给的饼干，让她一路上慢慢地一圈圈啃着那块小饼干，一直啃到幼儿园。顺路，他们还会来到一个铁丝网外面，拔一些青草喂喂那里的小山羊。这期间，杨南生又当爹又当娘，碰到孩子病了又不得已时，他还要亲自给女儿打针。

直到 1961 年 6 月，莘耘尊才带着儿子小立调来上海，她又一次为了杨

1960 年，上海和平公园，杨南生带女儿与原上海机电设计院三室部分人员合影

南生的事业，放弃了自己在北京已经干得颇为成功的事业，在上海市规划建筑设计院开始了新的工作篇章。

一家人终于在上海团聚了，他们在上海武宁路有了自己温暖的家。但此时，杨南生的办公地点已从市区迁到上海郊区松江，一般两周才回一次家，工作紧张时，很长时间都不能回家。

不久，女儿上了小学，难得回家的杨南生每当休息在家时，都会非常关心她和小伙伴们的学习情况，还经常在“学校、家庭交流册”中详细向老师汇报女儿在家中出现的问题。杨南生一直保留着孩子们的学习记录，一个专家学者的舐犊之情无异于常人哪！

1960 年秋，杨南生从上海回北京探亲期间，与孩子们在北海公园合影留念，与爸爸在一起的孩子们是多么的高兴啊！

8. 江湾“碉堡”热试车

T-7M 火箭主发动机虽然制造出来了，但它必须通过试车台进行热试车来验证。而火箭发动机试车，有高压、腐蚀、有毒气体、高温火焰等危险因素，存在爆炸、中毒和燃烧的危险。因此，试车台必须有防爆、防毒和防火的措施。

新建试车台，一则时间进度跟不上，二则没有那么多钱。出路是找现成的、基本适用的加以改建。他们四处寻觅，终于有了收获。原来，解放前国民党在上海市郊江湾修筑过许多碉堡，由钢筋水泥浇注而成，十分坚固，便决定利用它来改造成火箭发动机的试车台。于是，在上海市委和空军总部的大力支持下，他们选定江湾机场的地下碉堡，加以改建，作为火箭发动机热试车的场所。

当时已进入三年经济困难时期，吃饭问题是全国性的大问题，机电设计院也不例外，生活十分艰苦，又值寒冬腊月，但科技人员不畏艰难困苦，弄水和泥，搬砖抬石，当起了“泥瓦匠”。仅用了 3 个月时间，便改建成功一个防爆、防毒和防火的发动机试车台。

在这个无遮无掩的废碉堡里，他们白天干活，晚上进行数据分析、资料查阅，边学边干，边干边学，学了就干，不懂再学，大家心里都憋着一股子劲儿，要尽快把中国的探空火箭发射升空！

1960 年 4 月 18 日，聂荣臻、张劲夫、钱学森以及上海市委刘述周等领导冒着春寒中的细雨，赶到江湾“碉堡”视察。

他们在杨南生的引领下，一个个弯腰钻进了破败不堪的防空洞，观看就在旁边碉堡里进行的 T-7 主发动机热试车。杨南生弓着腰探视试车现场，聂荣臻、张劲夫和钱学森就站在他身后。为了安全，钱学森还一个劲儿地挥着手，让身后的同志尽量往后靠。

准备就绪，大家目不转睛地盯着发动机。一声令下，一条火龙从发动机尾部喷出，火光耀眼，响声震耳。试车成功了！现场的人们欢呼雀跃，钱学森、张劲夫与大家一起欢呼，见证这历史性的时刻。

这座简易的碉堡试车台，在1961年2月撤销前，曾进行了T–7M火箭主发动机近30次热试车和T–7火箭主发动机14次热试车，成为我国历史上第一个成功进行火箭发动机热试车的试车台。

9. 在南汇老港竖起发射架

发射探空火箭涉及到化工品的燃爆，具有一定的危险性，其安全问题必须高度重视，再加上保密的原因，显然，不能放在人口稠密的市区或郊区发射，需要选择一个远离市区、相对开阔、人烟稀少的地方进行。

杨南生一边搞研制，考虑试验、总装、测试等问题，一边谋划发射场地问题。他带着一部分同志，在上海远郊川沙县、南汇县的东海边实地勘察。有一天，杨南生和结构室试验组的林华宝等一行4人，乘坐吉普车来到南汇县的南尽头，这里已没有公路可走，他们便改骑自行车，先到最南端的海边，再沿东海岸北上，一直走到川沙县北，又转上了公路。经过多次勘察，最终，相中了地势开阔、人烟稀少的南汇老港镇向东2千米处的东进村。

1959年10月，杨南生带着一批科技人员来到南汇老港的滩涂上，设立起临时军事禁区，开始了火箭发射场的基建工作。在海堤外的一片滩涂上，只有一间与所选发射阵地一河之隔的平房和一个空军的雷达站，再就不见人烟了。他们选定那唯一的平房作为发射指挥所。由于经费困难，时间紧迫，各项设施都十分简陋。用电先是借用雷达站的，不够用，只能晚上点汽油灯照明，后来才弄了台柴油发电机自行发电。柴油机就架在草地中的木头机座上，“电站”机房实际是一个用油布遮盖的窝棚。杨南生带领年轻的科技人员，从县城出发，自带一些简单的铺盖和粮食，徒步10多里，来到东海之滨，在滩涂上搭起了芦苇窝棚，用稻草铺成地铺，作为住所；仅有的木板床，成了副院长杨南生的奢侈享受。到了冬天，海风狂吹，地面湿滑，冷彻心扉，海浪声和海风声呼啸而来，条件之艰苦可想而知。

安置停当，破土动工。

来这里的交通工具只有大卡车，不论是太阳高照的盛夏，还是寒风细雨的严冬，护送物资设备的人，坐在卡车上，既要注意自身安全，又要像保护自己眼睛一样保护好物资设备。没有公路时，沉重的建筑材料和20米高的发射架等，就先用汽船从水路运到老港，然后再手抬肩扛运到发射场。发射架这个庞然大物，借助2台手摇卷扬机，才竖立在了这片滩涂之上。

但就是这样简陋而艰苦的环境，在杨南生指挥下，他们凭借意志和力量，用自己的双手，在三个月的时间里，耸立起一座20米高的发射架，还建起了简陋的电站、仓库和发射控制室。这是信念和坚强的见证。时值三年经济困难时期，人们总觉得没有吃饱，几个年轻同志常在退潮的滩涂上捡拾牡蛎，请雷达站警卫班的同志帮忙用水壶煮了吃，剩下的牡蛎就放在棚顶上晒干备用。可到了第二天，发现海风早已将干的、没干的牡蛎一同吹了个无影无踪。人们哈哈大笑，乐观而坚强，总有一种必胜的信念支撑着大家。

万事俱备，只待发射。

为了选择晴朗的天气进行发射，需要好几天的天气预报。研制人员走访气象局，得到了气象局的大力支持；为了解决火箭飞行高度测量问题，研制人员走访了空四军，得到了他们的鼎力配合，确定由驻老港附近的空军雷达部队配合进行发射跟踪。

火箭发射场上用草包和泥土堆积而成的发射控制室

发射前夜，却飘起了小雪，天气出奇的寒冷。户外，杨南生副院长和王希季总工程师仍然并肩忙碌着，他们借助汽油灯光全神贯注地检查待发火箭。两人的鼻子下挂着因寒冷流出的清涕，逐渐冻成冰柱，他们顾不上清理，只顾专心检查每一个环节。他们那无私无畏的奉献和敬业精神，激励着在场的所有工作人员。

1960年1月25日，这个发射场开始了中国航天史上的第一次发射。推进剂加注是用自行车打气筒加压进行的，加注结束后，操作人员冒着危险跑到处于待发状态的火箭旁拆下充气阀（直到第五次发射，才改用高压气瓶加压加注推进剂，用自动脱落器拆除充气阀）。通信线路尚未建起，大家用手势或叫喊的方式进行试验场的信息传递。没有自动的遥测定向天线，就靠几个人用手转动天线跟踪火箭。但这次发射，点火启动时管道震裂，漏出的推进剂在发射架上燃烧起来，发射失败了。杨南生指导大家迅即采

火箭发射场的发射控制室和指挥所

取措施，找出故障原因，对火箭进行改进，选择时机，再次组织发射。

1960 年 2 月 19 日，我国自行设计制造的第一型液体推进剂 T–7M 试验探空火箭，重新矗立在这个简易发射场。一声令下，火箭在南汇老港的东海滩涂上呼啸着冲上天空，测试数据满足要求，发射获得圆满成功！全场沸腾，人心振奋。这是我国探空火箭第一个具有工程实践意义的成果，被永恒地记载在了中国航天史上。

T–7M 探空火箭是我国自行设计研制并发射成功的第一枚液体火箭，它的首次发射成功，是设计院研制人员及杨南生工作的一个重要里程碑，开创了我国航天事业运载火箭的新纪元。也正是这样一群科技人员，用这样原始的方法，凭着对共和国的无限忠诚，在碧蓝的天空，写下了中国航天人最初的辉煌。杨南生身在其中，功不可没。

4 月 29 日，一个阴雨绵绵的日子，T–7M 发射任务再次进行。张劲夫

在 T-7M 探空火箭发射前，技术人员用自行车打气筒为火箭加注推进剂

T-7M 探空火箭发射前，科技人员用高压气瓶为火箭加注推进剂

杨南生（右三）和艾丁（左二）陪同张劲夫（右二）、钱学森（左三）等领导在现场查看 T-7M 试验探空火箭发射前准备工作的情景

和钱学森等领导同志到现场视察和参观，发射再度成功。张劲夫和钱学森等领导热烈鼓掌祝贺，人们振臂欢呼。

T-7M 的发射成功给研制人员极大的鼓舞，看到用自己双手研制出的火箭飞上了天空，大家看到了力量和希望。虽然，T-7M 是一枚很小的、简单的火箭，但“麻雀虽小，五脏俱全”，且是从 1959 年 9 月开始设计，到 1960 年 2 月 19 日首次发射成功，仅用了 5 个月时间，可谓奇迹。所以，它在中国航天史上始终占据着“第一”的位置。

《当代中国的航天事业》一书中，就有这样一段文字记载——

T-7M 火箭从 1959 年 10 月 10 日开始研制，在副院长杨南生和总工程师王希季的主持下，仅用三个月就装出第一枚主火箭，不到半年时间首次飞行试验成功，为研制 T-7 火箭奠定了基础，使探空火箭技术队伍受到了锻炼。

第一枚试验型液体推进剂探空火箭发射成功，是我国探空火箭技术取得的第一个具有工程实践意义的成果。

张劲夫（左二）、钱学森（左一）等领导来到南汇试验场观看 T-7M 探空试验火箭发射，
这是发射前在指挥所前小憩的情景

T-7M 在南汇发射和回收成功，杨南生（前二，背影）
与同张劲夫、钱学森（前一）等领导鼓掌庆贺

T–7M 在南汇发射和回收成功后，发射场工作人员合影，中排右三为杨南生

正因如此，20 世纪 90 年代末，原中科院副院长张劲夫谈到中国搞卫星那段历史时，表情凝重地说："历史不会忘记他们！"后来，根据张劲夫的提议，《科学新闻》报记者苦苦搜寻当年的那批航天人，写成长篇报道见诸报端，呈现在全国人民面前。戚南强先生就是被找到接受过专访的一位，他回忆说："与杨南生副院长共事时，我们还只是些二十出头的年轻人。如果说，当时我们这群年轻人对航天技术一无所知或知之甚少的话，那么经历了 T–3、T–4、T–5 火箭设计再到 T–7M、T–7 等火箭的研制、试验和发射实践，使一大批年轻人跨入航天大门，日后才能在航天系统工作岗位上成为航天事业的中坚力量。"而且，探空火箭超前的探索性、研究性等，都为空间技术的发展奠定了基础。而世界上一些国家发射人造卫星，也都是从探空火箭研究开始的。

T–7M 的发射成功，也让设计院迎来了大发展的春天，一座由建筑群组成的新院址已经落成。

在接下来的日子里，他们又进行了数次 T–7M 发射，均获得成功，其中一次飞行高度达到 9.8 千米。在此基础上，他们继续奋勇前进，研制成功了 T–7 系列探空火箭。

这座简易发射场自 1960 年 1 月投入使用，至 1961 年 6 月停止作业，总共进行了 12 次 T–7M 火箭发射，而后于 1963 年一季度撤销。T–7M 火箭总共进行过 16 次发射，最后的 4 次是在安徽省广德探空火箭发射基地，利用 T–7 火箭发射架完成的。

10. 研制 T–7 气象火箭

T–7M 的发射成功，使上海机电设计院走出了困境，获得了国家的肯定和支持，坚定了研制队伍发展更大火箭的信心，随即全面铺开了 T–7 系列探空火箭的研制。

探空七号气象火箭，为中国实用探空火箭中的第一种火箭。它是由第一子级火箭（固体发动机）、第二子级火箭（液体发动机）与箭头组合而成的两级无控制火箭，火箭代号 T–7。它将携带 25 千克气象探测设备飞达 60 千米的高空，用于探测距离地面 30 至 60 千米高度层内的风速、风向、大气压和大气温度等气象参数，并采用了箭头与箭体回收技术。该火箭的技术负责人为王希季，行政负责人为杨南生。

为了缩小范围利于保密，设计和制造都放在上海柴油机厂一个保密车间进行。T–7 气象火箭的关键课题为主发动机和头体回收技术。为了使主发动机启动安全、工作可靠和发射场准备工作简便，研制人员从设计到试验做了大量工作。他们一边研制产品，一边建试车台等设施，研制工作在杨南生和王希季的指导下，解决了一个又一个难题。比如设计级间分离时，没有资料和研制经验可借鉴，研制人员一时不知所措。刚从北京出差回来的杨南生立即召集设计人员，用启发的口吻告诉大家，他曾听说国外有用发动机喷气做级间分离动力的，这关乎燃烧带问题，大家好好想想。这个启发，让设计人员找到了方向，终于想出了燃烧带加机械的级间分离方案。实践证明，这个方案成功地实现了级间分离。

南汇老港的简易发射场受到区域和发射架的局限，难以发射 T-7 这种更大的火箭，需要重新建设发射场。设计院得到南京军区和安徽省委的支持，经过实地考察和选址，将新的发射场选定在安徽省广德县的一个山坳内，代号 603（取意为 1960 年 3 月开始建设）。

1960 年 3 月，一批批设计院的热血青年从上海乘着敞篷大卡车，一路颠簸，奔赴这片荒凉的山区。这些从各个名校出来的高才生们吃住在这里，

技术人员正在将 T-7 火箭的主火箭箭体吊装上发射架

1962 年，杨南生（左一）在陪同粟裕将军
参观探空火箭产品时回答有关提问

每天挥汗如雨地劳动，在当地民工的大力支援下，新建了 8 千米的公路，修通了山间道路，平整了试验场地，建造了各项试验设施，安装了各种试验设备，他们自行设计的 52 米高笼式发射架，由江南造船厂加工制造后运输过来，被稳固地竖立在场地中央。仅用了 3 个月时间，T–7 火箭发射场于 1960 年 6 月建成。这项大工程系统仍然是杨南生副院长负责的。

1960 年 7 月 1 日，T–7 火箭进行了首次发射，不幸失败了。总结、改进之后，于 9 月 13 日进行第二次发射，获得圆满成功。后续研制成功改进型 T–7A 火箭，与 T–7 组成一个系列，作为中国液体探空火箭的基本型，成为中国人造卫星上天以前进行高空探测的重要工具。

从自行设计和实际应用两个角度说，在 T–7M 火箭基础上研制的 T–7 系列探空火箭，是我国最早研制和发射成功的实用型液体探空火箭。它的投入使用，也开了我国空间回收技术的先河，在中国航天史册上留下了浓墨重彩的一笔。

T-7 火箭成功发射后 6 年间，广德发射场陆续成功发射 T-7 系列探空火箭三十余枚，应用包括高空探测、气象观测、生物实验等。

1963 年，杨南生作为中国代表之一，赴波兰华沙，参加第四次国际空间科学大会，获益匪浅，使他更加广泛和深入地了解了国际空间科学技术的发展形势，坚定了献身中国航天事业的意志和决心。

T-7 火箭成功发射升空

11. 迎接毛主席视察

毛泽东、刘少奇、邓小平、李富春、陈毅、聂荣臻、郭沫若等，都到上海视察过探空火箭研制。有一天，杨南生、潘先觉和钱家正等工程技术人员被秘密召集到延安西路上海新技术展览会尖端技术展览室，大家都不知道是谁要来参观，只知道是中央领导。潘先觉主任一个人被留在摆放T-7M火箭实样的房间，准备作解说。杨南生等几个人留在隔壁一个房间，作好随时进展室回答提问的准备。

那是1960年5月28日晚上，毛泽东主席在杨尚昆和上海市委书记柯庆施的陪同下，来到上海新技术展览会内临时布置的一间特殊展室，饶有兴趣地观看了T-7M火箭。毛主席在询问了研制情况、科技人员的生活现状后，拿起产品说明书翻了一下，潘先觉马上汇报说："T-7M是在没有苏联专家帮助，没有现成资料的条件下搞出来的。"

毛主席指着火箭微笑着问道："这家伙能飞多高？"

"8公里！"潘先觉回答。

毛主席轻轻"哦"了一声，仿佛有点遗憾，但很快便抿抿嘴，挥了挥手中的产品说明书说："了不起呀，8公里也了不起！我们就要这样，8公里、20公里、200公里地搞下去！搞它个天翻地覆！"毛主席的话使大家备感欣慰和鼓舞。

此时，紧张地呆在隔壁小屋里的杨南生，并不知道来参观的是毛泽东主席。直到参观结束，毛主席并没有提问技术问题，杨南生也因此错过了面见毛主席的机会。事后，杨南生有些遗憾地说："那天，出于稳妥考虑，我被安排在展室后边的一间小屋里，任务是万一领导问及技术方面的问题，就让我出面回答。可是，毛主席恰恰没有提出什么技术问题，所以没有亲眼见到毛主席，没有握握他的手啊！"

毛泽东主席的亲临参观，表明党和国家领导人对襁褓中的中国空间技术的莫大关怀。这对机电设计院，对杨南生和他领军的研制队伍是极大的鼓舞和至高的奖励。

12. 研制应用型生物火箭

T-7 系列探空火箭研制成功后，相继应用于高空物理探测、高空气象学和高空生物学等高空科学研究。

1964 年年初，杨南生接到周恩来总理亲笔签署的委任书，要他赴当时地处四川泸州的国防部五院四分院工作，此时他正带领科技人员，研制 T-7A 和 T-7A（S1）生物火箭。他知道必须抓紧时间，尽快胜利完成这项首枚生物火箭的研制任务。

1963 年年末的 T-7A 发射成功并不圆满，由于火箭回落速度过快，箭头与箭体因气动加热而被烧毁。1964 年，杨南生、王希季组织林华宝、李大耀等工程技术人员，开展降落伞气动加热问题的研究，采取了一系列综合措施，终于解决了这个问题，使 T-7A 取得完全成功，在后期一系列探空活动中，T-7A 尽显风姿。

T-7A 是 T-7 的改进型，起飞质量提高到了 1260 千克，飞行高度由 65 千米提高到 115 千米，可以到达电离层，扩展了高空探测范围，箭头重量达 90 千克，可装载 40 千克的有效载荷。这些指标已达到当时国际探空火箭的先进水平。T-7A 用于生物实验时，取代号为 T-7A（S1）。

1964 年 7 月，T-7A（S1）生物火箭在广德发射场发射。这是杨南生最后一次指挥探空火箭发射。起飞前，由中科院生物研究所送试的一批可爱的大白鼠和小白鼠，以及装有生物的试管，被放入箭头密封舱内，进行高空生物学和医学试验研究，这是我国这个领域首批高空生物学和医学的科学实验，意义重大。

1964 年 7 月 19 日，我国第一枚生物火箭——T-7A（S1），随着一声指令，载着白鼠、果蝇、酶、菌等生物，扶摇直上到 70 千米高空后，密封舱与箭体分离，向地球返回，最后阶段降落伞打开，密封舱安全着陆。开舱检视，这批荣幸巡天回来的小天使全部安然无恙。由此，揭开了我国高空生物试验的序幕。国防部五院为此致函中国科学院，热烈祝贺生物火箭试验成功！至此，杨南生结束了他在中科院上海机电设计院为中国航天事业迈出第一步的战斗，将投入或许更为艰险的战场。

我国第一枚高空生物试验火箭成功发射和回收，
小狗活蹦乱跳地走出返回舱

T–7A 先后共发射了 23 次，其中载着“小豹”和“珊珊”两只小狗的第二枚生物火箭发射，是 1966 年 7 月在广德发射场进行的，同样圆满成功。这两个遨游空间归来的“动物明星”还被专程护送到北京，受到中科院院长郭沫若和党组书记张劲夫等领导的“亲切接见”。

此次发射时，杨南生已奔赴新岗位了，但他仍然记挂在心，在得到发射成功的消息时，依然欢呼雀跃。

T–7 系列探空火箭的成就，为我国空间科学、运载火箭和卫星的发展作出了开创性贡献，其中有着杨南生付出的心血，不管他是否得到应有的回报，回眸一望时，他都会满怀欣慰。

在上海采访期间，由中科院上海机电设计院发展而成的上海航天技术研究院（中国航天科技集团八院）热情接待，宣传部门大力支持，领着我们驱车 4 个多小时，来到安徽广德山区这个建于 1960 年 3 月的 603 试验发射基地。放眼望去，52 米高的发射架依然巍峨耸立，像是一座丰碑，述说着前人的骄傲，让后人透过历史，看到了杨南生他们率领一批热血青年，不畏艰苦、辛苦劳作的画卷。

历史翻过一页后，这个完成过几十次探空火箭发射任务的广德 603 试验发射基地曾一时移作他用，后来渐渐荒置了。上海航天技术研究院不忘历史，珍重历史，于 2011 年整修了这个基地，以“修旧如旧”的方式，复原了废弃近半个世纪但依旧矗立着的发射塔，竖立起一座“中国探空火箭发祥地”纪念碑，碑文详细叙述了这个基地和我国探空火箭发射史，才能让我们时隔五十多年，仍可真切地感受到杨南生等航天前辈们的无怨无悔、敢为人先、敬业奉献的高贵品质。

陪同我们的戚南强先生告诉我们，曾经与杨先生一同奋战的年轻后生们，如今也已是年逾古稀的老人了，有的已如杨先生，永远离开了人世。但杨先生他们的壮举还在，他们的精神还在！大家都为自己能够参与到祖国伟大的航天事业中去而备感自豪，也为今天航天事业从小到大、从弱到强的蓬勃发展而感到欢欣鼓舞。今天，在上海机电设计院基础上发展壮大起来的上海航天技术研究院，在导弹、运载火箭、卫星和飞船等研制领域，早已是硕果累累，捷报频传。杨先生听到这么多胜利的消息，一定会含笑九泉的。

第六章
从无到有，开创中国固体火箭事业

杨南生是我国固体火箭技术的开创者之一，是当时七机部四院（今天的中国航天科技集团公司四院）的技术领导者，他把四院从小手工业的工作方式，逐步带入现代工程技术模式，为固体动力事业的发展作出了突出贡献。最初之路，没有相关资料，没有仿制依据，没有国际援助，杨南生他们肩负重任，独立自主、艰苦创业，摸着石头过河，带领团队在千百次失败中寻找方法，最终催生了四院固体发动机的“头生子”，开创了中国航天固体动力事业的“新纪元”。

1. 周恩来总理签署的任命书

1964 年 6 月，杨南生接到了周恩来总理签署的任命书：

任命杨南生为国防部

第五研究院四分院副院长

总理 周恩来

一九六四年六月五日

1964 年 6 月，周恩来总理签署的任命书

杨南生永远不会忘记这份编号为 64422 的特别任命书。他受命的重要任务是：尽快在我国完成固体推进剂火箭发动机研制过程，及早向实用阶段过渡，并以最快的速度发展壮大。

1964 年 8 月，杨南生怀揣着总理的任命书，离开上海，经北京赴四川泸州报到。炎炎酷暑下，他告别妻子儿女，握别同事战友，离开上海，前往固体火箭发动机研制基地——四川泸州高坝的国防部第五研究院第四分院（当时是总字 750 部队，也就是今日中国航天科技集团公司第四研究院的前身），任四分院副院长，担负固体火箭发动机研制技术指挥的重任。当时是四分院建院初期，固体推进技术处于基础技术的攻关阶段，而国家迫切需要尽快突破技术关键，上型号，搞建设，扩大研制生产规模，任重道远。因为高度机密，他只身受命远行，连所去地名也不能告知家人。因此，很长一段时间，杨南生的妻子和孩子们都只能从少有的几封来信中读到一些他的生活起居，而信封上只有邮政代号，没有具体地址。

在航天事业初创时期，由于我国科学技术力量薄弱，航天技术完全处于空白状态。为了组织攻关，国家集中了一批优秀干部和科技人才，挑选了一批专家，又用高标准从一些重点大学征召了一批毕业生，组建成国防部第五研究院，由钱学森担任院长。国防部第五研究院全员参军，人们穿上军装，服从指挥，竭尽忠诚地履行党和国家托付的神圣使命。四分院是国防部第五研究院的一个专业分支，由来自祖国五湖四海的人员构成，俨然一支科技大军，杨南生就是这支大军的技术领军人之一。

2. 欣逢人造卫星重上日程

无论是毛泽东、周恩来，还是刘少奇、朱德，新中国领导人都知道“落后就要挨打”的道理。所以，当他们把注意力从征战了几十年的沙场转向经济建设、实施“五年计划”“向科学进军”大计的同时，也没有忘记国防建设，做出了要搞原子弹、导弹、人造卫星的战略决策。

20世纪60年代初，国内外形势风云变幻，中苏关系日趋恶化，1960年7月，苏联突然照会中国政府，决定召回全部在华的苏联专家，限在一个月内撤走。驻国防部五院的苏联专家一个不留地撤走了，依靠苏联的援助发展航天事业的希望化为了泡影。当时美国正打越南战争，台湾当局又伺机“反攻大陆”。形势逼人，中国的尖端技术发展必须加速前进。当初苏联专家帮国防部五院研制液体导弹时，就对固体技术严密封锁。固体火箭之谜，是科研人员从公开刊物上挖出几个词语而解开的。我国的固体事业完全是靠自力更生、艰苦奋斗、自主创业发展起来的。

1962年，中央成立了专门委员会，简称中央专委，周恩来总理为主任，罗瑞卿任秘书长，专委会预定的第一颗人造卫星是科学试验卫星，在上天后要能播放《东方红》乐曲。以后接着研制通信卫星、气象卫星等。5月18日，钱学森在国防部五院党委扩大会上指出：固体发动机是方向，我国要搞洲际导弹，一定要把大型固体发动机研制出来。

于是，1962年春夏之交，早在1960年从北京东山沟到二机部西安三所协作的固体发动机队伍，加上从三所吸收的人马，陆续来到四川泸州远郊高坝的川南化学工业学校旧址安营扎寨，筹建固体发动机研究所，当时的番号是总字750部队。

钱学森十分关注固体所建设的进展。1962年2月8日，他写信给筹备固体所的领导，信中说：

固体发动机的专业单位到底成立了，是件大喜事。

今年一般各单位都将精简，但我想固体方面的技术干部似乎很不配套，即对成立一个正规的固体发动机的研究、设计、试验、试制单位而言，很不配套。今年暑期的应届毕业生该有一批到固体发动机方面来，完成配套。似应考虑下列专业：固体力学、流体力学、气动力学、物理化学、高分子化学、机械制造、化工机械、热工仪表、精密仪表、无线电电子学、电子物理、有线电、原子物理（为探伤）等。请您们研究提出要求。

人员定下来后，最好能在今年一季度完成搭架子工作。即照您们所设想的将研究部、设计部等组织起来，立即搞“五定”，让大家能钻到各个岗位上的业务中去。让大家想想工作该怎么做，要什么设备及基本建设，也好对基建部门提供工艺资料。

将来固体发动机设计院的建设应按军委的指示办事。除了研究工作外，近期任务有HQ−1试验器的助推器及HQ−3的助推器。你们也要成立科技协作部门及材料部门。

固体所领导深受感动，表示一定要尽快把固体所的工作开展好。

1962年7月1日，召开建所大会，筹建工作负责人路九牧宣布，根据国防部五院的建所决定，固体发动机研究所正式成立（1990年2月25日，经原航空航天工业部四院党政联席会研究决定，将1962年7月1日确定为四院建院纪念日）。当时仅设三个室：发动机设计室、推进剂研究室、材料研究室，全所共706人（参见《航天四院简史》）。这是中国第一个固体火箭专业研究机构。

固体发动机研究所成立后，陆续接到上级的任命。周恩来总理任命薛伟民为固体发动机研究所政治委员，肖淦为所长；国防部长林彪任命米富珍、李乃暨为副所长，任命路九牧为副政治委员，李向珍为政治部主任（参见《航天四院简史》）。从此，四院在泸州安营扎寨。总参给固体所技术干部授予军官军衔，其中肖淦为技术大校，李志刚为技术中校，武仲璋、刘国雄、郭玉璞为技术少校，180名科技人员被授予尉级军官。

1963年9月9日，国务院副总理聂荣臻做出重要指示："固体推进剂火箭发动机是一个方向，应以现在的固体发动机研究所为基础，逐步发展成一个院，同时承担战略、战术导弹的研究任务。"固体火箭发动机的研究加快了步伐。12月3日，总参谋部下发文件：批准固体发动机研究所改称国防部第五研究院四分院，即固体发动机设计院。1964年4月1日，五院正式通知固体所改称四分院，并批准了编制和人员定额。5月5日，国防科委副主任张爱萍将军来泸州四分院视察，提出首先要解决固体发动机的基本技术问题，一步一个脚印地稳步前进，明确了"先求能用而后提高"的指导思想。1965年1月22日，中央决定，四分院改称七机部第四研究院，人员集体转业。

固体发动机因为具有结构紧凑、机动性好、辅助设备少、维护简便、发射准备时间短等明显优势，成为世界超级大国发展武器装备角逐的热点，他们已相继研制出系列固体战略导弹及固体运载火箭，因此，我国必须加快研制步伐，这一历史使命就落到了四院人的身上。

1964年4月29日，国防科委向中央呈递报告，重提发射卫星之事，设想于1970至1971年发射我国第一颗人造地球卫星。1965年8月，中央专委第十三次会议确定了我国发展人造地球卫星的规划，代号"651"工程，正式启动了中国第一颗人造地球卫星"东方红一号"的研制任务。确定卫星发射任务由长征一号运载火箭完成，它由一、二、三级组成，其第三级固体火箭发动机的研制任务，七机部下达给四院承担。时任四院副院长的杨南生担起了四院“651”工程总指挥的重担。

3. 踩着“固体第一芯”的脚印

现代固体火箭与传统火箭的区别，在于发动机的推进剂不同。北京东山沟是中国固体推进剂最早的研究阵地，“固体第一芯”是那时的一项研究成果。

国防部五院成立之初，就在推进剂研究室设立了固体推进剂小组，这个只有三人的小组，在室主任李乃暨的指导下，展开了艰苦的探索。

那个时代，以美国为首的西方对我国全面封锁，苏联“老大哥”也不露半点口风，几个刚出校门的大学生，只能摸黑前进，四处奔波，上下求索。功夫不负有心人，终于从有限的公开刊物中，发现了蛛丝马迹，找出了“复合推进剂”“聚硫橡胶”“贴壁浇注”“星形内孔”等几个词语。在专家指导下，经过苦苦分析，豁然揭开了现代固体火箭的秘密，原来它使用了一种可以贴着发动机内壁浇注的复合推进剂。

到了 1957 年 11 月，该小组人员增多了，于是在北京云岗的东山沟建起了简陋的实验室，开始了复合固体推进剂的研究。又是一番艰辛的奔波，协作研发出了聚硫橡胶，找到了氧化剂来源，立即进行配方研究，尽管用洗脸盆混合，用手搅拌，气味熏得人鼻酸眼痛，但是目标在心，无人叫苦，无人逃避。反反复复千百次，终于得到一个配方，可以固化成型药条。

一次，固化后的药芯发生了燃烧。但在危难之时，没有一个人吓跑，而是第一时间投入排险。之后，冷静分析，最终找到了问题所在，原来，由于烤箱设备太简陋，可控性差，温度突然升高，导致药芯燃烧。于是，他们从失败中吸取教训，懂得这个东西是危险品，要注意安全，并提出更换成水烤箱的建议。最终，艰苦的劳动换来了甘甜的果实，我国的固体复合推进剂原始配方研制成功了，固体事业露出了曙光。

1958 年 7 月的一天，阳光明媚，首都北京一片欢乐。国防部五院礼堂浓装艳饰，“向国庆献礼大会”在这里举行。国防部五院干部群众欢聚一堂，钱学森等领导和专家在前排就坐。

会议进行中，主持人宣布固体推进剂组要献礼，随即，赵世昭精神抖擞、从容地走上主席台，自豪地向人们展示了一根铅笔大小的灰色药条。随后她镇静地擦燃火柴，慢慢凑近药芯，“嗖”的一声，药条点燃了，火焰明亮，光芒四射。

会场掌声雷动，经久不衰。钱学森等院领导也兴奋得鼓掌祝贺。

这根用手搓成的铅笔大小的复合推进剂灰色药条，发出的蓝色明亮火光，照亮了中国固体火箭事业的美好前程。这一天，将永载史册！

杨南生来到后，了解了这段前期历史后甚为感慨，下定决心，必须传承这种不畏艰辛、积极求索的精神，踩着这段光荣历史足迹奋勇前进。

4. 与肖淦和西安三所的渊源

在我国固体火箭技术发展史上，有一个密切关联的团队——肖淦和他领导的二机部五局西安三所，他们在固体推进剂的研究进程中作出了特殊的贡献。

1955 年 12 月，归国不久的钱学森到东北参观，从哈尔滨南下，在沈阳作了一场报告，其中谈到现代尖端武器火箭的发展问题。听完钱学森的报告后，肖淦大受启发，他认为作为全国独有的火药研究单位，三所（当时在沈阳）今后要朝着火箭的方向发展，为火箭提供推进剂。在向全所传达钱学森报告时，他讲了自己的设想，三所的科技骨干听后十分兴奋，一致同意肖淦所长的意见。肖淦马上组织力量收集有关资料，派出刘国雄等人到北大、清华的图书馆，查找国外文献，搜集关于火箭方面的信息。

1956年10月8日成立的国防部五院（代号中国人民解放军0038部队），下设10个研究室，其中第十研究室承担推进剂研究。为了加快研制进程，钱学森根据聂荣臻元帅指示精神，成立了多个由院内外专家组成的专业小组，组长是肖淦，成员有李乃暨、李志刚、舒诚、周凤春、郭玉璞。钱学森指出，世界各国搞洲际导弹均从液体导弹开始，但固体导弹是方向，我国要搞洲际导弹，一定要把大型固体发动机研制出来。

1957年，三所从沈阳迁到西安（南郊丈八沟新址），肖淦一边领导大家学习导弹知识，一边试制液体推进剂练兵。几个月后，便开始了固体推进剂的研究，由李志刚和刘国雄等人组成科研组，探索固体推进剂的秘密。1958年，他们开始研制聚硫橡胶推进剂，工作进展顺利。

这一年，在台湾海峡的一场空战中，台机有一枚美制“响尾蛇”空空导弹没有炸响，被我军缴获。这枚导弹被送到三所，肖淦立即组织人员进行解剖，反复检测，取得了很好的成果，上报给国务院后受到表彰。1959年，三所的固体推进剂研究红红火火地展开，成果不少。

当1958年手工成型的我国第一根复合固体推进剂药条，在国防部五院向国庆献礼大会上点燃，虽然点亮了中国固体动力事业的希望之光，但面临的问题仍然很大，安全问题也很突出，国防部五院领导想到了当时归属二机部的西安三所。此时三所已经开展了聚硫橡胶推进剂的研究，且技术力量雄厚，研究经验丰富，特别是有安全方面的经验。为了借助他们的力量，学习他们的经验，国防部五院向国防科委提议：可考虑在西安地区建设我国的固体推进剂基地，以三所为主研究，由位于陕西户县的五机部845厂创建条件承担扩大试制和试验任务。同时，由国防部五院立即派出相关人员去三所协作。国防科委批准了这个意见。国防部五院令此时已成立的一分院固体推进剂研究室主任李乃暨、政委路九牧商定派人去西安三所协作。1959年3月，以赵世昭为组长的协作组进驻三所，协同开展以“502”命名的聚硫橡胶推进剂的研究。1960年3月，李乃暨和路九牧率领固体推进剂研究室成员，进入三所协作。从此，他们与西安三所结下了不解之缘。经过协作双方的共同努力，找到了提高推进剂药浆流动性的特殊技术措施，突破了固体推进剂浇注关。之后又与845厂协作，开展了试制与试验。

1962年1月2日，国防部五院向国防科委请示，要求终结与西安三所的协作，撤出协作队伍，并抽调三所部分技术骨干，成立归属国防部五院的专门的固体发动机研究设计所（简称固体所），落脚四川泸州，为以后在西南建设固体火箭基地探路。中央军委贺龙、聂荣臻两位老帅看了报告当即予以批准。

经过协调，肖淦带着三所一百多人归属即将成立的固体所。

杨南生到来时，肖淦已是四分院副院长，主管科研生产。将科研技术工作分给杨南生后，肖淦主管生产和物资。两人密切配合，互相支持。特别是在推进剂方面遇到问题时，杨南生总是打破分工，尊重肖淦的意见，他知道肖淦是推进剂领域的专家。

5. 一场灾难铭刻在心

固体火箭发动机研制早期，发生过一场痛心的灾难，付出了生命的代价。这场灾难在火箭行业中广为传播，告诫大家吸取教训，杜绝安全隐患。

那时正在领军研制探空火箭的杨南生更是了解透彻，铭记在心。

这场灾难发生在 1962 年 12 月 6 日上午，固体发动机研究所的固体推进剂小组正在 845 厂协作。

四院固体火箭发动机专家阮崇智回忆说，当时混合工房里一台中型混合机正在运转，他和他的小组成员在现场，工房内有定员要求，看到已超限，他就走了，离开现场准备去下一个工房。走出厂房几十米后，猛然听到身后一声巨响，他浑身一抖，转身望去，混药车间黑烟滚滚，心想出事了，快去救人！他放下自行车撒腿就向车间跑去，看到自己小组的常平西满脸漆黑、一身火焰冲出车间，晕倒在地。后来得知，此次事故中，操作人员陈素梅、韩玉英两位女工当场壮烈牺牲，王增孝、刘恩科两位同志伤势过重，不治身亡。还有五位重伤者，包括常平西和刚毕业的女大学生朱月恒。朱月恒的老母亲赶来，看到严重烧伤、面目皆毁的女儿，失声痛哭："大学生、大学生啊，为什么要念大学呀！"

而身负重伤的常西平则被送到了北京。他伤势严重，前后多次住院，做了七次整形手术，重做了耳朵，修复了五官，直到 1965 年才回到已搬迁至内蒙古的四院 41 所上班。

这次事故惊动了北京高层。一周后，张爱萍将军赶到 845 厂，视察了固体推进剂研制与装药生产线和"12 · 6"事故现场。当时有传言相关责任人要受军法处置，一时间人心不稳，845 厂厂长朱瑛心情沉痛，主动向张爱萍请求组织处分。张爱萍态度凝重地宽慰朱瑛说，这是研制中的问题，我们对研制固体推进剂没有经验，出了这样大的伤亡事故，在所难免。现在重要的是要总结经验教训，找出问题所在，采取改进措施，尽快恢复生产，早日研制出安全的产品来。

全厂上下化悲痛为力量，问题很快找到了，是混合机的轴瓦上沾有药料，运转中摩擦起火，引燃机内的203千克药料发生爆炸，造成事故。事故后停产整改，花了半年时间，收获是增强了安全意识，加强了安全防范措施。

想起冰心的一首诗："成功的花儿，人们只惊羡它现时的明艳，然而当初它的芽儿，浸透了奋斗的泪泉，洒遍了牺牲的血雨。"即将站在固体发动机技术指挥岗位上的杨南生，心中铭记的这场灾难愈加鲜活，教训更加深刻，安全关乎生命的思想也越发鲜明了。他知道，为了中国的航天事业，有太多的人付出了心血与才智，乃至宝贵的生命。因此，在日常指挥中，杨南生对安全问题更加重视，不敢须臾疏忽。

6. 走马上任四分院

固体事业在国家巨大关怀、上级坚强领导、全国大力支持下，从业人员经过艰苦奋斗，勇敢求索，走完了探索阶段，取得了丰硕成果，为固体发动机整机研制作好了充分准备。在这固体发动机整机研制摆上日程的时刻，急需一位统领全局的领军人物。受命于急难险重之时，杨南生出现了，出任四分院副院长，肩负技术指挥重任，带领队伍，开始了我国固体发动机从无到有发展的艰难征程。

研制队伍听说将要来的副院长杨南生是一位留英博士，都特别高兴，又十分期待。其他分院都有不少留学欧美的资深专家，四分院只有留苏的崔国良、阮崇智、夏云辉、邵爱民、赵殿礼等十来个人，杨南生来了，四分院就也有留学欧美的专家学者了，这很鼓舞人心。人们还知道他是一位创新能手，在第一汽车制造厂建成中心实验室，参与生产出中国第一辆解放牌汽车，随即调往力学所协助钱学森建所和开展新领域研究；力学所刚建起来，有了突破性进展之时，又投入人造卫星运载火箭研制；卫星下马，就去创建中科院上海机电设计院，在上海机电设计院领导开创了我国探空火箭事业，迈出了中国航天历史第一步；当探空火箭正蓬勃发展时，却要调来四分院了，这样的经历令人敬佩。

而在上海，杨南生要离开了，机电设计院的同志们依依不舍。以至后来每当遇到困难、取得成功时，他们还会自然地想起他，他仍留在人们心目中。杨南生对固体火箭是陌而不生，固体火箭与他熟悉的液体火箭终究是同一大类，但也是有着很大差别的。他在赴命之前，一边抓紧完成手中的探空火箭任务，一边抽时间查阅固体火箭资料，为即将到来的新使命作准备。

1964 年 8 月，杨南生走马赴任，途经北京时，到当时仍留在北京的四分院工艺设计室（二室）参访。这是他进入四分院领域的第一站，而二室人员是他见到的第一批四分院人。他的短暂参访，给大家留下了深刻印象：人们感到这位洋博士知识渊博，平易近人，热情如炽，充满魅力。他与大伙儿围坐叙谈，随和自然，如久别重逢的朋友，像师生课堂研讨。他关心地询问大家的工作、学习和生活情况，他的低身段解除了人们的拘谨心情，于是你一言我一语地问开了，他一一耐心解惑。负责强度大厅工艺设计的王诤，有一大堆的问题有待解决，碰到这位力学专家了，便急不可耐地拿出最挠头的水压工房工艺设计难题求教，提问："为什么有时候发动机壳体的实际爆破压强会大于薄膜公式计算得到的爆破压强呢？"杨南生点头微笑解答。他用弹塑性理论解释什么是自然应力、应变，什么是公式计算应力、应变，两者之间的关系如何。发动机壳体材料高强度钢，是一种幂函数硬化塑性材料，其应力 – 应变关系不是弹性极限范围内的胡克定律所能描述的，而薄膜公式仅仅适用于弹性极限范围，高强度钢这类材料则要用弹塑性理论处理。他一边讲解，一边画出拉伸线，写出很繁杂的应力计算公式，推导出高强度钢壳体的塑性爆破压强。杨南生没有备课，不用讲稿，随口解答这么复杂的问题，而且是那样严谨细致、有条不紊，立见其学问渊博、功底深厚，思维敏捷、表达清晰，令人惊叹折服。

杨南生离开工艺设计室后，就匆匆奔赴四川泸州了。长江和沱江交汇处的泸州，是个有着两千余年历史的小城镇，凭借两江舟楫之利，成为川南中心。这里风景优美，物产丰富，尤因泸州老窖酒而闻名天下。然而，杨南生到来后，却没有闲情雅兴去欣赏这里的景致，他重任在肩，心情急迫啊！

其时，四分院不足百人，懂行的是少之又少，大部分是刚出校门、缺乏实践经验的青年。真正的固体火箭发动机是个什么样？谁也没见过，人们还处在朦胧的认知阶段。西方封锁，苏联不援，还讥讽说："你们搞出来，我们可以订货。"聂荣臻元帅感慨地说："谁也不可能把最先进的东西交给别人啊！"外援无望，四分院人誓言要奋发图强、自力更生，中国人不信邪，困难再大也吓不倒我们！压力就是动力。这种氛围让杨南生信心十足，他觉得这是一支大有作为的队伍。

初来乍到，杨南生发扬老作风，深入基层，了解实情。他来到固体发动机设计室，室主任邢球痕向大家介绍说，杨副院长是从英国学成归来的专家，有大学问，在上海搞了多年探空火箭研制，开创了我国自行研制火箭的历史，他来领导我们必将大大提升我们的科技实力。后来，杨南生又专程去协作过的西安三所和845厂，与阮崇智、项建杏等人研究不稳定燃烧问题。这两人还是二十出头的小伙子，杨南生一见面就随和地问："你们多大了？”听了回答，他说：“噢，你们很年轻啊，我都 42 了。”嘘寒问暖拉家常，创造出轻松气氛，再与他们研究探讨问题，不时给予指点。

推进剂是固体发动机的核心技术。推进剂采用什么样的配方，才能做成药柱，什么样的药柱才能满足发动机的要求呢？杨南生在肖淦副院长的协同下，指导研究人员探讨总结，逐渐达成了共识，明确了推进剂必须至少具备以下六大性能：一是能量和密度，其衡量指标是比冲；二是燃烧性能、燃烧速度，主要靠氧化剂配合燃速调节剂来控制；第三是力学性能；第四是工艺性能；第五是安全性能；第六是贮存老化性能。这些性能的达到，难题太多太多了，杨南生明白，这要求他指导推进剂研究团队，耐心细致、一个一个地去解决。

一天，杨南生在路上遇到了推进剂研究室副主任刘国雄，知道他是上海人，就用一口流利的上海话打招呼，让刘国雄很是惊讶。接着他又用上海话与他开了句玩笑，刘国雄一下子感到十分亲切。寒暄之后，杨南生问了许多有关推进剂方面的问题，刘国雄也借机请教了许多力学方面的问题，就药柱出现裂纹一事，他问道：“若要确保推进剂药柱没有裂纹，是提高延伸率，还是提高强度？”这个问题很重要，因为当时有两种不同意见。杨南生说：“从裂纹的角度讲，应该提高延伸率。”这与刘国雄的见解不谋而合，他十分高兴，心中有数了。刘国雄又问：“怎样确定力学性能指标？”杨南生反问：“你是怎么确定的？”刘国雄谈了自己的看法，杨南生说：“不对，应该看最高点。”并用数据加以说明。当时，刘国雄还是半信半疑，没有完全理解。但这次交谈，杨南生副院长留给他的印象十分深刻，他认为，杨南生的理论基础很扎实。刘国雄回去后，就着手查找资料，对延伸率进行分析研究，以哪个点为指标的问题，引用杨南生给的塑性力学概念，最终得到了解决，证明杨南生副院长的观点是正确的，他心中暗暗佩服。

当时没有资料，研制工作完全靠自己摸索。浇注的温度、工艺、配方等研究陆续展开，在杨南生的启发、指导下，通过试验，一个能量虽低但完全适用的聚硫橡胶复合推进剂配方研究成功了，解决了难题，取得了经验，建立了分析、检测方法，为后续研究打下了坚实的基础。

杨南生作为四分院的技术指挥员，主要责任是领导开展固体发动机研制，但还要培养人才，建设研制队伍，也要参与研制基地的建设。任重道远，但他义无反顾，知难而进。

7.845 厂协作，攻克拦路虎

中国航天事业一直受到党中央、国务院和各级政府与领导的关怀和支持，也得到了全国人民的大力支援。航天是非常庞大的系统工程，门类繁多，不可能自己全部包揽，需要借用外部力量。我国是社会主义国家，从来是全国一盘棋、全国大协作。航天事业受益匪浅，航天成就中，有着全国国防科研单位、工业部门、中国科学院、高等院校和地方研究机构的重要贡献。当然航天也回馈社会，航天技术的发展，也促进了多门基础工业的建设，带动了许多新的生产部门和新的学科的兴起和发展。

国营 845 厂地处陕西户县秦岭山下，条件艰苦，四分院的第一个直径 300 毫米固体发动机研制就是在这里协作进行的。派出的协作分队由李志刚等人领导，杨南生来了后，很快来到协作队蹲点，指导研制工作。领导特意安排食堂给杨南生副院长开小灶，当杨南生下班来到食堂时，食堂管理员把另做的饭和菜端到了他面前，还想，这饭菜专家一定满意。却不料，杨南生亲切而和蔼地回绝说：“谢谢你们的关照，我和大家一样，自己可以排队买饭，这饭菜请端回去吧。”管理员极力劝说，表明“这是同志们的心意”，杨南生依然委婉谢绝。管理员无奈地把饭菜端走了。当杨南生走过去排队，大家让他到前面，他坚持按序排队。大家看在眼里，感动在心，向这位专家、领导投去崇敬的目光。

杨南生入手研制后，从直径 300 毫米发动机研制已存在的问题着手，深入研究室、装药工段、试验现场，了解情况，和大家一起分析数据，寻找解决难题的办法。

那时遇到的第一大拦路虎是不稳定燃烧，它是 1963 年暴露出来的，一直未能解决。发动机在点火工作时，要求药柱能够均匀地燃烧，这样压力才稳定。不稳定燃烧就是药柱出现了不规律燃烧，火焰一会儿高，一会儿低，这样，发动机的压力就不稳定了，这如同人的血管，血压忽高忽低时，就有破裂的危险，发动机出现不稳定燃烧，危险性很大，也是这个道理。解决不稳定燃烧问题是当务之急，杨南生他们不知熬过了多少个不眠之夜，牺牲了多少个节假日，呕心沥血，苦苦求索，极少在夜晚十二点前熄灯。研制人员在他的感召和引导下，也是不分昼夜，马不停蹄，忙里忙外，各方求助。他们曾找过科学院大连化学物理所等单位，从理论上进行分析研究，认为燃烧产生了振荡是原因所在。那么在工程上怎样消除振荡呢？这需要开展大量研究，才能从理论回到实践，运用于工程之中。

杨南生带领大家，摸着石头过河，在摸索中艰难前行。先研制出“T”形燃烧器，用以摸索解决措施。后提出采取加消振器的方法，利用机械干扰削除振荡。有了途径便组织攻关，反复试验，设计出了一种由金属片组成的有效消振器，经过地面试车考核，证明可以完全消解不稳定燃烧。然而，杨南生知道，这只是权宜之计，在未来的实用发动机中是不可能加消振器的，因为它会增加发动机的消极重量，而发动机能够减少一克消极重量，都是苦苦追求的目标。

后来，推进剂研究室传来了好消息，崔国良小组从国外资料中发现加铝粉可以解决不稳定燃烧的报道，顾星若等人也已着手研究，取得了良好结果。但也有人质疑会产生铝水反应，有潜在爆炸危险。这是不是解决不稳定燃烧的一条路，还有待继续深入研究。

1965 年 1 月 15 日，杨南生在 845 厂主持召开了国防部五院四分院第二次技术工作会议，史称“1 · 15”会议，总结研制工作，重点研究决定解决不稳定燃烧方案。钱学森率机关相关人员与会指导。会上发表了多篇报告，包括崔国良、顾星若等人的加铝粉推进剂研究报告。钱学森发表了两次讲话，对固体发动机研制取得的成就给予充分肯定：“你们自力更生，不经仿制，短短几年就获得很大成功，这是很了不起的，是中华民族的骄傲。”再就是对加铝粉问题给出指导意见，他一边肯定地指出，加铝粉这条路是可行的，一边在黑板上给大家演算，写了一黑板方程式。

1965 年 1 月，杨南生（前排左一）、肖淦（前排右一）等人在“1 · 15”会议中听钱学森作报告

会下科技人员说，那些公式，除了杨南生，年轻人谁也看不懂。这是对钱学森，也是对杨南生的敬辞，反映出人们对两位专家高深学识的崇拜。钱学森还对845厂的协作给予了很高的评价，并表达了诚挚的感谢。他说："1962年下半年来到845厂协作，得到845厂的支持，把大部分工作放在这里进行，我们可以这样说，845厂为我们的新型固体发动机技术赢得了两年的时间，这是件大事啊！其价值很难用金钱估计，是无价之宝。因此，我们要感谢845厂，感谢五机部，你们为党的事业作出了贡献。将来历史上是会记上这一笔的。"

1965年1月，国防部第五研究院四分院第二次技术工作会议全体人员合影（部分）
其中：钱学森（三排左九）、肖淦（三排左七）、杨南生（三排左六）

钱学森与会期间，杨南生陪同他会见慰问了全体研制人员。在长达两个小时的会见中，他曾给大家讲了一个充满哲理、富有诗意的"故事"——

在第三届全国人大刚刚结束时，钱学森和几位著名科学家受毛主席邀请，到中南海赴宴。席间，毛主席眯着慈祥的双眼，给钱学森递上一支香烟。这位科学泰斗立即站起来，伸出双手恭恭敬敬地去接。然而毛主席却突然把手缩了回去，钱学森茫然中不知所措。毛主席随即开怀大笑，风趣幽默而又意味深长地说："看来还是要自力更生哟，靠外援，人家不给，你就没有了！"

钱学森说这给了他很大教育，至今记忆犹新，这个"故事"也深刻教育了在场的所有人。杨南生他们更加坚定了走自力更生道路的信念，坚持摸着石头过河，一步一个脚印，扎扎实实解决一个又一个难题。

"1·15"会议后，杨南生果断决定：将加铝粉方案作为解决不稳定燃烧的根本途径，立即开展攻关。

在他的支持和指导下，崔国良率领顾星若等人展开了深入研究，探索调节铝粉含量的不同效果，最终研制出了能够完全抑制不稳定燃烧的推进剂配方，而且发现添加铝粉还可以提高推进剂能量。

在直径300毫米发动机研制中，出现的第二只拦路虎是药柱裂纹问题。杨南生继续着初到泸州时与刘国雄的思路，运用力学理论教导研究人员认识到，推进剂的力学性能不仅要求应保持一定的强度，而且要求具有一定的延伸率。在他的指导下开展了推进剂力学性能改进研究，将延伸率提高到某个值时，药柱裂纹便不再发生了。

杨南生是领导，是专家学者，但他总和研制人员一起摸爬滚打，总是深入一线，耐心细致听取工人和技术人员的看法和意见，发现问题，然后加以综合，进行理论思考，提出工程方案，指导大家实践。李志刚曾经说过，要不是杨副院长来845厂蹲点，我们不知要做多少次地面试验才敢上天试飞呢！当直径300毫米发动机已有62发地面试验"零失败"的记录时，协作分队里谁也不敢说可以上天试飞了，毕竟大小问题总是时不时地出现。在出现小面积脱粘的那一次，杨南生在车间问身旁的一位工人："你说能不能打？”工人回答说：“脱粘不在接点上，应该不会发生烧穿问题。”杨南生点头同意，鼓励大家说：“有了62发成功试验你们都不敢做出决定？我看没问题，可以打！”

在杨南生的鼓励下，李志刚很快做出决定：“打！”

人们兴奋的心提到了嗓子眼，毕竟，这是一项开创性的事业，在中国，尚属空白。“打！”整个研制队伍热切期盼着这一天的到来。

8. 中国固体事业的“头生子”

倾注了广大研制人员多年心血的直径300毫米发动机，四院人溺爱地称它是“头生子”，说来它也应该是中国固体事业的“头生子”。固体复合推进剂发动机整机从1962年正式开始研制，历经三年的艰辛，解决了发动机不稳定燃烧和药柱表面裂纹等诸多难题，取得了突破性进展，进行的一系列地面试验连续获得成功。

研制人员因陋就简，手抬肩扛发动机去试车

试车阶段没有试车台，就在 845 厂后面大山里的一个山沟里进行。用山崖作台子，用附近的一个土地庙废墟作测试间，发动机是用架子车拉、用人抬肩扛，运到试车处的。试车完毕，再用同样方式运回去，进行碳化、整修后，重新投入使用。杨南生这位洋博士、大专家、院领导，和这批年轻人一起愉快地来往奔波在这山间小道上，大家亲切地称呼他“搬运工同志”。他内心感受到了大家的爱戴与支持，觉得和这样一批年轻人并肩战斗，一定能够使中国的固体事业步步攀升，蒸蒸日上，他开心地笑了。人们面对这样一个人总会生出无限感慨，说这个“洋院长”学问高深，勤奋好学，平等待人，平易近人，且肯卖力，了不起啊！

经过多次连续试车成功，以及冲击、振动等试验考核，终于迎来了飞行试验的日子。

1965 年 7 月到 8 月启动正式试验。杨南生任队长，王素任书记，邢球痕、康安凯任副队长，率领 20 余人组成的试验队，安排直径 300 毫米发动机配置成的试飞弹运往酒泉导弹试验基地后就出发了。

酒泉导弹试验基地没有发射过这样小的弹，没有适合的发射架，要试验队自己制作发射架，杨南生便指挥试验队准备现场制作。邢球痕突然想到，当年搞“上游二号”试飞时做了两台发射架，试飞失败，炸毁一台，备份的另一台还存放在兰州军区仓库里，可以去找找，如果还在，就可以解决问题了。邢球痕随即直奔兰州军区，惊喜地看到那台发射架完好无损地躺在库房里，便马上安排车辆将其运回基地。

试飞弹与相关备件和设备由张庆泰等五名年轻人押车护运，行进在大西北的陇海线上。时值盛夏季节，他们坐在四面不通风的闷罐车里，犹如置身高压锅中。白天热得喘不过气，晚上蚊子咬得睡不安。过了河西走廊，深夜大风夹带着寒气吹来，又冻得浑身打颤。经过一个星期的长途跋涉，到达清水车站待命转运。晚上10时，一台违章换道的火车头，撞到他们这节军列上，轰隆一声，车厢剧烈抖动了一下，把五人甩出老远，他们不同程度地受了伤，幸好都是轻伤，不碍大事。更幸运的是，装载了弹体和设备的大木箱完好无损，真是有惊无险啊！一番周折，人与物安全抵达目的地，与焦急等待的杨南生等领导和试验队同志们胜利会合。

戈壁滩天气风云变幻，那是个“夜穿皮袄昼穿纱，抱着火炉吃西瓜”的地方。杨南生带领的试验队，夜宿帐篷内，昼曝骄阳下，紧张有序地忙碌着。杨南生和大家并肩战斗，每天一大早赶到发射阵地，天天含风茹沙。最困难的是住处没有水，要靠基地本部拉水供应，遇到供应不及时，只好忍受干渴。这些困难没有让大家却步，在杨南生指导下，大家分工合作，反复研究，周密思考，完善试验方案，预想试验中可能出现的种种问题，作好应对预案，务求飞行试验圆满成功。

杨南生他们与基地商量，请求采用高速摄影仪记录飞行试验全过程，以便试飞后更好地分析。基地负责这次试飞的是邢球痕大学时期的班长莫仓圻，他说可以，但这个弹速度太快，能不能拍摄下来，没有把握。邢球痕用带来的小火箭做了升空高速摄影试验，果真没有拍下来，大家也就不指望它了。

正式试飞开始了。先后分两批打了6发弹，全部圆满成功，固体发动机工作正常，飞行姿态良好。令人喜出望外的是，高速摄影仪竟有一次捕捉到了试飞弹的踪迹，记录下了全过程。

“成功了！成功了！”人们沉浸在成功的喜悦里，欢呼雀跃，对着广阔的戈壁滩放开嗓子呼喊，为中国固体火箭事业“头生子”的出世呼喊！

这一成功标志着中国固体火箭事业度过了从无到有的历史性阶段，中国航天事业迈出了有重大意义的一步；这一成功昭告世界，中国的复合推进剂固体火箭成功试飞，表明中国具有研制固体火箭的能力了！这个“头生子”尽管很小，装药量不足100千克，直径只有300毫米，而且是无控的试验型，不能直接用于实际使用，但它却是我国的一项“第一”，是固体事业乃至航天事业的一座里程碑。它为后续研制中、大型固体发动机开辟了道路，奠定了基础。

杨南生指导完成了试飞总结，结束了在845厂的协作，才得以抽身回上海探望别离两年多的妻儿。可是，到达上海家中的第二天，院里就电召他赴京开会。与家人乍聚又离，难免有些遗憾，但他毫无怨言，因为他是属于家人的，更是属于国家的，他心中充满亲情，也被爱国之情占据。他明白，固体事业对国家举足轻重，今日方兴未艾，他任重道远，要继续勇敢前行。

1965年8月26日，743-1任务全体试验人员合影，中排左七为杨南生

第七章
战略转移 内蒙古艰苦创业

航天人的天职是服从命令听从指挥。为了中国的固体事业，杨南生率队移师内蒙古，在环境恶劣的塞北边陲，住“干打垒”，吃“窝窝头”，顶着“特务嫌疑”的帽子，心中却装着国家利益……他飞沙走“单骑”，化腐朽为神奇，牢记使命，身体力行，以常人难以想象的意志力，在荒沙大漠里领导创建起中国第一个固体火箭发动机研制基地，为中国航天事业修筑“天路”。

1. 移师内蒙，直面考验

1965 年，杨南生面临新形势，开始新生活。这一年，国防部第五研究院根据国家决定，脱离军队系统，改制为第七机械工业部。

1 月 22 日，四分院改制为七机部第四研究院，国务院任命林爽为院长，薛伟民为党委书记，杨南生为副院长兼 41 所所长，李乃暨为副总工程师兼 42 所所长。单位人员脱掉军装集体转业，战场从四川泸州转移到内蒙古呼和浩特郊区新建基地，这就是四院历史上称谓的“三大转变”。

固体所在四川泸州开展工作不久，就发现泸州的潮湿气候对推进剂研究和生产十分不利，而当时的国力和技术水平是难以实现靠大面积安装空调改善湿度大这个不利条件的。推进剂是发动机的核心要素，它的问题就是发动机整体的问题，容不得半点含糊。那么出路只有一条：离开这里！固体一室主任舒诚向上级打报告，反映这个问题。钱学森见到报告，想起美国关乎固体发动机的研制机构都是建在西海岸气候干燥的沙漠地带，就向上级建议，改变原来设想在大西南建立固体发动机基地的规划，另外到北方选址。得到批准后，五院由王道力领导的选址工作组，先到山西北，后到内蒙古，初步认定大青山下的呼和浩特市条件较为合适。1963 年 3 月，五院副院长王秉璋带领有固体所薛伟民参加的选点工作组，到内蒙古作进一步勘察，最终选定了呼和浩特市东郊南地村一带。入秋，固体所党委将领导成员分为南北两地，薛伟民、李乃暨去北方抓基建，肖淦、路九牧留泸州抓科研。随即拉开了内蒙古基地建设（5204 工程）的帷幕。

到了 1965 年年初，随着形势变化，内蒙古基地规划也几经改变，有了初步的设施。8 月，四院开始了大搬迁。

为了搬迁准备，时任内蒙古基地建设指挥的亓子宜副院长，领着一干人在南地村周围走村串户借住房，给有家室的职工作准备，因为那时基地只建起两栋单身宿舍。肖淦副院长带了一批先遣人员，为科研生产作准备，主要是抢建一条临时装药生产线。因为那时基地只建成了几座空壳厂房，而装药生产又是无处外协的。

1965 年年底，基本搬迁完毕。有家室的职工分散住在附近农户里，单身职工挤住在部分单身楼里，另外的部分单身楼，给了 41 所作设计和办公用。42 所则借用 389 厂的厂房办公和研究，挤得连走廊也装上了仪器和实验台。

安顿就绪，杨南生率领研制队伍，又立马开始了固体发动机由小到大的征战。

2. 艰苦生活，磨砺意志

当定性为“战略转移”的北迁命令下达后，队伍中有不少人出于各种原因顾虑重重，特别是南方人，想到从天府之国搬到塞外荒漠，生活如何适应得了？因此产生了畏难情绪，甚至有人打起了退堂鼓，不想走了。也有人虽疑虑重重，却舍不得这份挚爱的光荣事业，患得患失。经过大力而细致的专题教育，有思想问题的人绝大多数都稳定下来了，北迁顺利完成了。来到内蒙古新基地，面对眼前的真实状况，人们发觉比想象的还要艰苦。但大家唱着《毛主席的战士最听党的话》，义无反顾，一切行动听指挥，打起背包就出发。

千里冰封、万里雪飘，朔风狂吹、沙尘滚滚。还在建设中的内蒙古基地就是一个工地，孤立的一些厂房，绝对是家徒四壁，空空荡荡，唯一的那套临时装药生产线，也让人有拼凑起来的感觉，还有两栋单身宿舍楼和一个用芦席搭建的食堂。有家室的职工，安置在方圆一二十里范围的农户家里，上班的困难可想而知。他们一日三餐玉米面饼子、玉米面发糕、玉米面窝窝头，土豆块、土豆片、土豆丝、大白菜、胡萝卜等轮着来。

杨南生没有特殊，按规定他可以开小灶的，但他始终和大家一起在芦席食堂就餐吃饭。面对如此艰苦的条件，杨南生想起了父亲当年抄给他的孟子名训："天将降大任于斯人也，必先苦其心志，劳其筋骨……"

好个乐观主义者！他视艰难困苦为意志砺石，甚至还有点欣赏，觉得宁静苍茫，粗茶淡饭，这种简单的生活方式，可以让人保持纯粹静心，全身心投入钟爱的事业。研制队伍中也不乏与杨南生副院长灵犀相通者。他们乐观豁达，喜欢大漠荒原的坚强，欣赏这里存活下来的每种生命，于冰冷、枯燥中呈现出不可言状的美与灵。仿佛一朵花开，一声虫鸣，一缕清风，都是他们创造灵感的触点。向志夫是一位被杨南生笑称为"向夫子"的年轻人，祖籍四川，追随神圣事业，毅然来到这块不毛之地，他就是一个虽不习惯却乐观的人。他写了一首受到杨南生赞赏的小诗："神火腾空竟天红，瀚海阑干百战勇；青山处处埋忠骨，何须马革裹尸还。"杨南生和同志们体现的豪迈情怀，跃然纸上。

这种乐观、积极、进取的精神，感染着每一个人，没有一个人叫苦，没有一个人沮丧，大家满腔热情、乐观愉快地投入研制工作，视这里为我

20 世纪 60 年代后期，四院机关领导在内蒙古河西公司东门大院内合影，前排右三为杨南生

国固体火箭事业腾飞的根据地，在杨南生带领指导下，在这里艰苦劳作，开拓创新，创造固体火箭事业的一个又一个奇迹，也创造自己的美好家园。

这里一片空白。四院人只有一条路可走——白手起家，建设家园。漠北已是深秋，燃眉之急是在入冬前解决职工的居住问题。正值“全国学大庆”的年代，大庆人是讲“先生产，后生活”的，大庆人的“干打垒”精神风靡全国，于是四院人学大庆，热火朝天地抢建“干打垒”宿舍。建造时不分男女老少，不分干部群众，一齐上阵，挖土挑水、和泥打坯、砌墙盖顶、安窗装门、拉电安灯、砌灶垒炕，全是大家自己动手完成的。杨南生和年轻人一道，挽起裤脚，挑水挖土，和泥打土坯，衣服上浸满了汗水和泥水。夜晚，寒气从门缝里灌进来，风沙吹打得窗户砰砰乱响，有时还会听到荒原饿狼时断时续的嗥叫声。于是，大家也学着当地人的做法，在院子的墙壁上画上几个大大的白圈，据说，它可以把狼吓跑。

四院的“干打垒”建设持续了两年，直到1968年，终于建成了两万平方米的职工宿舍，人们先后住进了自己的“新家”，虽然门窗四面透风，但大家却感到从未有过的欣慰。“干打垒”房子又矮又小，有人笑称为“鸡窝”，但有家口的职工从此结束了借住农家的漂泊生活，可以集中精力投入工作了。

改造后的“干打垒”旧址（笔者拍摄于2013年9月26日）

随着基建的推进，基地一天天成熟起来，出现了一条正规的装药生产线和一座50吨试车台。这是固体发动机研制生产必不可少而又无处替代的设施，有了这些设施，在发动机壳体安排在沈阳111厂和北京211厂协作加工的情况下，发动机整机研制工作就在这片“不毛之地”上轰轰烈烈地展开了。杨南生率领着四院研制队伍，在大青山下的这座固体火箭发动机研制新基地，绽放着中国固体火箭事业的灿烂与辉煌。

随着直径300毫米发动机的研制成功，中国固体火箭事业结束了从无到有的发展阶段。四院被定位为固体导弹研究院，主要承担固体战略导弹研制，独立地屹立于中国航天之林。四院搬迁到内蒙古基地，尽管还在续建，但终究有了自己的一个配套完整、并在一天天完善的新基地。

在这样的形势下，固体发动机事业开始了从小到大的发展征程。杨南生参与规划的第一个型号是取名为“东风61”的单级固体导弹，采用直径1400毫米发动机，定性为练兵弹，通过它的研制，建设、锻炼研制队伍，总结、积累研制经验，考验、丰富研制条件，为后续开展交付国家的实用武器的研制打好基础、作好准备、开辟道路，得偿四院人急于报国、早日为国家作出贡献的心愿。

的确，在“头生子”出生后，杨南生和他领导的研制队伍热情高涨，斗志昂扬，急不可待地想尽早为国家提交武器，为建设巩固国防出力尽责。

经过一段时间的发展，四院领导充实齐全，薛伟民书记掌握方向，林爽院长统领全局，副院长中，肖淦主管生产和物资保障，杨南生指挥技术开发，亓子宜专抓基地建设，政治部主任路九牧提供政治保障。厂所站和两级机关都已建立，研制队伍整齐配套。全院上下热气腾腾，厉兵秣马，摩拳擦掌，蓄势待发。

3. 由小到大新征程

1965年年底，搬迁期结束，研制设施设备全部到位，人们生活安置就绪。进入1966年，科研生产全面展开。

从小到大的发展，还是遵循“摸着石头过河”的方针进行。杨南生决定，一方面研制改型的直径300毫米发动机，提供实用的产品，另一方面研制一个直径654毫米的发动机（利用现成壳体），向“东风61”的直径1400毫米发动机过渡。

固体发动机有其固有优势，具有结构简单、可靠性高、经济性好等优点，尤其应用于武器时，维护方便，启动快速，容易实现机动化，世界大国导弹固体化的趋势非常明显。所以，我国固体发动机问世后，引起很大反响，不少战术导弹型号，探空、试验火箭，甚至反导导弹，都陆续来四院寻求支持，或进行联合研制，或请四院提供产品。一时间，四院大有百花齐放、万马奔腾之势。这些研制工作都需要杨南生主持，都在他的指挥下开展。

这些外协研制项目，后来有的中止了，有的移交了，有的下马了，但都取得了一定的成果，例如反击一号助推器已成功进行了飞行试验。改型的直径 300 毫米发动机，主要采用了加铝粉推进剂，提高了推力质量比，解决了不稳定燃烧和药柱裂纹等难题。经过了飞行试验考核，达到了定型状态，用作研究试验工具，反向喷管的研究试验就是用它进行的。

直径 654 毫米发动机进行了装药，考核了新建的装药生产线。暴露出直径增大后又出现了裂纹的问题，采用一种灌浆修复法补救，成功进行了试车，验证了灌浆是对付裂纹的有效方法，药裂原因的分析也促进了对推进剂力学性能研究的重视。这台发动机研制本来就是过渡产品，至此完成了使命，重点转向直径 770 毫米发动机的研制。

千头万绪需要一线穿。杨南生指挥有方，抓住重点，点到要害，该粗则粗，该细则细，心中有数，全局有序。他的作风又是深入基层，常在一线，在一线只指点方向，不干预具体，放手让人干，出现偏差遇到难题，他会及时组织解决。主持讨论时，他很民主，让人把话说全说完，他聆听各种意见之后，集思广益，理论结合实践，作出总结，得出办法，即使原来意见有分歧，听了他的总结，都会心悦诚服，愉快执行。

有一次，他来到 41 所一室二组，这个组承担壳体结构分析与强度校核。

打过招呼之后，杨南生走到一个年轻人身边，询问他是哪个学校毕业的、学什么专业、何时参加工作。年轻人陈汝训回答后，杨南生便问：“你们用什么方法来计算壳体的爆破压强？”陈汝训说：“用第一强度理论。”于是，杨南生就与他们讨论起壳体爆破压强的计算方法来，他详细讲授了用某项硬化理论计算壳体爆破压强的方法，让大家大开眼界，受益匪浅。因为他的平易近人，遇到问题，人们第一时间会想到去请教杨副院长。陈汝训曾把自己的《圆筒压力容器的径向塑性位移》技术报告，呈请杨副院长审阅。几天后，陈汝训收到杨南生的长篇回复，对他的这项工作给予充分肯定，也对若干问题进行了更深入的论述。杨南生主张，对具体技术问题，技术人员要多与同行进行交流讨论，使大家共同提高，有利于技术进步和研制工作的开展。

4. 保护对象，未免冲击

1966 年 5 月 2 日，不同寻常。原本晴空万里、风清云淡的内蒙古高原，俗称的“白毛风”突然狂飙怒起，顷刻间，黄沙飞扬，遮天蔽日，大地混沌，暗无天日。路上的行人被吹得东倒西歪，举步维艰，伸手不见五指，大人错愕，小孩惊恐，极度的不安笼罩着人们。大风整整刮了两天。工房内外机床、设备都覆盖了厚厚的沙尘。从莫名其因中走出的人们，恢复常态，清沙拭尘，继续投入研制工作。熟料不久后，一场更大的风暴降临，史无前例的“文化大革命”开始了。

1966 年 5 月 19 日，四院党委召开紧急会议，传达国防工业政治部和七机部的指示，动员各级党组织、干部和群众，立即投入“无产阶级文化大革命”运动。各级党委迅速行动，开会传达了中共中央的《五一六通知》。

6 月 11 日，成立四院“文化大革命领导小组”和“保卫文化大革命小组”，大鸣、大放、大字报、大辩论迅即展开，六天贴出万余张大字报，545 人被点名批判。1967 年“一月风暴”后，四院各级也被夺了权，院所领导大多被批斗或者被靠边站。全院一片混乱，陷入无秩序状态。1968 年，工宣队、军管会相继进驻，混乱状况亦无根本性改变。科研生产一直无法正常开展，一切都在艰难前行。

“文革”开始后，周总理为了保护“国宝”大专家免受冲击，指示各系统提出名单，经批准后下发执行。七机部被批准的十几人名单中，杨南生榜上有名。这个周总理钦定的保护对象，无派无别，不论有权无权，硬着头皮一门心思率队搞研制。而不论所谓大联合的“革委会”，还是外来的工宣队、军管会，也都要使用他，所以，杨南生一直“屹立未倒”，也没有靠边站，倒是一年 365 天无节无假，夜以继日，呕心沥血，栉风沐雨，奔波操劳，甚至“轻伤不下火线”，带病坚持工作。

但是，这场风暴刮得太猛烈了，杨南生尽管头顶“保护对象”的桂冠，仍然难以完全逃避受冲击的厄运。尽管没有像薛伟民、林爽、李乃暨等领导和专家那样挨批挨斗，更没有像肖淦、李志刚那样受尽皮肉之苦，但他的精神亦同样受到重创。

“文革”期间，和其他战线一样，航天事业也遭到破坏，损失严重。但无论遇到多大困难，党中央坚持自己的民族自尊心和自信心不动摇。杨南生是学者，他深刻地理解了毛泽东主席“我们也要搞人造卫星”号召的重大意义，他知道落后就要挨打的严峻形势，因此，他巧妙应对，勇敢地挑起了肩负的历史重任。

5. 荒漠走单骑

动荡，动荡，越来越厉害的动荡！任务，任务，一个又一个任务！“651”工程，“巨浪一号”，返回式发动机，“反击一号”助推器，还有众多的外协发动机同时进行，这就是杨南生面对的现实。但是工作秩序乱了，研制队伍散了，派性将团结氛围破坏殆尽，机构也陷于瘫痪，厂所站的人都被拉去“革命”“造反”去了，革命形势热情高涨，工作场所往往空无一人。

技术指挥杨南生和一批技术骨干、管理干部心急如焚，掂量着肩上的担子，想到周总理的托咐，想着部队焦急的心情，决心顶着压力继续工作。杨南生和少数机关人员搬到南地科研生产一线去，吃在那里，住在那里；后勤瘫痪了，汽车没有人开了，他就骑上自行车在各厂、所、站之间奔波。然而，必须有人的岗位无人了，杨南生便亲自去登门恳请，苦口婆心，晓以大义，动以真情。做为单个人大多是通情达理的，都买杨副院长的账，如此，庆幸没有发生过严重误事的情况。

那时杨南生住在东门，一边管理基建，一边管理生产。生产研制基地基本全在 30 千米以外的南地，他就两边跑。寒冷的冬天，他总是骑着自行车，穿着黄大衣，戴着棉帽子，在风雪中穿梭。就是在这样的环境下工作，却从未见杨南生抱怨过，他还总是将欢乐带给大家。一次，技术人员和杨南生一同去 389 厂解决问题，累了一天，大家都没顾上吃饭，直到问题得到解决。回家的路上，杨南生叫住技术员叶定友说：“走，小叶，我请客，咱们吃饭去。”然后他又叫上政治部主任路九牧，三人一同在农民开的饭铺吃了饭，虽然只有一份豆腐、一碗白菜汤，外加几个馍，却是暖烘烘的。杨副院长就是这样一个人，不分职务高低，永远是那样和蔼可亲。

杨南生视事业重于生命。风寒、劳累、压力，让他不幸患上坐骨神经痛，他不去治疗，坚持用一条腿蹬车，依然在风霜雨雪中、酷暑骄阳下奔波。于是出现了一幅壮美画卷：大青山下南地荒漠里，一位老人单脚蹬辆自行车迎风艰难前进。有人为此题名“荒漠走单骑”。

荒漠走单骑！这是杨南生精神与灵魂的外现。依靠这种精神，在那个特殊的、艰难的岁月里，除了研制成功中国第一枚实用型固体发动机，为我国第一颗人造地球卫星发射提供了有力的一推以外，他还主持研制了多种战术导弹和航天用的固体发动机，尤其是冒着风险主持开展了我国第一代固体战略导弹“巨浪一号”的研制。哪里是关键，哪里出问题，哪里有困难，他就出现在哪里。一副衷肠，满腔热血，感动了越来越多的人，浑然不觉间，一支队伍归于他的麾下，方方面面的骨干和一个个有志青年，自觉地承担任务，积极地攻坚克难，研制工作局面一天天好起来。

杨南生是个有爱心的人，非常关心下属，也是一个有性情的人，常常说几句风趣话，开开玩笑，活跃气氛。他甚至还曾在工间休息时，带领大家唱《咱们工人有力量》等鼓劲歌曲。如此这般，他就和大家打成了一片，亲密无间。他也喜欢与大家一起摸爬滚打，了解真实情况，聆听真实想法，作出符合实际的正确决策，他在现场，许多问题都及时解决了。

苦战了一天下班后，有家室的同志回家了，杨南生却和年轻的单身汉们，一路说说笑笑，去那简陋的食堂，就着咸菜啃窝窝头填饱肚子。夜幕降临时，杨南生又不顾疲劳，独坐孤灯下，整理数据，查阅资料，琢磨难题，思索方案，常常一坐就是大半夜，熬通宵已是家常便饭，饿了，就将暖气片上烤热的玉米面饼子拿来充饥。

一年 365 天，没有节假日不说，杨南生还比别人要打更多的夜战，睡眠不足，饮食无常，坐骨神经痛又得不到有效治疗，越来越严重，在搭建高空模拟试车台的往返现场，他实在支撑不住，病痛终于把他撂倒了，他不得不卧床休息。但是他身休心不休，满脑子仍是发动机，甚至庆幸可以更好地思考问题、查看资料、探究解决办法了。研制进展也不让他静心，时不时有人来汇报问题，商讨对策，请求指点途径。

甚至在关键试车时，41 所所长夏云辉等还把他背上车，拉到现场坐镇指挥，他审查完试车状态点头认可了，才进行试车。真是“军中不可一日无将”啊！

他卧病在床时，妻子莘耘尊带着儿子正在上海遭受运动冲击，身边只有十几岁的女儿小红。他不肯入院治疗，疼得太厉害了，就让女儿搀扶下楼，推着自行车驮着他去医务室打一针封闭。女儿看着父亲那么疼痛，眼泪“吧嗒吧嗒”往下流，杨南生却强笑着对女儿说：“哭什么呀？那个样子爸爸是逗你玩呢！”以此安抚小红。老干部李春堂曾是军中医务工作者，会针灸按摩，知情后上门为杨南生治疗。进行了一个多月，病情才有了明显好转。稍微能够独立行走了，他又急忙投入到火热的研制工作中，仍然骑着他那辆永久牌自行车，从春到夏，从秋到冬，一程又一程，来来往往，越过坎坷，翻过险途，他的车印，与全体研制人员的脚印重合在一起，深深地留在了塞外的荒原上，印证着历史，鼓舞着后辈。

那天，沙原深处，试验站高高的试车台上，一台周身捆绑着几个助推器的发动机，待命点火。这是发动机第一次做旋转试车。其实，杨南生也紧张啊，他不顾人们的劝阻，请人扶进观察室，独自透过那个小小的观察窗，希望看得更真切一些，掌握燃烧状况更明显一些。这个窗口是留给仪器摄影用的，人是不应接近的，因为，一旦发生爆炸，连人带试车台都有可能被炸飞，后果不堪设想！但当时的条件有限，根本没有跟踪用的仪器及高

1979 年冬，杨南生和技术人员在一起，眼神专注而清澈

速影像设备，要想观察到发动机喷管摆动及燃烧规律，只有近距离观察这一个办法了。窗前，他的双眼紧紧地盯着即将喷火的地方，直至试车圆满成功。人们欢呼着，跳跃着，但他只看到人们的肢体舞动，却一句话也听不见，耳朵里只有轰鸣声，过了好一阵子，才恢复了听觉。

作为四院研制队伍的领军人，杨南生的表率作用，成为鼓舞四院人完成“651”工程任务的精神动力。他的事业心，他的爱国情，他的身先士卒行动，深深地感动了人们，鼓舞着人们，研制工作逐步往前推进。

6. 息怒，为事业不计毁誉

相对于液体导弹而言，固体导弹具有明显的优势。然而，可能由于世界导弹发展历史是液体在先、固体在后，我国也是走了这样一条道路，先在苏联的资料、图纸、样弹及专家帮助下，从仿制开始发展液体导弹。尽管国防部五院成立之初，也规划了要发展固体导弹，但是当时人们对现代固体火箭发动机知之甚少，甚至一无所知，又受着国际上的严密封锁，得不到丝毫援助，靠完全自力更生往前走，所以发展速度十分缓慢，直到1965年，才研制成功直径300毫米试验发动机。

虽然来之不易的成绩，得到了钱学森等领导、专家的赞许，认为在短短几年时间，未经仿制，完全自力更生取得这样的成就，是中华民族的骄傲。但这终究只是个“小不点”，还只是试验型，与液体火箭差了一大步。这时候，如果能够得到额外重视，获得大力支持，必然会加快中国追赶世界导弹固体化大趋势的步伐。可现实却是困难重重，“固液之争”激烈，而支持发展固体导弹的力量并不占优。

作为固体方面的技术领导人，对世界大势认识明确、对军方急需比谁都清楚的杨南生，不计毁誉，寻找一切机会为固体事业鼓与呼，大会小会尽力争取，即使引发不愉快，他也不在意。他知道，时势不等人，坚持不懈的努力一直伴随着中国固体事业的发展，直到“巨浪一号”取得进展，终于等来了国家“固液并举”方针的出台。

与杨南生共过事的人，尤其是他带领过的人都知道，他是一个纯粹而透明的、充满理想、事业心极强、唯实不唯上的科学家，从来不会因为长官意志、专家权势而放弃对科学真理的坚持，有看法有意见，总是直言不讳。

在那个“多快好省、大干快上”的年代，当上级决定，将承担型号总体任务的四部建制及科研力量划归一院，四院由导弹型号院恢复为固体发动机专业研究院时，杨南生认为这种调整改组的时机尚不成熟，认为此时调整长远看会不利于固体动力事业的快速发展，他奔走呼吁，据理力争。当上面决定让42所一周之内迁往湖北谷城山沟，立即开辟高能推进剂研究战场时，杨南生深知当时国内根本不具备研究这种高性能推进剂的工业基础，而且现实可用的中能推进剂正处在收官完善的关键阶段，可能会由于这个决策完全停滞。他不顾压力，坚持争取留下108将，支持以这108人为基础组建46所，延续了中能推进剂的力量。后经两年多的拼搏，终于拿下了该中能推进剂，确保了型号研制工作的顺利推进。

也正是由于他的敢言、刚直，难免得罪一些人，特别是执掌大权的“文革新贵”们。在那个政治帽子满天飞的年代，不知什么时候，给他戴了一顶“特务嫌疑”的帽子，对他展开内查外调；对他另眼看待，控制使用，不顾群情众议，抹杀他的贡献，不顾他是四院“651”工程研制的领导人，剥夺了他上天安门接受毛主席接见的权利；在国防科委研究发展规划召开的“8·15”会议上，组织、鼓动人们对他展开批判，甚至散布他所作所为不是贡献、而是破坏的诬蔑言谈。

虽然，杨南生有幸进入周恩来总理亲自圈定受保护的专家名单之列，但是这些风雨、不公正对待袭来时，他从未拿“保护对象”作挡箭牌。而是直面以对，泰然处之，我行我素，丝毫不分心，依然全心全意投身工作。当然，血肉之躯，孰能无性，为提醒自己注意克制愤怒情绪，他特意写了个“XINU”的纸条，压在办公桌玻璃板下面，时时警醒自己要“息怒”。

与杨南生并肩战斗的四院人，都知道他是一个内心清澈干净的人，面对凡尘世俗，他宠辱不惊，云卷云舒。遭遇不公平时，他泰然处之。俗涛浊浪袭来，他没有压服跪地，或默默躲开。他豁达，淡然，刚正，直率，与生俱来；他单纯，天真，如同孩子。名利面前，他从来无意争抢，永远是那么漫不经心，他说过：“跳不出万丈红尘，也绝不与之交好。”他知晓，除了名利虚浮，还有太多的美好值得追求。

7. 风趣幽默，爱在群众心中

杨南生天性活泼开朗，风趣幽默，快人快语，反应超常，加之理念开明，无官家之威势和专家之冷肃，他平等待人，平易近人，热心对人，以爱为人。对麾下的研制人员更是如此，大家尤其爱戴他。中国工程院院士崔国良说过：杨副院长于他“如师，如兄，如友”；邢球痕、叶定友、阮崇智等一干固体事业的骨干，异口同声地说：“我们都是他的学生。”

在普通群众的心目中，杨南生也是这样的形象，他十分朴素，风雪天的经典打扮是，身穿军大衣，头戴老棉帽，清瘦的脸上架副近视镜，常露微笑，见人必打招呼，扰人、获助时总说谢谢。

四部有位叫石磊的计算员，母亲在“文革”中受迫害致死，年仅十七岁的她很难接受，处理完丧事返回单位后，十分消沉。在朋友李桂英家里，她见到了杨副院长。杨南生知性、和蔼地冲她笑笑，顺手拿起一个小玩具问：“这是什么？”“是鹅。”一个操西安口音的伙伴脱口答出。杨南生未动声色，再问：“西安人管‘我’叫什么？”回答：“叫‘额’。”有人幡然醒悟，说：“上当了！”石磊的满天乌云也散了。杨南生又对石磊开导劝解，这个十七岁的小姑娘感受到父亲般的温暖，从此逐渐走出了阴影，还与杨小红成了闺蜜。后来，她在杨南生的鼓励、指导下上了大学，活出了一片新天地。

政治部宣传干事邵永康，大家都叫他邵黑子，平日里喜欢背个照相机给人照相。他给杨副院长照过不少工作和生活照，有试验场景的，有东门打篮球的，还有在他华沙小轿车前的照片……但“文革”抄家时都被毁了。杨南生热爱运动，尤爱打排球、踢足球，邵永康没事就会陪他打打球，拍拍照，混得很熟。邵永康结完婚，去给杨副院长发喜糖。杨南生假装正经地问：“好个邵黑子，偷偷摸摸就把婚结了，领导批准了吗？”“领导忙，不敢请啊！”“上星期你还帮我买过饭，怎么就不说一声？”见邵永康不好意思了，杨南生才哈哈大笑：“祝贺！祝贺！一定是娶了个漂亮的好媳妇，要金屋藏娇，不愿人见吧！”接受采访时，年过七旬的邵永康沉浸在深情的回忆中。

黄世臣开了一辈子车，从西藏到酒泉，从山西岢岚到北京老五院，再到泸州，再到内蒙古……服务过不少首长。到四院他开华沙牌小轿车，经常拉杨副院长。杨南生总爱逗他那个一两岁的小女孩，黄世臣让孩子叫“杨伯伯”，望着小女孩天真可爱的样子，杨南生逗趣地说：“记住了，我是杨伯伯，‘山羊的羊’噢，咩——！”逗得小女孩“咩咩”直学羊叫。黄世臣肃然起敬，觉得他是一位最可爱的首长。“文革”期间，把小车封掉了，说是不让“走资派”“当权派”坐。杨南生没有任何抱怨，马上换成了自行车，仍然奔走于科研生产第一线。

第八章
给第一颗人造卫星有力一推

发射东方红一号卫星的长征一号运载火箭第三级发动机，是四院接受的第一项国家工程用固体火箭发动机任务。杨南生带领着团队，使固体事业由小到大稳步发展。在技术上先后突破了新型壳体材料、新型推进剂、新型喷管以及发动机自旋和高空点火等难关，这些新技术的诸多“第一”，确保了使命的完成，四院向国家献上的第一份厚礼——第三级固体火箭发动机有力一推，成功地将我国第一颗人造卫星送入预定轨道。

1. 接重任，研制长征一号运载火箭第三级发动机

1967年新春伊始，上级向四院下达了为发射我国第一颗人造地球卫星“东方红一号”的运载火箭“长征一号”研制第三级发动机的光荣任务。这是四院接受的首项国家工程任务，是周恩来总理亲自下达的任务，让急于要为国家作出实际贡献的研制队伍无比振奋。我国固体火箭发动机的研制正走在由小到大发展的路上，内蒙古基地的设施还很不完善，科研生产条件相当简陋，研制队伍的实战经验也很不足。尤其是“文革”狂潮正席卷中华大地，四院的秩序大乱，研制工作几近瘫痪。在这样的形势下，要把这么一个涉及机械、化工、材料、力学、燃烧等十多个学科的复杂产品拿下来，困难难以想象。杨南生没有胆怯，在老搭档王希季酝酿运载火箭想采用固体发动机这个方案、争取杨南生支持时，他就一口答应下来了。今天国家正式下达了研制任务，他义无反顾。杨南生是个乐于接受挑战的人，明知山有虎，偏向虎山行。

东方红一号卫星计划代号“651”工程，四院接受任务后，成立了以杨南生为首的“651”工程领导小组。杨南生在召开的第一次技术交底会上，传达了七机部关于研制长征一号运载火箭第三级固体火箭发动机的指示和要求，接着请“长征一号”总体设计部的陈卫民、裘愉伦两位同志进行了

任务交底。与会人员了解了这项任务的来龙去脉和对运载火箭第三级发动机的具体技术要求，真实感受到了责任的重大。杨南生做动员说：“我院承担国家这样一项重要的研制任务是十分光荣的，也是十分艰巨的，因为我们基地还处在建设阶段，研制工作的基本条件还不完全具备，我们也没有多少研制实用型产品的经验。这是我院的第一项国家型号任务，许多方面需要我们去探索、去创新，肯定会遇到各种各样的困难。但是，我们要勇于接受来自各方面的考验——前所未有的考验。我们要敢于面对挑战，面对前所未有的挑战。同时，我们要紧紧抓住这个难得的机遇，培养、锻炼和提高我院研制队伍的技术素质，促进和加快我们的基地建设，尽快形成完整配套的研制条件。对于总体部提出的各项技术指标，我们要认真学习，很好地消化……一定要清楚每项技术指标的确切含义，然后结合我院推进剂及其他单项技术的实际，进行认真、仔细的测算，开展一段工作之后，再坐下来讨论，一次讨论定不了的，就讨论两次、三次……要尽快定下来，形成一个正式文件——研制任务书，作为双方共同的依据。”会后，他亲自督办，一项一项严格落实。比如，在高空什么时间点火，总冲是多少，推力是多大，转速是多少，等等，技术节点全部一一落实到位。随即，七机部下达任务书，杨南生在任务书上郑重签字：同意接受“长征一号”末级固体火箭发动机的研制任务。

承担国家任务，又是如此重大的任务，在四院是开天辟地第一次，全院上下人心振奋。当年担任设计师的陈克明（接受笔者采访时，已经 79 岁）回忆说，杨南生对技术人员特别关爱。当时，杨南生经常会将看过的文件、资料进行筛选，只要对设计有用，就特批出来，叫机要员送给陈克明等设计人员，因为杨副院长知道，他们从南地去一趟城里的院部不易，这让他们非常感动。感动之下，他们不敢怠慢，一门心思扑在工作上，大家都憋着一股劲儿，一定要完成好党和国家交给的光荣而艰巨的任务。

从1967年开始，这项四院、也是我国第一种实用型固体发动机——直径770毫米发动机的研制工作全面铺开，从300毫米一下子跨越到770毫米，是多么大的挑战哪！运载火箭总体提出了很高的技术指标，还要高空点火，在自旋状态下工作，越发加大了研制难度。时间又很紧迫，要求1968年开始交付，研制周期短得吓人。但这也是四院的一次重大机遇，通过完成该项重点任务，可以推动固体火箭发动机由小到大的历史性发展。

面对挑战、困难、机遇，杨南生凭借深厚的理论功底，渊博的学识，凭借研制中国第一代探空火箭和几年来研制固体火箭发动机积累的实践经验，指导设计人员很快制定出了发动机的总体技术方案。方案论证时，他提出了这样的指导思想：力求先进而不盲目追求先进。其含意是，既要适应我国目前的技术水平和已有的技术成果，保证切实可行；又要力求先进，研制出尽可能高质量的发动机。遵循这一思想，方案确定采用新型壳体材料，新型推进剂，大膨胀比高空喷管，火箭式高空点火器，以及发动机捆绑小火箭自旋技术。这些技术大都是第一次使用，杨南生和他的队伍自然承担着不小的风险。

首先是强度要求极高的壳体，应该采用什么钢才能满足要求呢？力学专家杨南生提出一种超高强度钢的材料，指导计算得出数据，得到了一种理想的超高强度钢。但是，当时国内没有现成产品，需要进行研制。于是派人四处调研，联系协作，最后找到了北京钢铁研究院抚顺钢铁厂、鞍山钢铁厂共同研制。其时四院壳体厂尚未完全建成，壳体加工委托一院211厂完成。

至于推进剂，加铝粉的聚硫橡胶推进剂已经趋于成熟，当然是必选方案。喷管采用已经取得了一定进展的石墨喉衬。绝热层、衬层以及点火药、点火器等，也都慎重选定。随即开始设计一个代号为 GF-02 的试验发动机，其直径为 766.5 毫米，总质量为 2.05 吨，具有在 600 千米高空点火、在 240 转 / 分旋转状态下工作的能力。

设计出图后立即投入试制。杨南生吃住在厂区所在地南地，成为单身汉队伍中的一员，睡单人硬板床，吃集体大食堂，骑自行车在厂所站之间穿梭。哪里有难题，他就出现在哪里；哪道工序是关键，他就陪在哪里；哪个岗位空岗了，他就登门去请；夜间，他在灯下继续工作，总结问题，探求答案，拉尺计算，直到深更半夜。真是夜以继日、苦战不息。

夏秋，塞外的黄金季节，杨南生带着试验站人员抢建高空模拟舱和旋转试车台。每逢发动机装药，他是一次不落，必到现场。每次试车，他尽可能近地靠前观察，为的是获取最真实的状况，以利于试后分析，那时他把人身安全全都抛在脑后了。曾有细心人观察统计过，说杨副院长骑车每周在厂、所、站之间至少转两圈，一圈下来大约 30 千米，一周 60 来千米，难为他啊，近 50 岁的人了。不管刮风下雨，不论酷暑严寒，几乎不停不歇。塞外风光并不像诗人墨客描绘的那样美好，真实的境况是严寒、酷暑、大风沙。地处边疆，供应不丰，粗粮是主食，土豆、白菜是常年菜，研制人员既要闯技术关，还要闯生活关，真叫身心煎熬。

在工作、生活的双重压力下，杨南生的坐骨神经痛更为严重。他坚持“轻伤不下火线”，依然奔波在研制一线，单脚蹬车穿梭不歇，直到倒下。这位肩负技术指挥重任的专家学者，心中只记着责任，只想着一定要保质、保量、按时完成好周总理下达的这项神圣任务。

2. 敢担当，挖药挽救发动机

杨南生作风严谨、踏实深入；重视发扬民主，善于倾听意见；问题面前勇于担责，敢于决断。

研制过程中，难题接踵而来。一台发动机装药固化出炉后，发现发动机头部位置药柱出现许多裂纹。能不能试车？杨南生连续召开两次专题会议讨论，寻求答案。有 845 厂事故造成 10 余人伤亡的教训，还有事故进行整顿时制定的“发动机技安管理条例”，研制人员大都倾向不能使用，销毁处理。但是该台发动机是安排完成试车，为卫星总体设计提供急需的内弹道参数的，销毁重做，无疑将严重拖卫星整体计划的后腿，涉及面广，责任重大，影响恶劣。杨南生实不甘心，便深入下去多方走访、调研、论证，心中有了谱，便召开第三次专题会议。会上主管工艺质量工作的陈明义发言，说是结合研制单位意见，他提议：挖药修补发动机。一石激起千层浪，会场顿时炸开了锅。没人敢承担责任，没人敢拿生命冒险。甚至有人气呼呼地说：“谁提挖药谁去干！”会议陷入僵局。是啊，在发动机里挖药，无异于在老虎嘴里拔牙，万一发生爆炸，后果不堪设想。

杨南生说话了。挖药修补法可以尝试！接着他运用粘弹力学理论，结合试验数据，提出了一个经验计算方法。就是把复合推进剂药柱看作粘弹体，对它进行受力分析，确定推进剂力学性能不良是药柱发生裂纹的根源，这将是下一步改进的途径。现在当务之急是尽快取得发动机试车的数据，保证卫星整体计划的进度，所以如果方法得当，可以尝试挖药修补。然后，他让陈明义详细解说了挖药法。陈明义说道：使用带水钢刀挖药。可能的起火源头有两个，一是刀与干燥药柱摩擦，二是刀与钢壳体的碰撞。水能够湿润药柱，钢壳体有内绝热层的隔离，钢刀碰撞不到，因此挖药应该是安全的。会场鸦雀无声。

杨南生凝重地说："我们的大胆来自于大量的科学实验。我与研制人员已经论证过，这的确是一步险棋，但国家急需，时不我待，值得出手。而根据药性，大家的意见，综合考虑后，我认为该方案是安全可行的，决定挖补。"

陈明义激动了，站起来表态："我自愿报名示范挖药！"

"我陪你挖！"杨南生望着陈明义，握紧了拳头。一时间，许多人表态参加。389厂韩润清厂长说："我也去！"技安质量员赵文顺更是抢着说："我去！我也去！"会后，虽然仍有人疑虑，甚至坚持反对，但在杨南生身先士卒的感召下，许多技术人员、工人纷纷报名加入挖药"敢死队"。他们佩服杨副院长，相信杨副院长的胆量不仅来自于对事业的忠诚与执着，也来自于他的严谨与科学态度，他不会盲目冒险，跟着这样的领导，心里是踏实的！

然而，每项科学实验都是史无前例的开创性工作。固体火箭发动机是具有危险性的产品，在研制工作中，谁也没有百分之百的把握不出半点闪失。杨南生和四院人敢为人先，敢于担当，为了中国航天的固体动力事业，具有永不退缩的勇气，具有置个人安危于度外的豪情。

这么多人追随，杨南生流泪了。虽然他做出的决定绝非是盲目的冒险，而是以科学理论和强有力的实践经验为依据的，但是，这毕竟是有危险性的举措，有着万一发生意外的隐忧，然而竟有这么多人无私无畏地抢着参加。惊天地，泣鬼神！

后人看来，没有杨南生那一代人的"玩命"探索，就不会有"两弹一星"的飞天壮举，也当然不会有今天的一切辉煌！

在杨南生的精心组织安排下，一场挖药修复发动机的“战斗”在389厂打响了！但是，因为“文革”干扰，没有几个人上班；此项工作又是高度危险的，为确保发动机、厂房和人身安全，也不容现场人多，厂里就未组织更多的人员来参加。准备就绪，杨南生做了示范，陈明义和赵文顺两人第一批进行。他们在现场再次详细研读了挖药工艺细则，检查了相关各项准备，进行了摸拟演练。陈明义第一个动手试挖，其余人员撤到厂房外等候。他拿着带水钢刀，钻进发动机，摸着药柱边缘，轻而慢地将刀插入药中，再将水沿刀引入缝中，来回摇动手中刀向深处切下，待刀深入一半时，二次引水入缝，然后抽刀。因药有弹性，刀一抽出，缝就全挤死，下一刀便在旁边另切新口。如此反复多次，才切下第一条药片。接着他拿回这片药，到现场外和赵文顺、韩润清将带水刀与药片来回摩擦，验证切药过程的安全性。反复摩擦多次，未见起火迹象，证明是安全的。而后陈明义和赵文顺两人轮换去挖，一天下来才挖出不足一斤药。但他们非常高兴，因为，固体发动机安全挖药新工艺在他们手上诞生了！万事开头难，实践出真知，坚持就能成功。有了第一天的成果，第二天再挖，大家就更加有信心了。

杨南生按捺不住内心的喜悦，第二天早上不到八点钟就赶到了现场，挖药的艰难让他很感动，也要亲自钻进去挖药。大家再三劝阻也没拦住，只好要求他切下一片药便停止。在人们心中，他就是固体事业的一切，他就是这支队伍的将领！万一发生意外，那可要全军覆没呀！杨南生感谢大家的关心，坚持换上工服，认真阅读了工艺细则，小心翼翼地钻进发动机，精心操作，切一片药来，遵照和大家的“约定”，退出了发动机。他捧着手中的这条“弹性炸药”，心中更踏实了，觉得挖药是安全的。但他还是一再叮嘱大家，一小时一换岗，注意安全，千万不可麻痹大意。大家精神抖擞地回答：一定安全完成挖补任务，保证让这台发动机起死回生！杨南生离开现场忙别的工作去了，大家激动地议论开来，说："杨副院长真是我们同战壕里生死与共的战友啊！"随后，有更多的人参加进来，大家早来晚走，争先恐后，轮流挖药，最后一共挖去 32 千克药，然后将挖出的药拉到山沟里进行了安全销毁。

挖药完成，研制人员采用新工艺对药柱缺失处进行了灌补、固化，出炉后，检查确定药柱完全符合试车要求，随后进行了地面试车，获得圆满成功，按时向卫星总体提供了数据。

但挖药还是出了一点问题，就是陈明义因操作时间长而轻微中毒，在病床上躺了足足半个月。杨南生十分关心，前去看望和慰问，并与他探讨如何保证发动机不脱粘、药柱的整体性无裂纹，从根本上解决问题，不再出现需要挖药的情况。

裂纹是发动机装药不允许出现的缺陷，一旦出现就必须解决，否则，后果不堪设想。挖药补救是一个不得已采取的办法，而且有的部位的裂纹是不可能挖了再补的，根本的办法是使装药不会产生裂纹。后来，杨南生指导设计人员依据粘弹性理论，分析了装药产生裂纹的内在原因，逐渐解开了这个谜团。认识到复合推进剂在慢速变形下的延伸率低于某个数值时，便适应不了装药固化降温过程中所产生的热应力，便会导致药柱产生裂纹。基于这一认识，遂对复合推进剂增加了高温慢速拉伸下的延伸率这样一项指标，要求它必须达到发动机所要求的水平，从而保证发动机装药不会产生裂纹。通过复合推进剂力学性能的改善，满足了这一要求，装药裂纹这一难题得到了彻底的解决。

杨南生在指导技术人员的研制实践中，一直重视提高他们对理论指导实践重要性的认识，有意识地推动与指导理论研究及应用。脱粘问题的解决是一例，将有限元法应用到药柱应力分析和发动机壳体应力分析中也是一例，不胜枚举。

3. 失败面前，坦然应对

千辛万苦，攻关夺隘，第一台 GF-02 厚壁发动机终于在 1967 年年底研制完成，基本上符合要求。但“脱粘”和“燃烧产物沉积”等问题又相继出现，那是十年内乱最严重的时期，四院虽然处于军管之下，秩序依然极度混乱，杨南生面临最紧张、最艰难的岁月。但他仍指挥研制队伍，迎着困难，排除干扰，坚定步伐，奋勇前进，解决了诸多技术难题，研制成功了包括样机在内的多台发动机，进行了 15 次试车。其中有卧式旋转试车和高空模拟试车，且全部获得成功，并如期向总体部提供了 3 台高质量的发动机。脱粘出现后，在管理人员、技术人员和工人师傅“三结合”小组的努力与攻关下，摸索出一套灌浆修补方法，解决了这一问题。

1968 年 1 月 26 日这一天，让杨南生和研制队伍痛苦而难忘。

沙漠深处，试验站高高的试车台上，一个发动机周身捆绑着十个助推小火箭，待命点火。这是发动机的旋转试车。在点火指令发出后，杨南生他们紧张地期待着。他的双眼紧紧地盯着即将喷火的地方，很快，一条光彩夺目的“火龙”从尾部喷管喷出，吼声如雷，震耳欲聋，在场的人们为之振奋，开始欢呼雀跃。然而，10 秒、20 秒、30 秒……没能再往下数，试车台底部突然冒出一股白烟，紧接着发动机带着一身烈焰飞离了试车台，随即“轰”的一声一头栽到了地上，发动机突然爆燃，如脱缰的野马，吼叫着在试车台周围窜动，足足持续了一分多钟才安定下来……当时，四院还没有装备先进的摄影设备，杨南生为了能够看到发动机喷火状态，以便更准确地了解成功与失败的原因，他依旧扑在离发动机只有几米远、仅隔一层防爆玻璃的地方观察着，这是一个非常危险的举动，但又没有更好的办法近距离观察到发动机燃烧、点火时的状况。

这一次试验失败了！也就是说，将要用于发射东方红一号卫星的末级发动机试车失败了！万幸的是这次只是爆燃，没有伤着人。

在那个以“阶级斗争为纲”的岁月，人们绷紧了“阶级弦”，上下都要求追查“蓄意破坏导致失败”的责任。每个人都提心吊胆，晚上还时常有人敲门核查去向，看看是否有人偷听敌台，是否有人聚众造反。笔者采访中，留苏专家、已是 83 岁高龄的许定宇回忆说，那次事故之后，他至今还经常会被噩梦惊醒。那时，军管会进驻后，已经没有所长的职务了，一律改称组长。他是 42 所生产组组长，所里的生产由他负责，直接受杨南生指挥。春节过后，有一百多人被集中到四院机关所在地东门进行排查，当时是天气最冷的时节，人们被滞留在二楼会议室，又冷又饿又紧张又害怕，那些专家、知识分子被称作“臭老九”，什么话也不敢说。大家的心头都像压了一座山，喘不过气来，就这样度日如年地挨过了两个月时间。杨南生虽然有总理指示在受保护之列，但军管会说，也不是绝对的，他还是被怀疑、被排查的对象。

虽然气愤，甚至有些想不通，但杨南生还是坚定地站了出来。他说，本来科学试验是难免失败的，这是一个常识问题，何况这次试车是 GF-02 发动机的第一次旋转试车，而且还取得了 30 秒的数据，不算完全失败嘛！研制工作就是要让技术上的问题暴露出来，然后解决，然后成熟，然后发展壮大……遇事不要总是想着先处理人，要先寻找如何解决问题的方法！

杨南生因势利导，让大家放下包袱，本着对固体事业负责的态度，不互相推脱，查找一切可疑之处，出了问题他负责。在一次技术讨论会上，他提出："技术上有底交底，没底交心。"为什么这样说呢？据当年四部车间工艺组组长刘守业回忆说，当时技术总是很容易与政治挂勾，尤其是845厂的2000升胶化机发生爆炸时，所有的生产、设计等相关人员都被隔离起来了，他们想不通，干活哪能不出事故呢？但面对荷枪实弹的军管人员，人们还是害怕了，被关起来后不再敢说真话了。杨南生的话，就是为了避免大家不敢说话，也避免某些人企图把政治问题引入到技术讨论之中。

终于，大家放下思想包袱，摆事实，讲道理，既重理论，又重实践，逐步向着核心问题逼近。当时，试验站与41所意见不一致，杨南生便叫大家不要急，好好讨论。刘守业直接指责是41所设计有问题，杨南生就批评他说："不要一有问题就往设计身上推，工艺和设计是不分家的。断不可我行我素，我想怎样就怎样。"刘守业当时想不通，脸上火辣辣地痛，但是最终明白了杨南生副院长的良苦用心。从此，他们与设计人员建立了良好的合作关系，设计中没有考虑到的，他们就主动去找设计人员沟通；工艺中出现误差，设计人员也会积极帮助工艺人员查找，最终达到统一思想、解决难题的目的。

虽然说失败是成功之母，成功往往孕育在失败的母腹中，可是谁也不喜欢失败，然而现实总得面对，杨南生率领人们坦然以对。

会后，杨南生令41所组织人员到北京做一回试验，看看究竟是什么原因导致的失败。41所派出两名技术人员前往北京开展试验，同时在四院内部也组织人员继续开展试验，并组织力量，检查、讨论、分析。在领导科研生产、解决技术问题的过程中，杨南生从不以领导的口吻指令下属，而始终是启发引导、循循善诱。最终，大家放开手脚，找出原因，是旋转致使发动机头部沉积了过量来自燃烧产生的三氧化二铝颗粒，导致头部壳体过热而烧穿，燃气遂从这穿孔处喷射出来，便把发动机推离了试车台。故障原因定位后，杨南生他们针对这个难点，决定对壳体绝热层的设计进行改进。5月31日，四院正式向国防科委上报了02发动机技术方案；7月19日，第二发热试车，发动机全程工作正常，时间达到41.8秒，唯一遗憾的是，因试车台线路故障使发动机未能旋转，试验未能完全达到预期目标。11月，又进行了一次试车，这次试车获得圆满成功，但结果分析表明，三氧化二铝的沉积量仍然偏高，隐藏着一定的危险性，还需要进一步改进。为了改进，推进剂研究人员突击做了实验，据此对推进剂配方加以调整，在确保稳定燃烧的前提下，适当降低铝粉含量；同时与总体部门做了协调，把发动机旋转速度由240转/分减小为180转/分。此后的多次试车结果证明，这样的改进可使三氧化二铝的沉积量降低到合理程度。

针对这次失败，杨南生还做出决定，今后所有壳体都要进行“水压试验”，把问题消灭在萌芽状态。“水压试验”在内蒙古基地开展起来，被列为产品研制中不可缺少的一个环节。

人们说杨副院长真正走的是群众路线。内蒙古的天气风沙大，仪器设备上经常是厚厚的一层土，他总是叫大家别分心，趁着大家干活的时候，动手帮忙打扫一下卫生，帮着搬搬东西等。这些联系群众的举动令大家感动，从心底里佩服，觉得杨副院长领导大家不只是靠地位，而是靠他的学问和人格魅力，让人心甘情愿地跟着他去干事业。

天寒地冻，已经很晚了，正在做低温贮存试验的陈增解，劝说一直陪他的杨副院长先回去。杨南生说：“不行，我叫你来，就是要把这个试验做完，我陪到底。”陈增解十分感动，觉得杨副院长把他们当孩子一样看待，实际上，年轻人也是把杨副院长当父辈对待的。这份感情，太深了，至今难忘。工作中也常能见识到杨南生的幽默，一句“你要是拿不下来，我就把你也装进发动机里去”，就让人们缓解了紧张情绪，干起活来更得心应手了。那天，杨南生一直等到试验全部结束，才与工作人员一同摸黑离去。

在杨南生身先士卒的表率作用下，大家克服重重困难，终于从一次次失败中找到了原因，由于对一些物质的本性及试验过程中的一些规律掌握得还不够，加上技术与工艺上没有吃透的性能改变导致失败，不存在人为破坏。于是，在工艺与设计人员的鼎立配合下，打压、爆破、焊接、热处理等一个个拦路虎被攻克，取得了阶段性进展，杨南生理直气壮地汇报说：这次试验失败不存在人为破坏！随后，在相关单位协助下，使用探空火箭发射，验证了点火系统的高空工作可靠性，交付产品参加了在北京进行的全箭联合试车，结果表明，发动机全部合格，完全满足总体要求。1970 年 1 月，02 发动机高空模拟旋转热试车也获得成功，进入了交付状态发动机的生产，圆满完成了该发动机的研制工作。

从直径 300 毫米的试验型发动机一步跨越到直径 770 毫米的较大型实用发动机，能取得这样重大的成果，表明四院研制的末级发动机可以待命参加卫星发射了！科研人员受到了极大的鼓舞，一时间，人们欢呼雀跃，相互庆贺。当记者的采访、摄影灯闪烁时，杨南生却悄悄离开了现场，但他的心却始终激动地跳动。是啊，从研制启动到待命交付，只有三年时间，这样快的研制速度，在世界航天史上也是个奇迹啊！

4. 有力一推，拉开中国航天时代大幕

经过整整三年艰苦卓绝的奋战，杨南生主持进行了近二十次试车，几十次修改，最终解决了地面旋转试车、高空模拟旋转试车、高空点火，以及推进剂配方调整、装药、裂纹、脱粘、高空喷管结构等重大技术难题，并进行了二、三级联合试验、振动、冲击、运输等环境试验的考核。1970年1月，02发动机顺利通过了鉴定试车，确认发动机的各项指标完全达到了长征一号运载火箭总体提出的要求，可以交付参加卫星发射了。杨南生没敢有一点放松，他心里明白，发射才是真正的考验。

1970年3月27日，杨南生率队到基地参加卫星发射。四院18人的试验队在风雪中出发，前往酒泉导弹试验基地。到达目的地后，杨南生很快进行了战前动员。他为大家鼓气加油的同时，要求全体参试人员一定要搞好内外团结，顾全大局，服从命令，听从指挥，质量第一，安全操作，严格按计划要求，认真负责地把每一项工作都做到最好。之后，试验队建立了严格的双岗制，每一道工序是谁操作的都必须留下姓名，谁检验、谁记录都要有明确分工。同时，每一个阶段都要求进行质量复查和"双想"活动。这些措施确保了"三无"的落实到位，即无误操作、无错漏检、无多余物。以便确保"东方红一号"万无一失地发射成功。很快，准备工作就绪。

4月14日，钱学森率领任新民、杨南生、戚发轫等15人组成的汇报团乘飞机到北京进行汇报。各路技术专家连夜向周总理等中央领导汇报了卫星、运载火箭在技术阵地总装测试的情况。同时，把与三级发动机有关的"过载开关"问题、航区安全问题也作了详细汇报。周总理指示说："如果这次试验成功的话，你们不要骄傲自满，还要继续前进。这次试验也可能搞不成，但这也不要紧，失败是成功之母嘛！"听了总理的话，大家深

受鼓舞，极为感动。

午夜12点汇报完毕，周总理要求写出正式的书面报告及保证书，第二天提交政治局讨论。于是，负责运载火箭第一、二级发动机的任新民，负责第三级发动机的杨南生，负责卫星的戚发轫，被请到国防部大楼，连夜赶写各自部分的报告。这是三位专家人生中煎熬的一个漫长夜晚，他们倍感责任重大，不仅仅是要写出实际的技术状况，而且要白纸黑字写出可靠与否、发射能不能成功等明确的决定性意见，它关系到政治局对发射是批准，还是推迟，甚或取消的重大决定。如果导致非常后果，自己便要负责了，所以他们迟迟难以下笔。当然，再煎熬也得写呀！他们知道，中国人民期盼着卫星发射，这不仅是航天人心血和智慧的结晶，更是强军威、壮国魂的伟大壮举啊，必须成功！

这一夜，杨南生怀着紧张的心情，着手起草四院人负责的运载火箭第三级发动机的报告。一夜未眠，写完报告，在报告上郑重地签下“杨南生”三个字时，已是东方破晓。他知道，这实际上是签署了军令状，责任重如泰山！这份重要的报告，与任新民起草的运载火箭第一、二级发动机报告和戚发轫起草的卫星部分的报告，经国防科委汇总后，于1970年4月15日被一起呈送到了周恩来总理的案头。

4月16日，周总理告知政治局批准了，他代表党中央宣布我国第一颗人造卫星可以准备上天了。杨南生等各路专家随同钱学森急急赶回发射基地，投入发射前严密而紧张的准备工作。

4月23日，一切就绪，卫星待命发射。这又是一个不眠之夜，人们都怀着焦灼的心情等待着，期盼世界航天史上一个伟大奇迹的到来！期盼中国航天时代大幕的拉开！

1970 年 4 月 24 日，这是一个令中国人自豪和振奋的日子，也是我国航天发展史上富有历史意义的一天。

最后的准备工作紧张有序地进行着。安装第三级固体火箭发动机的电发火管是全系统的最后一道工序，也是最危险的工序，完成得好与坏，直接关系到发射任务的成败。第三级的总指挥是杨南生，指令董树欣操作，陈克明检验并记录。晚上 7 时 30 分，指挥员发出“两小时准备”的口令。董树欣和陈克明带着早已准备好的检测仪器和工具箱，立即乘坐电梯登上了发射塔架的顶层，一院 211 厂两位师傅打开整流罩舱盖，他们两人立即进入状态，严格按照电发火管安装操作规程，认真操作，仔细检查。完成任务后，211 厂两位师傅立即封好舱盖，四人同时撤离，转移到了距离发射塔 2 千米的观察点。

最后的全系统检查确定一切正常，上级下达了可以发射的命令。21 时 20 分，喇叭里传来了周总理的命令：“工作要准确，不要慌张，不要性急，要沉着、谨慎，把工作做好！”

万众只待那激动人心的一刻到来！

晚上 9 时 36 分，一声令下，长征一号运载火箭载着东方红一号卫星，直冲云霄。在最后一刻，杨南生和他的团队交付的第三级固体发动机顺利点火，给出强力的一推，圆满地完成了末级助推任务，把东方红一号卫星送入预定轨道，环绕着地球运转起来，巡游九天，雄壮欢快的《东方红》乐曲响彻云霄。全世界瞩目惊呼，全国人民欢呼雀跃，中国航天时代的大幕拉开了，中华民族圆梦了，参战的全体研制人员圆梦了，杨南生圆梦了！这一曲《东方红》乐曲向全世界庄严地宣告：中华人民共和国开启了太空时代；向全世界证明：外国人能够做到的，中国人也一定能够做到！

党中央、国务院专门致电祝贺这一胜利，全国人民欢欣庆祝这一胜利。杨南生和他的同事们，心情尤为激动、欢畅，固体事业刚问世就参与了这一壮举，第一次献礼就对祖国和人民作出了巨大贡献，这将彪炳史册。他们用心血、汗水、生命、灵魂培育的理想之花，如此壮美地盛开，这让他们陶醉在欢乐幸福的海洋里。

此时此刻，杨南生站在漠上寒风中，翘首长空，凝神静听，双目盈泪。听着天际传来的《东方红》乐曲，脑海中翻腾着历历往事，忆起了“1001”设计院，忆起了探空火箭，忆起了四院的日日夜夜，也翻出了钱学森在四院“1·15”会议期间讲的那个毛主席教导要自力更生的故事。是啊，四院人就是凭借着自力更生精神，创建了中国航天固体事业，圆满完成了周总理交给的任务，向国家交付了第一个实用型固体发动机，参与了中国打开太空之门的壮举。他想到，在全国欢呼的人海中，四院人无疑是最兴奋的一群。兴奋吧，四院人，让我们一如既往，继续奋斗，为中国航天事业的发展不断添砖加瓦。

继而他将思绪拉回现实，举首皓天，仰望星空，追寻那颗中国星，心情久久不能平静。

发射成功，处处欢欣鼓舞，平时严肃的专家们也轻松幽默起来。被杨南生尊称为先生的屠守锷，诙谐地对杨南生说：“你为卫星准备了很多饭嘛！”意指杨南生的第三级发动机实际推力远远大于提供给火箭总体的数据。计算的卫星轨道原本是近圆形的，由于第三级发动机发射时的推力大了不少，使卫星实际进入了一个近似椭圆的轨道，这是有利卫星运行的。东方红一号卫星上没有入轨发动机，运载火箭第三级兼职承担入轨发动机的任务。火箭升空后，第三级固体发动机的最后一推，比预计的更为有力，令人喜出望外，钱学森扭头送给杨南生一个意味深长的微笑，让他一直珍藏在记忆中。笔者采访戚发轫院士时，他满怀深情而风趣地说："我还记得当年杨院长许诺，发射成功了请我吃烤鸭呢，可这等了几十年也没能吃上，如今杨院长永远也兑现不了他的诺言了，他的离去，令人遗憾。"说话间，戚院士泪花闪动，唏嘘不已。

俱往矣，一切都成历史了。但是历史不应忘记，历史也不会忘记！

笔者采访戚发轫院士时与其合影留念

5. 毛泽东主席接见四院代表

卫星发射成功，酒泉导弹试验基地连续召开了三天总结大会，27 日，参加发射的人员才乘专列前往北京，参加国防科委和七机部的欢迎大会。上级领导亲切接见了大家，赞扬说："你们完成了一个光荣而艰巨的任务，是震动全世界的大事，功劳很大，同志们辛苦了！"领导还送上请柬，告诉他们，明天是"五一"劳动节，国家将邀请他们上天安门城楼，毛主席有可能要接见，要大家有个思想准备。这一消息让所有人特别激动，手捧国务院的紧急邀请函，兴奋得一晚上没有睡好觉。

5月1日一大早，大家先去参加了一个座谈会，谈心情谈体会，总结经验。晚饭吃得很早，大约下午6点不到就集合上车，去参加“五一”庆祝晚会，7点之前登上了天安门城楼，入座城楼西侧。受邀人员一共有17人，陈克明和女工代表李德春，代表杨南生和四院的研制团队。17人分两排坐下，不一会儿周总理来了。他向大家问好，说你们为国家、为民族立了大功。还告诉大家，东方红一号卫星上天，震撼了全世界，有153个国家和地区发来贺电，很了不起啊，这与同志们的共同努力分不开。总理那晚还指挥出席晚会的人员唱起了《大海航行靠舵手》《没有共产党就没有新中国》。

晚上8点钟，毛主席出现在城楼上，挥着手走向大家。他身后有西哈努克亲王和夫人，还有朱德、叶剑英、聂荣臻等党和国家领导人。总理向主席介绍说，这几位是刚从基地回来的发射卫星人员的代表。主席非常高兴地与大家一一握手。人们太激动了，千言万语，万语千言汇成了一句话：“毛主席万岁！毛主席万岁！”主席走到钱学森和任新民面前，给西哈努克亲王介绍说，这是我们新中国的航天专家！之后，主席挥手致意，返回了正厅。8点40分，中央人民广播电台广播说，东方红一号卫星再过几分钟就要经过天安门广场上空了。很快，人们就听到了由卫星播送的《东方红》乐曲，悠扬清脆，悦耳动听，余音绕梁，全场观众热血沸腾，欢呼声、呐喊声响彻云霄。9点半钟晚会结束，毛主席和国家领导人再次来到城楼西侧，与大家一一握手告别，全场再次爆发出雷鸣般的欢呼声：“毛主席万岁！毛主席万岁！”一遍又一遍地从大家激动的心里蹦发出来。目送毛主席与周总理及各位领导人离去，人们的心情久久难以平静。

由于军管会的干预，在北京开完会，杨南生没能登上天安门城楼，便连夜风尘仆仆地回到了四院，与四院人一起庆祝胜利，全院一片沸腾。此时此刻，正在被专家组审查的、杨南生十分尊重的肖淦副院长，一位老革命、军工老专家，被押到南地沙丘上观看卫星升空，当他看到远方飘过头顶的那颗中国星时，激动得老泪纵横。杨南生知道此情后，不禁黯然神伤，亦喜亦悲，百感交集。

“五一”劳动节那天，他打开收音机，调整到那个熟悉的频率，再度聆听从太空传来的《东方红》乐曲，依然激动不已，喜悦之情溢于言表。那几天，他一有空儿，就会打开收音机，一遍又一遍地聆听从太空中传来的《东方红》乐曲，代替听他钟情的古典名曲。由于坚守保密原则，他在家中从来没有提及东方红一号卫星发射的场景和细节，这是他进入这个保密行业后一直坚守的规矩，对家人、对亲友从不谈涉及工作的事，因此，他事业中的许多激动、兴奋、困惑、感慨、功劳、荣誉，都未曾与家人及亲友分享过。

成功，胜利，并没有让杨南生松口气，因为四院的主任务，第一种固体战略导弹的研制正在攻关夺隘、热火朝天地艰难进行中，他未脱战袍，立马投入了战场。

笔者采访陈克明时，他已是一位耄耋老人，退休20年了，但他对当年在杨副院长领导下，艰苦创业、研制运载火箭第三级固体发动机的历程，所有的技术难点，甚至具体参数等，仍然记忆犹新。他一遍遍地感叹：我因为出身好，才代表杨副院长去的啊，这对他太不公平了，接受党和国家最高礼遇的本应该是杨副院长啊！虽然杨副院长从来不在乎，但是四院人心里不平啊！他回忆说，杨副院长有了运载火箭酝酿与使用固体发动机作第三级的信息后，就找了陈克明，让他做准备。当时是十年内乱时期，派仗打得很凶。为了不辜负杨副院长的信任，他什么派也没有参加，躲在资料室查阅资料。正式任务下达后，他担任设计师，很快就出了样机图纸。后又找协作，搞加工，全国到处跑，也够艰辛的，有着自己的一份奉献，但比起杨副院长的功绩来，真是不值一提。没让杨副院长上天安门城楼受毛主席接见，他心里实在过意不去。陈克明还说，发射卫星是周总理亲自抓的任务，经常要听取汇报，他就随领导先后多次向周总理汇报过。每次汇报回来，他都向杨副院长作详细情况介绍。1970 年 3 月，各系统的研制工作基本完成后的最后一次汇报，周总理听取有关发射安全问题时，仔细查看了飞行航迹，问卫星万一发生问题可能会掉在哪个国家？得到已采取了安全措施的回答后，总理说："就这样吧，科学试验总会有成功和失败的可能性，尽量把工作做好，万一失败了也没有什么，再继续努力。"总理的话让人感到十分温暖。杨副院长当时表示，我们一定要知难而进，确保质量，力保卫星发射成功！

陈克明说，杨副院长就是这样一个人，不计名利，宠辱不惊，确保卫星发射任务最后成功，国家给予了四院人肯定和褒奖，他非常满足，他说这样已经足够了。什么表彰会、庆功宴，什么露脸出镜的场合，往往很难找到他。但是在工作出了问题、发生事故、查找原因、寻求解决方法的场合，一定有他的身影，而且会一直坚持到问题得到彻底解决。他一直是大家的"主心骨"。

第九章
破惯例　展开“巨浪一号”研制

每一次人生轨迹的转折，无不伴随着新的挑战与肩上担子的愈加沉重。卫星升天后，固体发动机将开始由770毫米跨越到1400毫米，实现由小到大的发展。“巨浪一号”是四院承接的第一项总体任务，在几乎没有预先研究的薄弱基础上开展，杨南生领军抛开国外战略导弹“先陆后海”的惯例，走上直接下海之路，为我国第一代固体战略导弹蛟龙出海贡献了力量。

1. 喜迎四院首项总体任务

1965 年，国防部五院四分院转制成为七机部四院，并由固体发动机专业研制机构变成了固体导弹型号总体研制单位，而且主任务是研制固体战略导弹。为此，内蒙古基地规模作了相应的扩大，组建了总体设计部（四部）、控制系统研究所，以及为总装厂打基础的四部车间，总装厂也在建设中。型号研制计划已制定，第一个型号定为单级短程“东风 61”，作为练兵弹，以积累研制经验，锻炼研制队伍，推动固体发动机由小到大发展，踏着直径 770 毫米发动机这块石头过河，最后研制出直径 1400 毫米的 03 发动机。

正在按计划进行时，“文革”开始了。在群众运动中，一些人了解到海军已开展导弹核潜艇建造，急需配装潜射导弹，便要求“东风 61”下马，说这个弹不能装备部队，是一个无用的“大笨蛋”，应该放弃，上马海军急需的潜射导弹。

杨南生仔细分析了四院的技术现状，考虑了潜射导弹可能的要求和难度，以及有液体导弹总体研制的经验可借鉴，有全国各行各业可以协作援助，加上他的爱国心，急军队之急的热情，以及敢为人先的秉性，也认为研制潜射导弹是有可行性的。于是他站出来表态支持群众的要求。

当然，这个大事不是四院可以决定的。经过海军等多方面的运作，国防科委于 1967 年 3 月正式下达了中程固体潜地导弹的研制任务，这是四院迎来的第一个总体型号任务。

2. 摈弃惯例，一步下海

固体潜地导弹是美国等国家战略发展的目标，他们早已研制出来了。但是他们都是先研制成功陆基发射导弹后才研制海基发射导弹的，走的是“先陆后海”的道路，这已是惯例了。毕竟陆上发射和海上发射的要求是大不相同的，后者的要求要严苛得多。

跳过陆基发射导弹的研制，直接研制海基发射导弹，必然会遇到很多困难。杨南生感染、鼓舞、号召研制人员，“明知山有虎，偏向虎山行”，坚定信心，一步下海！大家疑虑消除了，情绪高涨了，人们迎难而上，投入了这个被命名为“巨浪一号”（最初名为“巨龙一号”）的型号研制中。

在杨南生的主持下，四部承担总体任务人员，会同发动机等分系统人员，开始潜地导弹方案论证。由于潜艇空间有限，要求导弹外型尺寸、核弹头装置、装弹仪器设备等都必须轻型化、小型化；水下发射时，在潜艇运动和海水浪、涌、流的作用下，导弹出水的大姿态必须稳定。大家在对导弹水下受力引起的载荷致使强度设计特殊，以及导弹气密、水密性保证等一系列复杂的技术特点进行反复分析、深入讨论后，拿出了初步方案，再经必要的试验，多次论证，杨南生拍板定下最终方案。方案确定采用两级结构，一级为带可控制推力方向的摆动喷管发动机，二级采用前端装置反向喷管，用液体二次喷射控制推力方向的发动机。两级发动机直径均为 1400 毫米，装药使用已有成果的聚丁二烯含铝推进剂。

杨南生带领总体设计人员继续奋斗，研究分析了国外潜地导弹研制的经验教训，结合我国的具体情况，又针对导弹水下机动发射技术特点，制定了采用新途径的试验大纲，确定陆、筒、海三步走，先做陆上模型弹模拟发射试验，再用缩比模型弹做水池、水筒发射试验，最后进行全尺寸模型弹水下运动潜艇发射模拟试验。这是一份周密的计划。总体方案出台后，杨南生又主持发动机设计人员，详细分析了现有技术成果和有望利用的技术，论证制定了两级发动机技术方案。至此，帷幄运筹已毕，可以出手了。

3. 总体撤走，四部归一院

1967 年 11 月 28 日，按照中央“科研机构应集中统一、分工协作、以军为主、军民结合、填补空白、加强薄弱环节、避免重复”的原则，国防科委钱学森副主任召开一院和四院领导会议，开始研究把“巨浪一号”的抓总工作及四部移交给一院的机构调整问题。

1968 年 10 月，海军审定了潜艇和导弹的总体方案，确定了主要战术技术指标，导弹研制工作进入了技术攻关和分系统研制试验阶段，研制工作全面铺开。

1970 年 1 月，周总理批准四院四部划归一院，随之四部全员迁往北京归属一院，四部车间则并入 359 厂。这一变动，自然引起了人们的思想动荡。总体部多数人由于可以离开内蒙古这个苦地方，回到首都北京而欢天喜地，也有部分人由于面临夫妻家人分离等个人问题，一时难以决断，心情不安。这也影响了发动机等单位的局面。杨南生则在思虑这一变动会不会对四院的长远发展带来影响。

四部走了，他们是带着任务走的，带走了杨南生主持制定的总体方案和试验大纲，也带走了杨南生审定签字的总体设计图。到了北京，不管他们归属何处，由谁领队，仍然是在带走的这些图纸资料的基础上，按照杨南生率领他们开辟的途径，继续往前走的。他们之中一位后来已负起“巨浪一号”很重要责任的同志，曾对杨南生说过：“没有变，基本上还是按照您审签的那张图纸干的。”

4. 专注发动机，模样研制获成功

总体任务撤销，四部划归一院，四院由固体导弹型号院，又回到了固体发动机专业研究院。对于“巨浪一号”，杨南生转而专注两级发动机的研制。导弹分为液体、固体两大类，是以发动机为标准，当然发动机就是导弹的核心技术，航天历来有“技术发展、动力先行”的说法，作为必须率先突破的关键技术，发动机的研制难度和任务之重可想而知。

难！非常难！比预想的还要难！技术问题一个接一个出现。第一级的摆动喷管，要求可摆动，可控制，而且要密封，不能从摆动部位蹿出火焰来；第二级的液体二次喷射，要求足以可控改变火焰方向，反向喷管则要求实现弹头与发动机的准确有效脱离……更要命的是，这诸多难点技术没有成熟的单项研究成果。杨南生指导邢球痕带领的设计队伍，就在这样的情况下摸索着前行了。经过多少个苦思酣斗的日日夜夜，设计图纸出来了，立即展开了模样发动机的研制。

研制中碰到了首道难关。二级发动机壳体采用406超高强度钢，为多孔小开口结构，连续多发出现低应力爆破现象。杨南生指导陈汝训等人应用断裂力学理论，结合产品实际，分析研究低应力爆破原因，得出超高强度钢不能只追求抗拉强度，还要考虑韧性，提高综合性能的结论。据此，制定了适当降低抗拉强度、提高材料韧性的新指标，材料供应方通过降低

超高强度钢含碳量，又采用真空冶炼等技术满足了这一要求。壳体加工采取焊前预热，焊接时清根、封底等措施，提高了制造质量，终于攻克了这一很长时期困扰四院人的难关。

继之，发动机又重新反复出现了装药裂纹和脱粘问题。杨南生指导朱祖念等人以粘弹性和断裂力学理论为指导，逐步形成了药柱强度设计规范，据此对推进剂提出适当的强度和延伸率等性能要求，解决了药柱裂纹问题。脱粘先用灌浆方法补救，后来研发成功人工脱粘技术，才从根本上解决了问题。

研制任务艰难地向前推进。紧张工作之余，杨南生总是不忘幽默地开开玩笑，好叫大家身心能够尽量放松，他常爱拿身边人的名字开玩笑。这天，正好“巨浪一号”的设计师胡永强在场，他就拿“胡永强”的名字猜起了谜语，他问大家：“‘匈奴万岁’是谁呀？”大家丈二和尚摸不着头脑，他哈哈大笑着说：他——胡永强，胡人永远强，不就是在喊“匈奴万岁”吗？大家顿时醒悟过来，也都开怀大笑起来。难得啊，笑一笑解千乏啊，人们在杨副院长风趣幽默的笑话背后，也知晓了他记忆超群的秘诀：他知识面广，有着联想式、发散式的科学思维能力。

研制道路上一直难题不断，还相继出现和解决了燃烧室绝热、一级发动机初始压力峰、喷管接座处石墨套断裂等方面的技术难题。

1970年后，杨南生率领团队重点攻克一级摆动喷管的技术难关这个“拦路虎”。摆动喷管的活动体与固定体之间的缝隙关乎成败，缝隙过小，摆动受限，要求足够大的摆动力矩；缝隙过大，存在蹿火的危险。如何使缝隙恰到好处，成为关键，解决它的重点在于加工工艺。

杨南生费心耗神，殚精竭虑，率领着人们鏖战不息，使用直径300毫米发动机二级进行多次摆动喷管单项试验，在经受了多次热试车失败的痛心煎熬后，终于在 1970 年 4 月，第一发两级模样发动机全程试车成功，验证了发动机技术方案的可行性。在随后的研制进程中，二级发动机研制进展较为理想，而一级发动机的摆动喷管在密封和控制力矩这对矛盾问题上，时有反复，加之各种因素的交织，一年只能进行一两次试车，研制进度有所拖延。但是模样发动机已证明方案是可行的，研制队伍充满信心地往前走。

1970 年 8 月，国家要求高能固体推进剂在一年半时间内攻下可以装全尺寸发动机的任务。10 月，四院军管会下令，42 所 80% 的人员要在几天内南迁至湖北谷城。正在从事中、低能固体推进剂研究的人员，不得不放下手头工作，草草收兵，收拾行装，离开南地，奔向湖北谷城郭峪的深山沟。

而此时的内蒙古呼和浩特基地，“反帝反修”“准备打仗”的形势，决定了四院再次选点搬迁的命运。国家削减了呼和浩特基地的投资规模，南地只保留壳体厂、装药厂和一个试验站，中国的固体潜地导弹研制举步维艰。

这个时候，作为应急战备基地建设的四院蓝田三线基地已初具规模，拥有了较大、较全、较先进的研制条件。一心想着发展壮大我国固体事业的杨南生，对此心生向往，想尽早利用这些条件，尽快推动固体火箭技术迈上新台阶。于是在“巨浪一号”两级发动机研制可以放心、放手的时候，他于 1975 年启程去了三线的蓝田基地，领军开展多项预先研究。1978 年 8 月 17~31 日，国防科委召开规划工作会议，决定“巨浪一号”上岸，抓紧开展以“东风”命名的陆基战略导弹的研制工作。因此，四院启动了东风某固体地地导弹方案论证及研制工作。随着杨南生由内蒙古调往陕西蓝田基地开展新型号研制工作，“巨浪一号”交由他人负责。但他的心一直与“巨浪一号”连在一起，为它之后的每一次成功而欢欣鼓舞。

在杨南生带着东方红二号通信卫星远地点发动机和“反击三号”一、二、三级发动机等研制任务，奔赴蓝田基地开辟新天地后，四院内蒙古指挥部主任崔国良接手了“巨浪一号”两级发动机研制工作的技术指挥职责，指挥以邢球痕率领的设计队伍为核心的研制大军，向着完成“巨浪一号”任务的目标奋勇前进。

蓝田基地与内蒙古基地血肉相连，杨南生更是始终牵挂着“巨浪一号”两级发动机，密切关注着它的动态与进展。两级发动机研制，有需要时会向杨南生求助，他当仁不让地敞开胸怀出谋，或组织力量全力援助。就这样，两级发动机样机研制在崔国良主持下，在大家共同努力下，顺利向前推进。邢球痕成为该型号发动机的总体负责人，并为四院争取到研发大型固体发动机任务立下了汗马功劳。他们率领四院研制队伍，解决了设计、工艺、试验方面的种种难题，陆续提供产品，配合总体部的各项试验，不断改进发动机品质，终于获得了模样阶段研制的胜利。

1976 年“文革”终结，形势大好，两级发动机研制步伐加快，1979 年彻底攻克了摆动喷管这一重中之重的难关，配合总体部完成了四部在四院时制定的试验大纲中所需开展的陆、筒、海各项试验。1980 年年末开始交付正式产品。1981 年 1 月，“巨浪一号”第一发遥测弹在太原卫星发射中心首次进行陆上台式发射飞行试验，由于弹上平台系统俯仰回路发生故障，导弹自毁，发动机工作正常，安全自毁系统可靠工作，在实弹飞行中经受住了考验。6 月 17 日，第二发遥测弹飞行试验获得成功。

1982 年，潜艇水下发射试验进入实施阶段，任务代号“9182”。10 月 12 日飞行试验那一天，参试官兵聚精会神地注视着水面，突然，导弹自水底钻出，在水面上“啪”地一声脆响，骤然爆出一团火焰，随之呼啸着射向万里晴空，弹后带出一条坚挺有力的飞行轨迹，两级发动机点火正常，反向喷管按程序打开，弹头准确溅落在预定海域，“巨浪一号”进行首次潜艇水下发射飞行试验获得圆满成功。表明我国固体导弹技术有了重大突破，中国成为世界上第五个拥有潜艇发射导弹能力的国家。国人振奋，举世瞩目。四院崔国良、谢鸿淳、邢球痕、陈木生率队参加了这次海上发射。

10 月 16 日，党中央、国务院、中央军委发电祝贺：这是党的独立自主、自力更生方针的又一胜利，固体导弹首次飞行成功，标志着我国导弹技术有了新的发展！ 10 月 21 日，中央军委副秘书长张爱萍在大连接见崔国良、邢球痕等人，赞扬四院人敢想敢干，制造出我国新型的火箭发动机，为这次水下发射导弹的成功作出了贡献。22 日，海军试验基地召开祝捷大会，张爱萍副秘书长指出：我国战略核武器不仅将有陆上机动能力，而且有海上机动能力，这是一个质的变化。他对四院参研人员代表说：“巨浪一号”是巧夺天工，这次试验成功在技术上是一次飞跃，你们在内蒙古艰苦创业，流血流汗，成功地研制出了我国自己的固体发动机，我向大家表示感谢。刘有光也说：固体导弹来之不易，是我国独立自主、自力更生、艰苦创业搞出来的，有了这个基础，今后就快了，你们要扎扎实实地抓好固体发动机的定型工作。

杨南生得知消息后，也是激情澎湃，他还曾赋诗抒怀，可惜没有保存下来。“巨浪一号”是在他手上孕育的“玲珑娇”，问世之日，他的心情岂能不兴奋而激荡啊！

潜地固体战略导弹的试验成功，标志着中国已经具有水下机动发射固体战略导弹武器的能力，中国的战略核威慑力量又有了大幅增强。1984 年

10 月 1 日，在庆祝中华人民共和国建国 35 周年的盛大阅兵式上，巨浪一号固体导弹第一次通过天安门广场，接受党和国家领导人的检阅。由于上述研制成绩，巨浪一号固体潜地战略武器及潜艇水下发射获 1985 年国家科学技术进步奖特等奖；巨浪一号导弹第一级和第二级固体火箭发动机获 1985 年国家科学技术进步奖一等奖；两级发动机共获国防科工委重大科技成果一、二等奖 6 项，三等奖 12 项。

5. 复杂局面中，推出返回式卫星制动发动机

“巨浪一号”两级发动机研制工作推进的年月，四院面临多种因素纠缠的局面，十分复杂。但是四院又承担着数十种或重点或一般的研制任务，多头并进，气势磅礴。杨南生就是在这样的局面中，率领研制人员左冲右突，艰难前行。1968 年年初，四院接受研制返回式卫星返回制动发动机任务，由杨南生副院长负责。卫星在天上运行数天后，要带着遥感照片返回地球。下达四院研制的发动机，需在回收过程中逆向工作，对装载照片的回收舱起制动作用，使它按预定速度下降，安全着陆。

1968 年 5 月 26 日，杨南生主持召开了有卫星总体参加的方案论证会。杨南生主持确定的方案是：采用球形燃烧室、能量较高的推进剂、密度较大的新药型装药、潜入式喷管、尾部环形点火器。制动发动机是关系到我国第一代返回式卫星成败的关键设备之一，卫星的再入速度和再入角都要靠灵敏而可靠的制动发动机控制，这种高技术在中国是首次开发，难度很大。

这个时期，国内政治风云变幻，“文革”风狂飙劲吹，“清理阶级队伍”“批林批孔”运动相继开展。邓小平出山整顿与“四人帮”体系有牵连的人和事等，冲突不断，人心不安。军管会以阶级斗争为纲指挥，而受到迫害的林爽、

肖淦等技术领导干部还在没有得到平反，杨南生形单影只，压力如山。

上面也是出令纷纷，四院体制变来变去，先有总体撤销，四部迁出，后有伺服机构任务、人员移交，继之，42 所又被要求一周之内连人带马迁往湖北谷城山区，再后来，还有四院院部搬迁到蓝田基地决定的反复，这个反复，就连杨南生都起了思想波澜。一次变化就是一场震动，也程度不同地对型号科研生产工作带来了影响。

当时四院在研的发动机品种繁多，1971 年的统计数据是：13 个型号的 17 种发动机。当时“长征一号”第三级发动机已经顺利完成，但重点任务还有“巨浪一号”两级发动机、“反击一号”助推器、返回式卫星制动发动机，“反击三号”三级发动机等多种。1974 年 6 月的统计数据是，自固体发动机研制以来，共研制过 36 种发动机。这个局面是够磅礴的。杨南生孤身领军，既要狠抓重点，也要面面俱到，肩上的担子异常繁重。在如此这般的局面下，杨南生咬牙挺着，研制工作一步一个脚印，奇迹般地向前推进着。

特别是重中之重的返回式卫星制动发动机研制工作，为了研制任务顺利进行，在方案准备阶段开展了发动机的先期研究工作，进行了 1:2 模拟发动机的研制。两发模拟发动机地面试车均获得成功，验证了内弹道设计的正确性。在模拟发动机研制的基础上，他们又利用试验发动机进行方案可行性研究工作。通过调整配方，满足了发动机装药及结构的设计要求。

接下来便是它的工作环境了。因为返回式卫星要在天上运行几天后，制动发动机才开始工作。在太空环境下，面对太阳那侧温度特别高，而背对太阳的一侧温度又非常低，发动机必须经受住恶劣温度变化的考验。另外，要求在卫星返回时点火，在如此的环境下，如何确保点火成功？迫切需要研制出一种新型点火药来。为了尽早解决推进剂配方对温度环境的适应性，利用试验发动机进行低温及高、低温温度循环试验和低温点火试验。在发动机研制过程中，杨南生团队花费了大量的时间和精力，对多台发动机进行了该项试验及地面静止、旋转、高空模拟试车，考核了发动机对各种温度环境的适应性和在各种状态下工作的可靠性。

在返回式卫星制动发动机推进剂中，第一次使用了一种新型燃速催化剂，在贮存过程中出现升华现象。总体提出要做辐照试验，当时大家都没经验，不知如何做，是否有危险。杨南生亲自参加讨论会，与技术人员一同制定试验技术方案，他说："我们做的，是前人没干过的事业，会遇到许多新问题，推进剂辐照试验就是其一。我们不仅要做，而且一定要做好，到科学院原子能研究所去做，我们做个两次、三次，要有这个决心，一定能做好。"杨南生作为技术指挥员，他的话为广大研制人员撑了腰、壮了胆。

冬去春来，斗转星移。又一个春天到来时，内蒙古大地仍是一片冰封雪飘的景象，而研制工作正进入十分紧张的关键阶段，杨南生不顾冰雪严寒，同设计人员一天24小时在工厂里跟班作业。随后转入样机研制，经过静止、旋转、高空模拟共17次试车考核，于1974年达到交付状态。

1975年11月26日上午，长征二号运载火箭携带返回式卫星从酒泉导弹试验基地顺利升空。北京那边，国防科委主任张爱萍一连数日在电话里询问现场指挥、国防科委副主任马捷，马捷答："形势大好，胜利在望。"张爱萍一字一顿地说："胜利在望不行，一定要胜利在握。"

返回式卫星在太空遨游了三天，参试人员在焦急中等待。11月29日下午，人们终于看到了回收舱，它通体红亮，呼啸着从太空归来，"轰"的一声巨响，硬生生地砸在了贵州六枝地区的树林里。虽然这种着陆方式叫大家心惊，但万幸的是回收设备没有砸碎，完好地保存了下来。基地的人们举杯庆贺，四院人更是深深地呼出了一口气。

但是，回收舱向南偏了400千米，降落伞也没有打开。对此进行总结时，邢球痕肯定地说：“我们的发动机不可能有问题！”

经过缜密的分析，明确了问题是爆炸螺栓没有起作用，未甩掉制动发动机外壳，致使降落伞没能打开，造成如此后果。

国防部长叶剑英安慰返回式卫星各路科研人员说，不管怎么着陆，落在我们国内就好。当然，要认真总结经验教训，力争下次发射万无一失。

翌年秋，返回式卫星再次发射任务获得圆满成功。我国成为了世界上继美苏之后第三个掌握了卫星回收技术的国家。杨南生为我国第一颗返回式卫星研制作出了突出贡献，从方案确定，到技术攻关，他深入第一线，和科研团队解决了球形装药、高空点火、旋转试车、环境试验等关键技术。从此时起直至1985年，卫星共发射了7次，全部回收成功。回收制动发动机是四院第一个卫星用发动机，1978年荣获全国科学大会奖。杨南生在这次科学大会上，荣获全国科学大会先进个人奖，随后召开的陕西省科学大会也授予他先进个人荣誉。

第十章
为高性能固体火箭研制奠基

为了中国的固体事业，杨南生曾经转战南北，隐姓埋名，甘做无名英雄……当他再度接受命令，从内蒙古到秦岭山麓，仍然昂首挺胸，披坚执锐，百折不挠。这是他对航天事业的执着，是对祖国的大爱。他把中国的固体事业融入生命的点点滴滴，为我国第二代固体发动机的发展开辟了道路，奠定了基础。他的鲜明特点是：以学者的智慧，从理论分析入手，解决工程问题。

1. 奔赴三线开辟新天地

四院三线蓝田基地，1974年年中已基本上具备了科研生产条件。四院计划将院部和一些单位搬迁过去，向七机部请示，得到批准。随后决定让杨南生先行过去，领导进行科研生产准备，逐步展开科研生产。

杨南生早已认为蓝田基地“高大全”，规模大，配套全，设备新，应该及早使用，像玻璃钢等新材料已研究成熟，应该及早用于实际。还鉴于“巨浪一号”两级发动机等没有技术储备，单项技术与整机同步进行的教训，应该及早利用这些“高大全”条件开展单项技术预先研究。因而他欣然决定，带着要采用玻璃钢壳体的东方红二号通信卫星远地点发动机，以及“反击三号”发动机等任务，立马赶赴三线开辟新天地。

这也是他的性格使然。人的性情多为天生，有些人骨子里就是安静的，有些人血液里始终蕴藏着不尽的能量。杨南生传承了母亲的气质，他骨子里带有强烈的开创性，而舅舅的科学启蒙更加深了他对科学与探索的爱好，为他无数的传奇打下基础。

早在1964年，毛泽东主席就在中共中央工作会议上指出“在原子弹时期，没有后方不行。要考虑解决全国工业布局不平衡的问题，加强三线建设，防备敌人入侵”。考虑到当时的国际形势，可能会对我国国防建设造成威胁，中央随即做出“三线建设”的重大战略决策，并提出“靠山、分散、隐蔽、进洞”的建设方针，决定建设三线，划定京汉铁路以西、陇海铁路以南为三线区域。国防科研和国防工业部门首当其冲，数以千计的大中型军工企业，迅速奔赴位置偏僻、交通不便的偏远山区选址建设。

内蒙古基地，毗邻苏联囤兵百万的蒙古国，处于危险的第一线。1969年春，中国与苏联在东北乌苏里江珍宝岛爆发了武装冲突，战争阴云密布，毛主席发出“反帝反修”“准备打仗”的最高指示。四院也做了相应调整，国家削减了内蒙古基地的投资规模，确定只保留壳体厂、装药厂和试验站，而永久性基地去三线建设。七机部指示四院“立即行动，抢建三线，加快速度，准备搬迁”。

为了遵循“山、散、隐、洞”的方针，四院三线选址历经曲折，最终确定在秦岭北麓的陕西蓝田山区建设四院新基地。四院除机关大院安置在县城里，其他研究所、生产厂、试验站都建在了靠山、分散、进洞的隐蔽之处，以达到“一颗原子弹扔下来，只能破坏一个车间”的目的。首长还说：“兰州空军派直升机来蓝田测量过，半米宽的路在一万米高空就能看见。所以，道路不能太宽，要考虑隐蔽……”所以，后来的几十年，四院人就一直分散工作生活在这交通不便的秦岭深山老林里，成为大山里的航天人，长达30余年。这就是历史，是一个时代背景下的历史，离开当时的国内国际局势，许多历史将无法理解。杨南生肩负使命，于1975年来到陕西蓝田，就工作、生活在那里。

20世纪60年代的蓝田县城，只有两条土路形成的街道和一家小百货店、一个小邮局、一家小医院、一个小菜市场。当四院063工程的先头部队进驻蓝田时，这个偏僻小县城的衰败、贫穷、闭塞令人吃惊。当时063工程指挥部唯一的交通工具，是一辆苏制“嘎斯69”吉普车。山里人从来没有见过汽车，山民见了汽车，老远就吓得爬在山崖边不敢动了。虽然穷困，但民风淳朴。这里面临的艰苦条件，甚至超过了内蒙古。杨南生习惯了艰苦，他的爱国情，他的创新冲动的内在力，驱使他一如既往，继续为他所钟爱的固体事业奔波操劳，披肝沥胆。

早年创业者们借居的农家小屋

分散在山脚下的某研究所住宅楼旧址

当年四院 43 所的露天电影场，这里是大家唯一的娱乐场所

2. 研制成功“东方红二号”远地点发动机

1975 年 3 月 31 日，中央军委常委第八次会议讨论并同意国家计委、国防科委提出的《关于发展我国卫星通信问题的报告》。不久，党中央、毛泽东主席批准了这个报告。卫星通信工程代号为“331”工程。任务下达后，七机部决定让四院承担通信卫星远地点发动机的研制任务。

远地点发动机是卫星进入准静止轨道后将卫星推入静止轨道的变轨发动机，同时也是运载火箭与卫星连接的承力构件，发动机熄火后，与卫星不分离。这是我国首次研制试验通信卫星用的远地点发动机，也是四院蓝田基地正式承担的第一个国家任务。武仲璋是这个项目的总指挥，杨南生主抓研制，阮崇智在杨南生的指挥下，挑起了大梁。

远地点发动机由于性能要求高，它的组成部分，如非金属材料壳体、推进剂、喷管及点火器等所有部件，都要先在高真空、深低温、空间辐射、阳光交替照射、高速旋转等苛刻环境中进行数十小时乃至数百小时的考验。这些都是这一发动机研制工作中的特大难题。当时，蓝田基地仅仅初步具备研制条件，大部分科研人员都是刚从基建工作中转移过来的，缺乏科研生产工作经验，设备仪器不全，物资材料缺乏，加之十年内乱干扰，科研生产又是刚刚展开，工作秩序不良，行之有效的规章制度不完备。但是这项研制是国家的重点工程，激发着广大职工的积极性。阮崇智的研制班子写出发动机方案后，大家豪情满怀，干劲冲天，开展了大量的开拓性工作。

由于用途的特殊性，对这种发动机提出的性能和精度要求比以往高得多，特别是要求它在36000千米的高空环境里运行较长时间后，可靠地点火工作。当年10月，杨南生主持召开了方案论证会，根据卫星总体提出的要求，初步确定了远地点发动机的主要性能指标及技术方案。其中包括：高强轻质的玻璃纤维缠绕壳体，高能量、易点燃的复合固体推进剂，装填系数高的锥柱药型，以及适应真空点火的点火系统和适应真空工作的高空喷管等。

在远地点发动机的研制过程中，遇到的困难难以想象。

1976年是多灾多难的一年。1月8日，周恩来总理在经历了长期病痛折磨后，阖然长逝；7月6日，朱德委员长以90岁高龄与世长辞；9月9日，毛泽东主席久病不治，离开人世……共和国的几位主要开创者，突然间在同一年先后去世，中华大地接二连三地响起哀乐，扎着白花，心怀悲痛，有种“天塌下来”的感觉。还有大的灾难陆续降临：7月28日凌晨，河北唐山发生7.8级强烈地震，顷刻间被夷为平地，变成一片废墟。之后，全国多处继发大小地震，陕西蓝田地区也有震感。但全基地上下忍住悲痛，排除惊恐，响应号召，迅速投入到抗震救灾、支援唐山灾区的行列。为了防震，基地到处搭起了防震棚，吃住都在里面。伟人升天，灾害降地，给人们本来就不方便的生活更添了不利。面对物资短缺、停水停电的局面，科研生产必然也受到一定的影响。晚上，大家都到防震棚里去睡觉，而杨南生却不去，一个人躲在楼上读书看资料，大家劝也劝不走，人们称赞他是个不寻常的人。其实，这不是他莽撞、胆大，而是他认为，住不住地震棚，遇险的概率是一样的，这就是科学家的思维。而且他舍不得放弃晚上读书看资料、寻求解决研制难题的机会，这就是面对责任的担当。在这样特殊的时期，杨南生宿舍的灯光一如既往地亮到 12 点之后。他甘冒风险，承受压力，他彻夜无眠、头发脱落皆无悔，一心想着带领团队，一步一个脚印地艰难而踏实地前行。

在远地点发动机研制过程中，遇到了玻璃钢壳体发动机试车发生所谓“神秘冲击”的拦路虎，即在发动机点火瞬间出现过大的冲击载荷导致试车失败。具有深厚力学理论基础的杨南生，运用运动力学理论，对这一现象进行分析研究，做出了合理的解释。当他给大家报告时，不说废话，条理清晰，会场鸦雀无声，人们凝神恭听，被他渊博的知识和精准的推算所

1979 年冬，杨南生在 43 所指导大型发动机喷管组装工作

折服，为他传递出的信息量所吸引。在杨南生的指导下，阮崇智他们采用了尾部大面积人工脱粘层的解决措施，顺利踢开了这个“拦路虎”，闯过难关，继续前进。

第一台模样发动机研制只用了短短一年时间。1976 年 12 月 29 日，首次点火试车获得圆满成功，验证了设计方案的可行性。随之转入正样研制阶段，四院召开了正样质量工作会议，决定“冻结技术条件，稳定工艺规程，提高产品精度，确保一次成功”，对这一上天产品制定了高水平的验收标准。

1982 年 8 月，杨南生在 43 所 307 室查看壳体缠绕工作

会后，在杨南生指导下，研制人员坚决落实会议决策，始终坚持“严”字当头，质量第一，终于在 1983 年 9 月，进行最后一发试车并获得圆满成功，至此完成了全部研制工作，开始向卫星总体交付产品。在后来的发射基地交付检测安装过程中，它是没有出现任何质量故障的分系统。发动机

动平衡性能良好，实际配重只用了规定值的十分之一。发动机出厂重量与发射前称重只有万分之一的偏差。

“文革”结束后，四院分分合合，番号变来变去，领导班子也是频繁调整。1981 年年中，四院番号在蓝田基地恢复，张杰出任院长，杨南生仍是主管技术的副院长。这位曾是四院工程部部长的新院长，对杨南生当然熟悉了解，也很尊重支持。上任后，他对杨副院长说：“技术工作你说了算，我支持你！”召开技术工作会时，他总叫杨南生先发表意见，他总结时，总是告诫厂所站领导：“你们都要按杨副院长说的办！”当时是所领导后来是院长的邢球痕回忆说，那时，不知人们怎么那么心齐，上下都爱戴杨先生，亲近他。现在明白了，杨南生是一位时代英雄。那时缺吃少穿，物资极度匮乏，但杨南生的精神世界却是那样的富有，他整个心思全都放在了祖国的科学事业上，所以，他总会像父辈那样和蔼可亲地指导大家，主动与年轻人说话聊天，没有架子，不打官腔，哪里危险，第一个出现在现场的肯定是他。

杨南生经常和一线技术人员融洽地工作在一起

1983年1月，62岁的杨南生不再担任四院副院长兼总工程师的职务，改任国防科工委指令新成立的四院科技委主任，离开了四院技术指挥岗位。

1984年1月，我国第一颗试验通信卫星“东方红二号”进入西昌卫星发射中心，准备发射。四院组成两个试验队，分赴西昌卫星发射中心和渭南测控中心。航天工业部副部长宋健负责此项工作，他指令杨南生跟随武仲璋、阮崇智带领的赴渭南试验队到场“保驾”。见到宋健后，杨南生幽默地说：“要我来，就是出了问题的话，还得打我的屁股哟！”大家哈哈笑了。

1月29日发射，居然真的出现问题了：卫星没有能够进入预定的大椭圆轨道！尽管问题不是出在远地点发动机上，但杨南生还是立即出手，与四院、五院在场的专家、技术人员一起，全力以赴，想办法挽救这颗没有进入预定轨道的卫星。他知道，如果承认失败，放弃卫星，那将一无所获；如果有办法挽救，还可以取得部分成功。杨南生与试验队商讨后提出：给远地点发动机发指令，让它反转方向后点火工作，靠它把卫星推入一个近地轨道，发挥近地轨道卫星的作用。宋健和五院试验队认为可行，高兴地接受了这个办法。执行完指令，年过花甲的杨南生，端坐在渭南测控中心轨道室的屏幕前，全神贯注地凝视着飘弋在太空中的卫星。结果令人欣喜，靠着四院的远地点发动机正常点火工作，终于把卫星的轨道大大提高，从而延长了经过我国上空的时间，取得了一定的数据，实施结果达到了预期目标。在祝贺声中，宋健和五院人员都极力称赞、感谢杨南生和四院试验队，说四院的远地点发动机一举挽救了这颗卫星。事后，宋健电贺四院“这一炮放得很好！”五院也发来感谢信，称四院的远地点发动机挽救了这颗卫星。

第一颗试验通信卫星发射出现故障后，航天工业部准备发射第二颗星。在临近春节的这一特殊时期，西昌试验队全体队员不准回家，全部坚守阵地。

1984 年 4 月 8 日，中国第一颗试验通信卫星“东方红二号”再次在西昌卫星发射中心发射，取得成功；10 日，四院的远地点发动机在地面发出点火指令后点火启动，正常工作，成功地将卫星送入 36000 千米的远地点转移轨道。此时此刻，杨南生正在家里会客，但他似乎有什么心事，时不时地朝电话看去。电话铃突然响了，他一跃而起，拿起电话听筒，开口就问：“点火了吗？”看来他早就在等这个电话了。电话是他的同事们从卫星测控中心打来的。随着他的提问，对方兴奋地答道：“在现场的李鹏副总理热烈祝贺咱们的远地点发动机点火成功，卫星已被推入准同步轨道！”杨南生舒了一口气，身姿也调整了一下，但他还是急切地连着发问：“轨道上运行情况怎样？”“方位如何？”“远航船的数据传来了吗？”……直到对方给出满意的回答，他的心才彻底放了下来，兴奋地说：“我静候你们复测的数据，再见！”他放下听筒，回头瞥了一眼墙上悬挂的大幅卫星发射彩照，轻轻掠了掠宽额上飘散的稀疏银发，嘴角挂着舒心的微笑，那颗悬着的心终于定了下来，才顾上回过头来招待客人。

4 月 18 日，中共中央、国务院、中央军委发来贺电，热烈祝贺试验通信卫星定点成功。陕西省委、省政府、省国防工办也给四院发来贺信。22 日，卫星准确定点于东经 125 度 6 分、南纬零度 21 分的“静止”轨道上，与地球同步巡游在茫茫太空。测试结果表明，四院提供的远地点发动机总冲精度为 0.01，达到国际先进水平。

在以后岁月的许多次通信卫星和气象卫星发射中，四院的远地点发动机都胜利地完成了使命，无一失败，这在世界航天史上是少有的纪录，证明四院研制的远地点发动机性能稳定，可靠性高，质量优异。它在航天史上写下了100%成功的辉煌一笔，国家为它颁发了“质量金奖”，还随卫星系统获得了国家科学技术进步奖特等奖。

1985年3月，杨南生（左二）在西安参加航天工业部科技委固体发动机专业组会议

1985年3月，航天工业部科技委固体发动机专业组会议人员合影，前排左三为杨南生

杨南生和阮崇智作为主要参加者，得到了颁发的绿皮证书，尽管不是“主要获奖者”的红色本本，但他们的心却永远随着飞天任务在不停地运转。为了发展，他从不计较待遇、职称等个人荣誉，关注航天事业的心永远没有变过。

3. 狠抓预先研究，夯实前进基础

“巨浪一号”两级发动机研制没有单项技术预先研究的储备，被迫采取关键单项技术与整机同步研制，给研制工作带来了巨大的困难。这一教训很沉重，是四院上下的共识，尤其是技术指挥员杨南生的切身感受。

有鉴于此，早在 1974 年 3 月底，四院就在西安召开了预研工作会议，部署下一阶段的型号预研工作。杨南生急赴三线蓝田基地，主要也是奔着这一目标而来的。1975 年，四院的科研生产计划安排了玻璃钢壳体、柔性喷管、大型喉衬材料等开展大型发动机研制相关的重点预研课题。

杨南生来到蓝田基地后，四院于 1975 年 11 月在西安召开了以新型潜地战略导弹固体发动机为目标的单项技术预研工作会议，更细致地部署了设计、工艺、材料等方面的新技术预研课题。

那个时期，蓝田基地已逐步投入试生产，武仲璋领导的生产准备组已逐步担负起科研生产管理工作，协助杨南生推动科研生产工作逐步展开，各项预研课题逐步得到落实。早一步已展开的柔性喷管和液浮喷管进行了冷试，耐 3600℃高温的喉衬材料利用直径 300 毫米发动机进行了 5 次热试车考核。

杨南生吸取内蒙古时期的经验教训，把单项预先研究工作纳入议事日程。一方面争取型号研制任务，一方面大力开展预先研究，为上型号、上

任务打基础。他知道，没有发动机单项技术的研究与技术储备，要想把大规模的型号产品研制成功是不符合科学规律的。为了我国第二代固体火箭发动机研制成功，他把着眼点放在了打基础的技术储备上。

杨南生先后组织开展了复合材料壳体、柔性全轴摆动喷管、新型材料大喉衬、大型发动机设计与研究等，支持邢球痕开展大型固体发动机研制，第一次把固体发动机直径做到 2000 毫米，把我国的固体发动机技术提升到了一个崭新阶段，为性能精良的第二代固体战略导弹的研制做好了准备，夯实了基础。

1976 年 6 月，柔性喷管研究取得初步成果，在试验发动机上进行了摆动 3 度的成功热试车。液浮喷管也在 1977 年 10 月用直径 770 毫米发动机进行了摆动 8 度的成功热试车。其他课题也各有进展，尤其是玻璃钢壳体结合“反击三号”的研制和在“东方红二号”远地点发动机上的成功应用，摸索了大型壳体缠绕工艺，技术已趋近成熟。

经过坚持不懈的奋斗，各方面的预研课题都陆续获得成果，一系列关键项目，像新药型设计，柔性摆动喷管，大型碳 / 碳喉衬，新的装药工艺，等等，都具备了上发动机工程化应用的条件。这一时期，本着边研制边建设的原则，四院蓝田基地建设也在紧锣密鼓地进行中。按照七机部批准的工程代号，四院相继有了 41 所、42 所、43 所、44 所、7414 厂、7416 厂、401 站等下属厂、所、站等单位。建设中的蓝田基地对外统称“向阳化工机械公司”。

但是型号立项工作远不如基地建设进展顺利。“反击三号”的三种发动机于 1978 年中期下马；呼声很高的新型潜地战略导弹立项没有定论，一时没有了型号任务，下一步该怎么走？杨南生在基建之余苦苦思索，酝酿出开展大型试验发动机研制，综合考核这些单项技术用于发动机后的有效性、协调性这样一步棋。

杨南生与四院党委主要领导沟通取得支持，尤其是副书记高维忠大力支持，便有了 1979 年 7 月 31 日的党委决定。这个决定提出在三年内固体发动机“三个突破，三个巩固”的奋斗目标。具体说来就是：1979 年突破 1400 毫米直径玻璃钢壳体发动机技术，实现热试车，巩固其技术；1980 年，突破推力向量控制技术，实现在直径 1100 毫米发动机上热试车，巩固其技术；1981 年突破 2000 毫米直径发动机成套技术，实现热试车，巩固其技术。决定传达后，有人把这个目标归纳成一句通俗的口号，叫做“三年三大步，一步一脚印”。目标定了，号角吹响了，杨南生领军出发，摆开了综合试验发动机研制战场。虽然杨南生年岁增加了，将届花甲，但作风依然不变，依然勤下基层，奔波一线，遇有问题，及时指导，或者开会研究，发扬民主，集思广益，他再总结归纳，定出办法。

内蒙古基地厂所站虽有距离，但在一个平面上，一眼可望。现在蓝田基地厂所站却是分散在深山老林的七沟八岔里，不能走单骑了；如果没有汽车，将会寸步难行。好在已是清平年月，一切有序。要车车到，从不误事。但新的问题还是有的，比如他回来晚了，总是菜凉饭冷，他又不肯搞特殊，总是将就一顿算了。有时回来过晚，食堂都关门了，单身一人住在基地的他就回家吃点心，喝杯咖啡。后来，他也想学着做饭，第一次煮挂面，竟然是把面放在冷水中一起煮，自然引发一场笑话，真是不食人间烟火啊！

他不食人间烟火，却满腹经纶。他有职权却无架子，无职权了就更普通。他以学识服人，也以人格服人。这样一个故事直到今天仍广为传诵：

1981 年，四院 43 所研制的大型碳 / 碳复合材料喉衬出现了裂纹。这是花费了近一年时间才研制出来的第一个产品，综合试验发动机就等着它了，没有它就试不成车，研制工作将停滞不前。带“伤”的喉衬敢不敢用呢？大家知道，喉衬有裂纹，可能导致试车失败，如果这样，整个发动机就毁了；但假如将这个喉衬报废，近一年的功夫白费不说，还得再花一年多时间，下更大的功夫才能拿出新产品，那么，整个研制工作就得延误一年多，造成更大的浪费。

怎么办？两次现场会议后，面临两难抉择，并形成两种对立的意见：一种是反对使用，以防万一；一种是主张使用，冒险前行。虽有争执，却已基本倾向于产品报废。杨南生认为有必要深入研究讨论，便请机关通知设计、工艺、管理等相关人员到43所开会讨论。会上，杨南生先让工艺方面介绍了产品制造、加工、检测等详细情况，以及裂纹所在部位和裂纹大小；设计人员讲了设计状态和要求，并分析了产品的受力情况。然后，杨南生让各方充分论证，并让试制方讲明裂纹的准确位置，让设计方计算该位置上的裂纹在工作状态下的应力性质。当得出是压应力的结果后，杨南生说，既然是压应力，工作时裂纹只会挤缩，不会扩张，问题便不大，这裂纹不会影响使用，它应该不是废品。接着，他又用力学理论论证产品这个部位的裂纹不会影响使用。他说，喉衬是个圆环，内环面和外环面间可以从中线划为两个区域，现已断定裂纹处于靠内环面一侧的区域；而在发动机工作中，喉衬所受力的方向是由里向外的，就是说在力的作用下，圆环呈向外鼓胀趋势；裂纹所在区域受的是压应力，使裂纹只会紧缩，而不会扩张。因此，综上几点，产品虽有缺陷，但不会给发动机工作带来恶果。为了把问题说得更通俗明白，他以肩挑扁担作比喻，形象、生动地阐明了问题本质。这下连工人师傅也听明白了，大家都很信服，统一了思想。还担心有人顾虑未完全消除，杨南生又补充了一句："使用这件产品，如果试车失败，责任在我，一切处分我一人承担！"然后，他果断拍板：这件喉衬不用报废，可以提供发动机试车使用。

散会后，许多同志激动地说："这才叫指挥员！这才叫专家呢！专家的作用就在这儿，当人们迷惑时，他能有理有据地给你拨开迷雾，指明方向。"

后来，使用这件喉衬的综合试验发动机试车获得圆满成功，完全证实了杨南生的分析和论断。这一大胆决断，不仅挽救了花费一年功夫研制的喉衬，也相当于将研制进度提前了一年，其经济效益和政治影响力是巨大的。

四院预研工作按照"三年三大步"的设想稳健前行，综合试验发动机研制也是形势喜人：

1979 年 12 月 10 日，直径 1400 毫米、装药量达 3250 千克的第一个综合试验发动机热试车成功，综合考核了玻璃钢缠绕壳体、新药型和含某种成分的中能丁羟推进剂、碳 / 碳复合材料喷管喉衬、深潜入喷管以及新型点火装置等一系列新技术。

1980 年 4 月，杨南生又主持召开了一次预研工作会议，检查总结各方面预研课题开展的情况，推动预研工作加速发展，为承担第二代战略武器任务作充分的技术准备。

1981 年 3 月 31 日，成功进行了第二个综合试验发动机试车。它的直径为 1400 毫米，装药量 1.1 吨，采用金属壳体、丁羟推进剂、新药型、人工脱粘结构、大型整体碳 / 碳喉衬等诸多新技术。

那个时期，一度丢失了的四院番号又恢复了，院部定在蓝田，领导力量也得到了加强。杨南生又兼任了七机部科技委副主任，及七机部下设的固体发动机专业组组长，以及中国宇航学会固体火箭推进剂专业委员会主任。头衔多了，意味着担子重了，更辛苦了。但他的主要精力仍然牢牢放在了四院当前的科研生产上。

更加喜人的日子到了。1983 年 2 月 4 日，第三个综合试验发动机试车圆满成功。这是一台金属壳体发动机，直径达到 2000 毫米，装药量达 21.9 吨。它运用了新药型、新柔性喷管、新的高能点火器以及新的推进剂等诸多新技术，这些新技术在如此之大的发动机上进行了综合考核。它的研制成功，也考验了四院壳体加工和装药生产的技术和能力。

第一、第二个综合试验发动机的连续几次试车成功，特别是第三个综合试验发动机的成功试车，标志着我国的固体火箭发动机技术迈上了一个新台阶，走完了由小到大的发展历程，开启了大型固体发动机研制新阶段，为我国第二代战略导弹的研制提供了技术储备，打下了技术基础。

有了这个基础，四院于 1983 年 3 月将新型潜地战略导弹预研正式列入了科研生产计划。6 月召开第一次研制工作会议，确定了三级发动机的方案和途径，推动研制工作迈开了崭新的步伐。

1983 年 12 月 25 日至 28 日，是四院人难忘的日子。以综合试验发动机为基础研制的新型潜地战略导弹直径 2000 毫米的金属壳体和玻璃纤维缠绕壳体综合试验发动机相继试车，双双获得圆满成功，首战告捷。航天工业部和海军给予热烈祝贺，更引起了军委副秘书长张爱萍的关注。张爱萍听到喜讯，在百忙中挤出时间，于 1984 年 1 月 15 日，由丁衡高等科工委领导陪同，专程来到四院，饶有兴致地观看了试车录像和试车后的发动机部件。他高兴地说："一级、二级试验成功了，这是固体火箭技术一个新的重大突破，使我国的运载火箭技术进入了新的一代。"他指示说："还有第三级也要抓紧搞。战略武器已经发展到中、远程，由液体转变为固体。"

并为四院题词“攻克险关，才智无穷”。1月20日，中共中央、国务院、中央军委就两级发动机试车成功向四院发来贺信，给予了高度评价。

党中央、国务院的贺信指出，这一成功，标志着我国固体火箭推进技术进入了一个新的阶段，为研制性能精良的第二代固体火箭奠定了技术基础。

面对巨大胜利，面对四院万众欢腾的场景，杨南生回首往事，心潮澎湃：几十年不计荣辱，不恋名位，不辞辛苦，不惧风险，全力以赴，无悔奉献，他在心中欣然喊出：“对祖国，对航天，对固体，我尽力了！”

4. 维护团结和谐，用心良苦

1976年粉碎“四人帮”后，为迅速改变四院的面貌，消除派性影响，四院调整、改组了各级领导班子，拨乱反正，平反冤假错案，各项工作出现了新气象。到了1979年，根据十一届三中全会精神，四院对内蒙古和蓝田两个基地“文革”以来发生的一些重大事件加快了落实政策的步伐。以原四院党委书记薛伟民、原389厂厂长李志刚等为代表的一大批受迫害的干部和群众得到平反昭雪，恢复了名誉。

四院是知识分子云集的地方。落实好党的知识分子政策，充分发挥知识分子的作用，是航天固体事业成败的一个关键问题。为了切实抓好此项工作，部里对四院领导班子做了重新调整，阎玉瑚任党委书记，张杰任院长、党委副书记，杨南生任副院长兼总工程师，张剑仲任副院长兼党委副书记，董全任党委副书记，高维忠、武仲璋、刘世琨任副院长。

当时“文革”虽已终止，但余毒难以一日消除，不和谐仍有迹象。九人领导小组当中，只有1978年新进入四院领导班子的高维忠一人是外派干部。

高维忠先任副院长，后任党委副书记。当四院的主要领导缺位时，组织决定暂由高维忠主持工作。有人不服，杨南生却给予了全力支持，他解释说：“高副院长是部里派来的，大家一定要支持他的工作。”高维忠十分感动，他真诚地对杨南生说：“老杨，我是搞政治的，对技术可是什么都不懂啊！”杨南生宽慰他说，没关系，不懂会学懂的，慢慢来。此后，杨南生经常请高维忠去看试车，去参加技术研讨会。高维忠还有些不好意思：“我不懂技术啊！”

杨南生诚恳地说：“你能来，就是对技术的支持啊！”

高维忠，这个老军人、老革命，也很敬佩杨南生这位一代英才，他想，杨南生是一位多么杰出的人才，却放弃那么多的优厚待遇，自愿投身祖国的航天事业，值得学习和支持，他决定全力支持杨南生排除障碍，轻装上阵。杨南生召集会议，他都主动参加；杨南生遇到忧难，他会积极帮助排解；杨南生提出的建议，他几乎全盘接受。例如，杨南生出于减轻人们生活压力的考虑，建议给大家解决液化石油气烧饭问题，他组织力量很快得以落实。

他跟杨南生交底说，组织上派他来四院，交给他三件事，一是消除派性；二是为那些“靠边站”的专家、学者、技能人才安排工作；三是抓好科研生产。

杨南生非常支持他担负起这副担子。他说：“‘文革’流毒糟糕得很，影响人们团结干事业！”

高维忠问：“能不能开展一项新的发动机研制，把大家凝聚在任务上，心往一处想，劲往一处使，消除派性，促进团结呢？”

杨南生高兴地说：“真是不谋而合啊！”他马上将自己的思考说给高维忠听。高维忠兴奋地说：“好，你出点子，我唱戏，咱们团结一心搞发展！”

随后，高维忠根据杨南生的发展思路，总结概括形成提议，召开党委会讨论。这才有了那个“三个突破，三个巩固，一个带出”奋斗目标的提出，即三种发动机研制从小到大，一年一个新突破；然后是巩固三项研制成果，最终带出一个中程导弹研制。

该提议最终由党委会研究决策，少数服从多数。高维忠向部里汇报了这一目标，郑天翔部长非常高兴，称赞说：“不错，支持你们！”高维忠将党委会上的意见提炼成两句动员口号：“抓工作抓技术消除派性”“顾全大局团结协作，振兴向阳公司！”打开了全员奋起团结搞研制的新局面。

局面一开，在杨南生带领下，全院上下一心，团结一致，在目标提出的当年底，就成功进行了第一台综合试验发动机试车。郑天翔部长莅临现场观看了试车。成功后，郑天翔高兴地对杨南生讲：“给你来点奖励，鼓励鼓励！”杨南生回应道：“不要给我奖励。能给我们全体职工每人奖励十元钱，让大家来一次大会餐，鼓舞鼓舞士气就好。”

郑天翔笑了：“好你个老杨，还来会餐这洋玩艺儿！”随即认真地说：“我回去商量一下，很快答复。”不久，部里真的批复同意杨南生的“会餐计划”，拨下了专款。

筹备会餐时，杨南生说：“‘文革’这么多年，人心都涣散了，连家属都少了走动，会餐能不能叫家属也参加？把大家的心拢一拢。”高维忠恍然明白杨南生这位专家的良苦用心，他是想通过会餐促进团结呀！多么可敬可亲的领军人啊！高维忠召开党委会议决定，全体职工带家属参加大会餐！高维忠还对各单位领导说：“钱不够你们可以贴一点嘛，家家户户‘老头老太’团结起来夺取胜利，军功章上有职工的一半，也有家属的一半嘛！”于是，就有了全院职工大会餐的一幕——大家自己动手，包饺子、做饭、炒菜，以各厂所站科室为单位，人们欢聚一堂，欢天喜地，那个热闹，堪称史无前例！

杨南生看着大家亲亲热热、你中有我、我中有你地相互关爱，他打心眼里高兴，对高维忠说：“你知道历史上有个‘千叟宴’吗？我们开的可以说是个‘万兵宴’啊！”。高维忠说：“老杨，我懂你的用意。我打16岁当兵，跟着贺龙的120师闹革命，从一名小兵干到了指导员、政委、后勤部长……一路走来，很懂鼓舞士气的重要性。你的这个‘万兵宴’提得好啊！”接着他又深情地说：“配合很重要啊！老杨，你只管带领科技人员往前冲，后勤保障有我呢！想想看，共产党打天下，若不是相互配合、协同指挥，而是相互拆台、各自为阵，那能成功吗？配合你老杨，我忙点也痛快！”

高维忠打心眼里佩服杨南生。这个人学高八斗，品格高尚，忠于祖国，忠于党和人民，忠于事业，即使身处危难，依然赤心不改，全心全力推动固体事业不断前行，多么了不起啊！

采访高维忠时，他讲起了四院职工集中使用液化气的由来。那些年，四院人一直生活在山沟里，做饭用的是烧煤烧柴的炉灶。主管技术的杨南生珍惜时间如生命，看到科技人员忙了一整天，回到家还要花大量的时间劈柴烧煤做饭，十分不忍，心想能让大家用上新兴起的液化石油气就好了。他便找高维忠商量，高维忠一听就说：“我在兰州烧的就是液化气，很方便，阀门一开，气就进了炉灶。”

杨南生讲：“你能不能帮咱们也解决一下，让大家用上液化气？”

高维忠一口答应下来。随后他领导行政后勤部门，跑上跑下，想方设法，打通关系，终于办妥了这件事。四院人用上了液化气，杨南生高兴地笑了！

第十一章
甘作人梯育英才

人们说：“杨院长是我们四院学术水平最高的人。”他视科研成果为自己的“儿子”，但为了大局利益，甘愿把毕生的心血化做无私的甘露，浇灌和滋润科学的小苗茁壮成长。顺境时，刻苦钻研，开拓探空火箭新事业；困境时，超凡脱俗，创新固体新天地；逆境时，言传身教，身体力行：传学术，传知识，传做人，教会更多的人努力工作……他的每一次心跳，都与祖国的繁荣息息相关。他把自己的心血撒向中华大地，人们尊他为“永远的导师”。

1. 人们心目中的楷模

钱学森曾在多位航天专家面前说过，“杨南生是有真才实学的”。

杨南生的确是一位典型的学者，他的学术能力一直得到国家科技部门领导的重视和肯定，他曾多次作为国家的重要学术代表参加国际学术交流活动。

1963 年 6 月，以中国科学院学部委员赵九章为团长的五人代表团，列席参加了在波兰华沙举行的第四届第六次国际空间科学学术会议，实地考察并了解欧洲的空间控制技术，杨南生即为五人代表团成员之一。这也是

1963 年 6 月，以赵九章（右二）为团长的国际空间科学学术会议代表团部分成员在波兰华沙合影，右一为杨南生

新中国成立后首次参与国际空间学术交流活动。

1978 年 5~6 月，杨南生又作为以谷牧副总理为团长的中国政府代表团成员，出访了法国、西德、比利时、瑞士、丹麦等五国，前后历时一个月，与国际科学界进行了深入交流，为国家科学技术发展作出了考察报告。

1978 年 5 月，在瑞士工业界进行技术考察

1978 年 6 月，与西德科学家交谈

在人们的眼中，杨南生是高级领导、是大学者、是洋博士，但更是与大家同吃、同住、同劳动的兄长加战友。初次见面，他给人的印象是睿智而有风度，在大家的印象中，他的前额宽大、丰满，好似装满了知识。杨南生的领导能力很强，理论、技术水平很高，是大家公认的好领导、好老师、好战友。人们说，如果没有杨南生，四院发展不到今天。一是他为四院赢得了固体地位，在“固液”之争的历程中，他敢于站出来，不怕得罪人，顶住压力，据理力争，才有了日后的“固体之春”。实践印证了发展固体事业的重要性和紧迫性，若是当初没有开展固体事业研制，我国的国防实力不知要落后多少年。二是他有前瞻性，在直径 300 毫米、700 毫米发动机研制成功后，提出研制直径 1400 毫米和 2000 毫米等多个大型发动机的想法，用 4~5 年时间开展技术研究，让固体火箭技术跨出了一大步。之后，多个大型发动机都是在他的领导和拍板下崛起和发展起来的，在今天看来，那些决策都是非常及时和正确的，不仅为四院的发展奠定了坚实的基础，也为我国的国防事业创造了许多个第一。原四院党委书记张康助曾深情地说：“杨院长那一代人是固体事业的植树人，他们为四院发展打下了坚实的基础。如果没有他们的技术储备，我们的四院不可能走到今天。技术是有一个传递过程的，我们这些后来人更应当把老前辈的事业发扬光大啊！”这是肺腑之言，是对老一辈四院人心存感恩的高风亮节。三是杨南生作为四院的院领导，有信仰，没架子，不要名利，只要技术，因此，他能够深入基层，细心听取科技人员的意见，从不武断，但又敢于负责，敢于决策，是一名合格的共产党员；作为老师，他才高八斗，答疑解惑，甘为人梯；作为战友，他平易近人，乐观豁达，先人后己，他的身上有一种思想深度和精神层面的厚重让人震撼，令人感动。他很真诚，不虚伪，原四院党委书记胡建华说："他就像一杯水，清澈、透亮；他就像一片阳光，有着赤子之心，他太清纯、太令人感动了！"的确，杨南生已是人们心目中的楷模。

杨南生的才学，源自于他嗜学如命的习惯养成，在他看来，知识积累越多越好。他是学理工的，但却通读过原版的《资本论》和文学巨著《约翰·克里斯朵夫》等众多名著。杨南生调任四院副院长兼总工程师时，固体发动机对于他这个力学专家而言也是一项从未接触过的新学科。但他凭借自己刻苦钻研的精神，很快就掌握了这一专业。当时一本被称为"天书"的英文版《固体发动机原理》，让他点划得满纸"狼藉"，可见他下功夫之深。这种学习精神，几十年保持始终，一年四季，他极少在午夜十二点前熄灯。四院图书馆的原版书，尤其是原版期刊，几乎没有他不曾看过的，他有一句"名言"："技术指挥员不读追踪技术发展动向的外刊，就像党委书记不读《人民日报》这张党报一样荒唐。"他还说，"我不看书，怎么工作

杨南生所做的近百页《数学杂记》1、2、3册

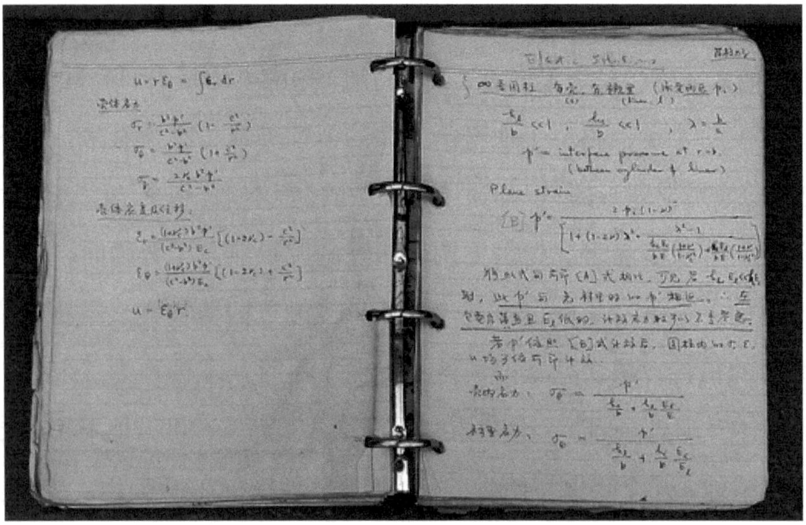

杨南生所写的数百页力学笔记：《应用力学杂记——固体力学》

啊？”他的书不知看了多少，反正，他宿舍的灯灭之时，一定是月隐星稀、夜深人静了。

而作为战友，杨南生没有丝毫的官架子，也没有专家的威势，见了下属，他总是主动上前打招呼。原四院党委书记李德然回忆说，他第一次见到杨南生副院长，是1966年在42所举行的药柱裂纹学术讨论会上。“那时的杨南生，头发已经开始谢顶，前额宽阔，戴着眼镜，一派学者风度。他带着南方口音的普通话，语言幽默、生动，条理清楚，推理令人信服，逻辑性极强。他的发言，简直就是一篇出色的演讲。”那时，人们都在说，杨南生这个洋博士不简单，工作中才智超群，生活中也能让人感受到别样的温暖。

杨南生精通好几国语言，比如英语、法语、德语、俄语等，而且中国方言也会说好几种。他小学时期在教会学校读书，青年时期又在英国求学，直到博士毕业回国，英语自然精通；后来，他在英语的基础上自修了法语和德语。回国后在东北一汽任中央实验室主任、工程师，工作中经常需要与苏联专家打交道，为此他自学并精通了俄语。20 世纪七八十年代，四院机关年轻人少，一日，毕业于北京大学法语翻译专业的宋志勇、日语翻译专业的宋小猛与同事结伴到职工食堂就餐，途中遇到同到食堂就餐的杨南生，杨南生主动和他们打招呼，边走边用外语同“二宋”对话。交谈中，杨南生对他们的语法、发音、用词错误微笑着给予纠正，同时又给他们传授学习外语的方法。杨副院长的关心，促使“二宋”常常晚上加班学习到深夜，外语水平和业务翻译能力大大提高。而俄语翻译刘海宽、英语翻译张德雄、徐涛清等人，也都受到过杨副院长的帮教。46 所的任民信说，60 年代末的一天，他到资料室查文献，杨副院长来了，微笑着和大家打过招呼后，来到他旁边，问他会不会英文。他说不会，杨副院长微笑着指指窗户说，你从这里可以看见外面的一切，再指着墙壁说，你从这里就看不见外面的情况了吧？接着亲切地说：学会一门外语，就像开了一扇窗户。搞

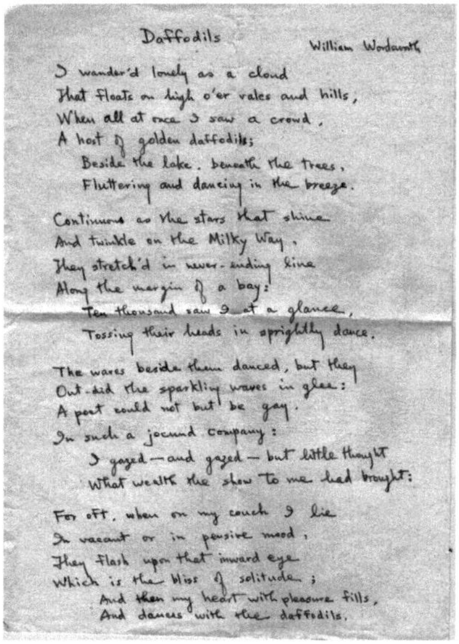
Daffodils
William Wordsworth

I wander'd lonely as a cloud
That floats on high o'er vales and hills,
When all at once I saw a crowd,
A host of golden daffodils;
Beside the lake. beneath the trees,
Fluttering and dancing in the breeze.

Continuous as the stars that shine
And twinkle on the Milky Way,
They stretch'd in never-ending line
Along the margin of a bay:
Ten thousand saw I at a glance,
Tossing their heads in sprightly dance.

The waves beside them danced, but they
Out-did the sparkling waves in glee:
A poet could not but be gay,
In such a jocund company:
I gazed—and gazed—but little thought
What wealth the show to me had brought:

For oft, when on my couch I lie
In vacant or in pensive mood,
They flash upon that inward eye
Which is the bliss of solitude;
And then my heart with pleasure fills,
And dances with the daffodils.

杨南生抄写的英文诗

科研的一定要学外语，好了解外面的世界。那个时代鼓励年轻人学外语，是有风险的，杨副院长有勇气敢冒这个风险。

杨南生工作学习之余的休息非常高雅：弹奏钢琴，欣赏古典音乐。当时听音乐用的是唱盘留声机，杨南生客厅的书柜内除了书籍，就是成堆的唱片，桌上还放了一台半导体收音机。那个年代，钢琴、唱盘留声机、半导体收音机在人们的眼里都是极少有的洋物品。

1981 年，杨南生在西安简陋的居室中整理和欣赏他搜集的古典音乐磁带

那个时代，杨南生和许许多多四院人一样，生活简朴，居室简陋，长年累月吃到的蔬菜也只有白菜、萝卜、土豆……习惯于坚守的创业者们，以苦为乐，笑对时艰，似乎从未在意过生活的艰苦和环境的恶劣。但有一次杨南生却在意了。那年，一位旅居国外的朋友回国后，突然提出要来看他。杨南生知道朋友在国外待遇优厚，住房条件与国内的他形成强烈反差。而那个朋友一直认为，杨南生坚持回国，一定有一个非常好的工作和生活。

杨南生知道，当时，许许多多像他这样的人居住的条件还不如他在英国留学时的宿舍。他不想让朋友看到中国航天人的艰辛，于是，婉转告诉朋友：“还是我来看你吧！”他就赶到饭店和朋友见了一面。他没有遗憾，继续以百倍的热情投身于中国的航天事业。杨南生就是这样一个人，他一辈子没有为了个人的事情向单位伸过手、张过口。他在乎的不是这些，他在乎的是中国航天事业早日发展与强大。

2. 博学醉艺的典范

杨南生读书之多令人折服。不仅数量多，速度快，而且涉猎面非常广，除所从事专业的期刊书籍外，无论是自然科学的天地生数理化，还是社会科学的文史哲，都在他阅读之列，多以古典及发展前沿为重。

杨南生馈赠友人的几个卡片箱，上面有他亲笔所做的专业分类标签

他读书一直有做笔记或做读书卡片的习惯，几十年积累的笔记本摞起来足有好几尺高，他还有六七个大卡片箱（每个可装近2000张卡片），一生中亲手学习摘记的卡片就有近万张。晚年他把这些宝藏都馈赠出去了，或给同事，或给好友，期望还能发挥点余热。

杨南生曾将一本关于宏观世界和微观世界的书拿给年轻科技人员阅读，还向他们深入浅出地解释如何知晓宇宙膨胀。那是一本难以见到的书，读者读后都感觉大增见识，启迪智慧，颇感自己知识之浅陋与狭窄，从而激发起读书欲望。他的宇宙之论，也令人信服。

许多人都知道杨南生喜爱音乐，从中学起就是个古典音乐迷，他熟知著名音乐家的作品和他们的故事。喜爱古典的人多会弹钢琴，杨南生也有此艺，他谦虚地说他弹得没有妻子莘耘尊好，仅可以拿出手而已。

1978年，杨南生随谷牧副总理出访欧洲诸国，一天中午，在西德莱茵河畔劳洛莱镇的一家餐馆用餐。大厅有一架钢琴，杨南生落座琴前，即兴弹奏了一首古典名曲。键盘耀动，音律流畅，杨南生在音乐的王国里，仿

1978年6月，杨南生出访西德期间，在劳洛莱镇的餐厅就餐前，即兴弹奏钢琴

佛回到了久远而难忘的岁月，如痴如醉……曲终，场内一片寂静，所有人的思绪都似乎随着音符的流动而远游了。片刻的宁静之后，在场的外国友人和代表团成员如梦乍醒，热烈的掌声响彻大厅。随团记者抓拍到了这一动人瞬间，给杨南生留下了美好的一刻。

的确，音乐无国界，它能传递出任何词汇所不能表达的印象和心灵状态，令人神往。从肖邦的音乐中，他听出大自然缤纷的色彩，缕缕的游思，以及焦虑的激情，澎湃的庄严，乃至耳鬓的厮磨；从莫扎特的音乐中，他听出幽深的明净，清澈的善良，平和的欢快；从巴赫的平民音乐声中，他仿佛回到了故乡宁静的清泉边，回到了北京旧居的月光下……音乐让他抒发情怀，让他静心逐烦，让他神思遐想。在紧张繁忙的工作之余，他陶醉在音乐里，可以一时脱离世俗凡尘。杨南生如此钟情音乐，其实，他本身也是一曲真善美的人生交响诗……

由于迷恋，他竭尽所能地收藏唱片，可惜那数百张唱片，在“文革”中被毁之殆尽。有了磁带后，他又拼命搜买。CD 问世后，他依然狂购，藏品中以古典音乐为主，他喜欢外国古典音乐，也喜爱中国名曲，像《二泉映月》《梁祝》《黄河颂》《半个月亮爬上来》等等，都在箧中。多年来，他积累了大量名歌名曲，自己也会用钢琴弹奏一曲，一生对音乐情有独钟。

杨南生晚年的一大爱好是一边听着世界名曲，一边读世界名篇原著，他可以脱口背出《约翰·克利斯朵夫》《荆棘鸟》等世界名著中的许多经典名句。他家里有一个特殊的书柜，书柜一端放着诸如固体推进剂之类的研究资料及书籍，旁边放着一个高倍放大镜，他脑海里想得更深的，仍然是航天事业的发展，每时每刻都在关注着我国航天事业的进程，仔细捕捉国际航天的科研新动向。年岁大了，视力不好了，就借助放大镜，在资料

杨南生在北京家中的磁带柜前

中寻找着国外航天火箭的新动向，力图从中汲取教益。而书柜的另一端，是满满的、摆放整齐的录音带和光盘。而古典音乐，只要国内能买到的，他几乎全都拥有，以备休息时享用。

杨南生从中学时代就迷上了音乐，一生不离不弃，乐在其中，如痴如醉。他能够弹奏或哼唱肖邦、莫扎特、贝多芬等名家的许多名曲，近乎专业水平。他一生不沾烟酒，不近棋牌，老来有闲，更唯音乐是好，成为浪漫而经典的休闲方式，伴他走完了人生路。休闲之时，与来访者交谈，总免不了要谈到音乐。他告诉人家：“我现在已经收藏了近400盘各国古典音乐的音碟、音带，一天听一盘，一年下来差不多够听一圈。”说话间，他还从自己的“库房”里拿出一红一黄两个大本子让人看。这是他的藏品编目，他把百多位外国音乐家，按姓氏首字母，标出他们的作品，写出作品简介，全用英文编排而成。本子扉页上，还用英文艺术字体，“绘”出“Music”字样，见到的人都惊叹于他的执着专注。人们说，杨南生心中只有他凝注心血的事业和痴迷喜爱的音乐，他除了跟踪世界最前沿的科学技术外，艺术几乎就是他的全部。他从神秘的固体火箭王国走出后，就专心徜徉在艺术的国度……

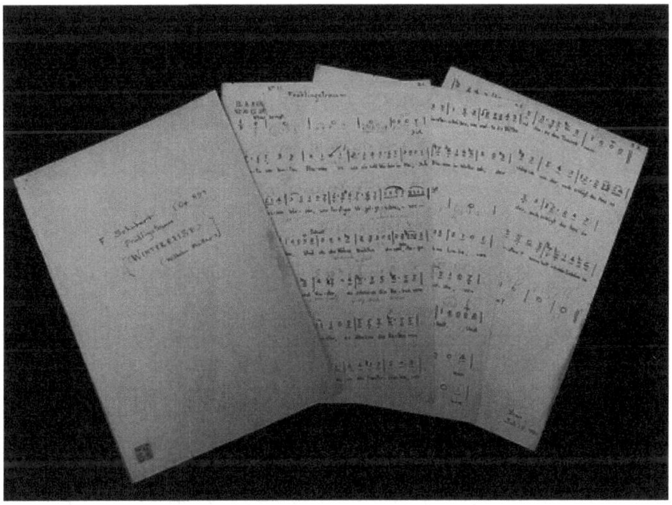

杨南生手抄的德文乐谱：舒伯特《冬之旅——春梦》

杨南生对文学艺术也十分痴迷。他先后完整地阅读了列夫·托尔斯泰、屠格涅夫、罗曼·罗兰、狄更斯、夏洛蒂及柯南·道尔等众多作家的许多作品，有的还不只读过一遍。他的藏书中除了科技类，就是文学名著了，其中有相当数量的原著。他坦言自己年轻时是个福尔摩斯迷。他还收藏有不少名作画册，知道这些画作的背景和流派，古典主义、现实主义、近代印象派、立体派等流派的来龙去脉，他都能一一道来。他曾用一句话说明毕加索立体主义的特点，足见功底之深。

由此可见，杨南生是一位追求真善美、理解生命价值、热爱生活的人。

3. 在实践中培养人才

固体火箭是尖端技术，开发它不仅需要大量的财力物力，更需要大量的高科技人才。从中国航天事业创建伊始，固体火箭研制队伍就是一支新兴力量，与技术发展一起成长。这里面凝聚着杨南生大量的心血，杨南生基于自己的认识，按照多年来的经验，来到固体火箭阵营后，面对一支年轻的队伍，就定下了在研制中培养他们成长的目标。他对研制人员多次讲，我们搞工程的，要会用工程的办法去处理问题，使其能用、能行，并注意积累经验，还要学习理论，用以指导探究工程问题原因，把经验上升到理论。

杨南生培养人才最突出的特点之一是：指点人们用理论指导实践。在研制人员遇到重大技术问题时，他经常是查找资料，探寻理论，再介绍给相关人员，指点他们用理论来处理问题。“反击一号”助推器的装药，在飞行过程中要承受高达 50g 的轴向过载，对药柱结构完整性、内流场肯定会产生很大影响。杨南生介绍一些资料给年轻人学习，寻找解决这个问题的办法。20 世纪 70 年代初，他将自己掌握的有限元这一刚兴起的力学求解方法介绍给有关技术人员，指导他们引入工作，成为解决壳体推进剂相关问题的经典分析方法。70 年代后期，美国已在 MX 等发动机上开始应用 NEPE 推进剂了，他把刊出这一消息的刊物划出红线，交给有关技术人员，要他们密切注意这一技术的发展动向，酝酿跟进之策。杨南生经常跟技术人员说，光凭感性认识去开展技术研究，得到的只是一种经验，经验没有理论支撑是有局限性的。当一项研究得出好结果时，他常会问：“为什么好？”要求应该说出一个理论解释来，不能只满足于试验结果好，一定要找出规律，懂得根本，知其然，还要知其所以然，才能有所提高。如此，杨南生就把许多科技人员逐渐往学术最高领域引领。当年受其教诲者受益终身，一代一代延续下去，使固体事业越来越兴旺。

突出特点之二是：指导用实践来验证理论。有了扎实的理论做支撑，找出工程方法，去解决研制问题，用实践验证理论，所以要深入实际。深入第一线，掌握第一手材料，解决实际问题，是杨南生培养团队的一贯作风。他亲力亲为，在内蒙古基地，他骑着自行车，冒着寒热风尘，在厂所站之间来往穿梭。在蓝田基地，他栉风沐雨，忍饥挨饿，巡游秦岭大山中。他深入实际，重视实践作风，教育和影响着广大科技人员。

突出特点之三是：创造条件，多途径培养人才。杨南生是力学专家，对推进剂等化学技术相对不专。但他谦虚好学，不耻下问，严谨求真，从不装懂。在这些方面的人才培养，他感觉爱莫能助时，就创造条件，促进人才成长。

当改革开放国门打开之后，他想到了走出去是个途径。1980 年美国举办航空航天专业技术会议，杨南生提议派刘国雄等一行五人前往参加，借机参观访问。这是四院第一个出国代表团。行前杨南生叮嘱他们，带着问题去学习，尽可能多地了解国外研究新动向。刘国雄他们通过参加会议，了解到美国主要在搞丁羟推进剂；了解到诸如贮存问题、保持柔韧度问题等许多我们没有掌握的技术；还了解到“二次固化”新技术等，收获很大。回来后向杨南生做了汇报，杨南生请刘国雄写出一份调查报告，给科技人员作了专题报告，让大家了解国外情况，针对我国的研究方向进行分析。刘国雄等人把握了国外动态，借鉴国外技术及我国的研制经验，大胆提出：“我们的重点应该放在发展丁羟推进剂上，而且应该大力加强这方面的研究。”杨南生支持、鼓励他们说：“就这样，大胆干！”正是这次会议，最终确定了要走大力发展丁羟推进剂这条道路。从此，42 所在被迫放下高能推进剂研究后，开始着手开展丁羟推进剂研究，丁羟推进剂取得成果，成为主力推进剂，成功用于第二代战略导弹发动机。后续四院还派出多个出国代表团，进行参访考察，这一举措，为四院科技人员开阔眼界、拓展思路，促进技术快速发展，起到了很好的作用。

20 世纪 80 年代初，国家恢复培养研究生制度，杨南生就向各研究所指出要考虑培养研究生。当时，在四院和各厂所还没有研究生学位授予点时，他提议可以与西安地区一些高校联合培养研究生，解决当前急需技术人才的问题；还可以结合我们的发展规划，培养探索复合材料等学科前沿课题的人才。这一工作开展后，杨南生担任了几届答辩委员会主任，主持学位论文答辩。

1984 年 9 月 21 日，国家教育部通过了四院的申请，批准四院 1985 年招收固体火箭发动机、固体力学、机械设计、高分子材料、飞行器仪表与测试等专业的硕士研究生 20 名，成为四院人才培养工作的里程碑。在此前的 9 月 19 日，四院领导邀请部分骨干技术人员讨论培养高级技术人才问题。鉴于当时全院 3000 多名技术人员中，仅有高级工程师 58 名，这些人又都年届 50 岁上下，高级技术人才青黄不接，大家一致认为与院校联合培养研究生已难以满足需要，应该自行培养。在座人员一致表示，愿意为培养研究生作出贡献。

1985 年，四院正式开始招收硕士研究生。担任导师的四院专家心中没底，请杨南生给予指导。当时，已在西工大兼职博士生导师、也是他们“导师”的杨南生受邀从论文选题、文献查阅、论文撰写及导师的作用等方面，做了详尽的指导，让他们明白了选题有“开拓型”和“深耕细作”型之别。前者难度较大，有一定风险，弄不好，什么结果也得不到。而“深耕细作”

杨南生在西安寓所中为同事们解答问题

型的题目相对容易些，尤其在四院，可以结合研制实践，锻炼提高学生分析、解决问题的能力，具有实际意义。

杨南生还给他们介绍了自己查阅文献的“正着读、侧着查”读书法和记笔记、做文献卡片的方法。他说，读文献不仅要认真阅读正文，还要注意正文后的参考文献，尽可能找来读读，顺藤摸瓜，可以较全面地掌握这一领域的发展脉络，得到更好的启发。杨南生的讲解让这些即将做导师的人，吃了定心丸，消除了畏难情绪，为四院的研究生培养奠定了基础。

1986 年 7 月 28 日，经国务院学位委员会批准，四院又取得了固体火箭发动机及推进剂专业硕士学位授予权。1987 年 1 月 15 日，航天工业部批复同意四院成立学位评定委员会，邢球痕为主任，叶定友、许定宇为副主任。以后又先后取得了一批硕士学位授予权，这样，四院在航空宇航推进理论与工程等 6 个学科，逐渐拥有了 1 个博士点、7 个硕士点，陆续培养的研究生不断加入研制队伍，成为高层次人才的新生力量，有力地推进了固体事业的蓬勃发展。后来，四院多人又被批准为博士生导师，开始招收培养博士生。

4. 发扬民主，细微之处显真情

杨南生既无官气，也无权威架子，平等待人，平易近人，尤其对待下属，不仅在学术上诲人不倦，发扬民主，而且在生活上备加关心，热情帮助。当年，许多大学生被分配到四院内蒙古基地，看到这里环境艰苦，情绪有点低落，工作不安心。单位领导就给年轻人做思想工作，讲到杨南生，说有一位副院长是英国留学归来的洋博士，学问很深，但却为了祖国的航天事业，不畏艰苦，放弃国内外优厚待遇，哪里需要哪里去，哪里艰苦哪安家，一个目的，就是要把我国的固体事业搞上去！年轻人听了后，一位才能超群但却谦逊可敬、而又有点神秘的杨副院长的形象，深深留在了他们的脑海中。

一个人的力量是有限的，所以要发挥每个人的作用。北大毕业、后来成为四院固体发动机技术专家的朱祖念回忆说，1964年下半年，他正在下放劳动，一天，杨南生找到他，告诉他四院需要他去学习粘弹性力学，并为他请了假。杨南生说，这个很重要，你一定要搞懂它。后来，朱祖念在学习的基础上，撰写了一篇专题论文，杨南生为他进行仔细修改后，发表在一本重要期刊上。不论哪个科技人员，只要干出一点成绩，杨南生都非常高兴，经常组织研讨会，让取得成绩的人讲给大家听，共同分析，共同讨论，共同提高。用他的话讲就是："你自己提高不行，还要让大家与你共同提高，共同分享科研成果。"1965年年初，杨南生组织了一个专题报告会，让朱祖念为科技人员讲粘弹性力学这门陌生的课程，年轻的朱祖念就用公式一步一步推算法去讲。会后，杨南生找到他，告诉他，你这样讲不行，公式不一定能让大家听懂。你只需用假设、推论、结论去讲就行，公式只作为辅助。还说，你是学理的，必须换成工程界的脑子，要注重将理论转化为工程实践哪！这番话让朱祖念受益终生。他知道，杨南生总是先领个头，让年轻人跟着学，然后让他们去讲、去实践，给他们压力，给他们担子，然后他在后面使劲推一把，让年轻人能够得到锻炼，迅速上升到一个更高水平。即使是“文革”时期，他仍然鼓励年轻人多学习，多看书，经常写论文。他关心科技人员成长，对工人也是关心备至。

杨南生极富人情味，他不仅教大家如何工作，而且关心大家的日常生活。1968 年春节，杨南生回上海探亲，这对他来讲，是难得的时光。而他到家后的第一件事，就是买了一篓鲜柑橘，赶去看望基层单位一个叫吴士盛的父母。小吴是刚刚分配到四院的年轻人，因为接到一批急活，需要加班加点，春节肯定是不能回上海老家过年团聚了。虽然有些遗憾，但他没有半句怨言，还说，请领导放心，我一定好好工作，保质保量完成任务。这样的好青年，杨南生能不心疼吗？

杨南生拎着水果走进一条普普通通的弄堂，敲开了吴家的门。面对开门的老人，杨南生自我介绍道：“我是从西安来的小吴的同事，他因为工作离不开，不能回来过春节，特地托我来代表他看望你们两位老人家。”望着眼前这位言语温和、举止儒雅而又彬彬有礼的客人，老人急忙将他让进屋，连声道谢。小吴压根就不知道有这回事儿，也不敢想象，一个进单位不久的小青年，哪敢让副院长给自己的父母捎东西。后来小吴从父母来信中得知，有一位仪表堂堂、彬彬有礼的戴眼镜中年人，提着水果来家替他看望老人，他立即想到是杨副院长，感动得不禁热泪盈眶，感激之心，敬重之情，在心底油然升起，他暗下决心：一定要更加努力地工作！

还有一位技术人员叫张庆泰，年届“而立”尚未婚配，好容易牵上一条线，对方却是协作单位 845 厂的，当协作分队结束任务将要撤离时，双方要各奔南北，面临着“断线”的可能。这让小张心烦意乱，坐立不安。杨南生看出他的心事，主动给予关怀，帮他运筹，在两个单位协商互援人员问题时，着意将小张的对象要了过来，使得这对有情人终成眷属。张庆泰对此感念一生。

1968 年春天，这位大龄青年小张和对象小陈要结婚了。杨南生特意前去“检查”新房，还专门买来一幅镜框画，送给新人作为贺礼。在“干打垒”洞房婚礼上，杨南生摸了摸桌上一对崭新的暖水瓶，一语双关地说：“小张呀，这一对可要好好保护啊，别打坏了，瓶胆目前可是不好配的哟！”心领神会的婚礼参加者，一片欢笑。

杨南生记忆超群，只要和谁见一面，报了姓名，以后再相遇时，他准会叫着你的名字同你打招呼。20 世纪 80 年代末，46 所两位老技术人员到北京出差，在航天大院碰到杨南生，他还能叫着名字打招呼，让这两位惊喜不已，备感亲切。

杨南生十分排斥官本位思想，厌恶特殊。在 845 厂协作时，他一直和大家一起排队买饭，自己洗碗涮筷。有一次，一位同事悄悄劝说他别这样，免得让人家小看。他听了十分惊愕。不论是在内蒙古基地，还是在蓝田基地，他一直坚持和大家一起排队打饭，自洗餐具。在蓝田基地时，食堂为领导干部设有干部灶。一次，一个和杨副院长一起排队打饭的人，不停地问他为何不到干部灶就餐，杨南生诙谐地说：“我要和广大群众在一起，不当走资派啊！”听到他的话，人们露出了敬仰的目光。

杨南生是一位极富个性的人，生性耿直，刚正不阿，敢说敢当，敢作敢为，不唯官，不唯上；但对属下、对晚辈、对战友，却非常民主，非常平易。他待人不仅亲切、友善，还特别体贴、关怀，更是诲人不倦、助之无私。所以有人称赞这位留英博士，具有“学者的头脑，佛爷的心”，说他虽然是四院的技术指挥员，具有相当的地位，却从不居功自傲，居高临下。他对谁都平等相待，丝毫没有架子，也不要权威，有人用“如师、如兄、如友”来表述心目中的杨南生；成长起来的新一代四院人多自称是他的学生，尊他为“永远的导师”。连普通工人、司机、炊事员、招待员等，都爱戴他，尊敬他、感念他。一位在呼市工作的女同志，是内蒙古基地职工家属，曾与杨南生同住机关大院，结婚时杨南生送过她 50 元大礼。几十年后她见到熟人还打听杨副院长，念念不忘。

如今，许多人回忆起往事，依然感慨不已。难忘杨副院长那份关爱之情，认定这份真情。这是一种人格，是一种魅力，是杨南生事业成功的内力。

5. 卸任，步入新起点

岁月催人，长江后浪推前浪，杨南生在步履匆匆中，已步入花甲之年。

1983 年 1 月，航天工业部张钧部长来四院宣布：邢球痕任四院院长，杨南生调任四院科技委主任。从 41 所所长升任院长的邢球痕对人说：“我连副院长都没有当过，怎么当院长啊？”他想，杨南生副院长学识渊博，德高望重，却一直任副院长，自己怎么好一下子就当院长呢？但是杨南生却非常支持他走马上任，担当重任。早在 1981 年，邢球痕提出开展新型潜射战略导弹三级发动机研制的设想时，许多领导有顾虑，但杨南生非常支持。那时，杨南生正在带领研制队伍开展三大综合试验发动机研制，为开展新型号三级发动机研制打下了坚实的基础，他认为邢球痕的设想是可行的。

邢球痕上任后，继续提出开展三级发动机的研制，杨南生就以科技委主任之身，大力协助邢球痕院长开展工作。老骥伏枥，夙夜不懈，一如既往。

邢球痕经常会带着问题去请教杨南生，他总是热情地、毫无保留地给邢球痕讲解，必要时就当面进行演算。邢球痕还继续邀请杨南生为科技人员开技术讲座。当后来邢球痕领导研制成功新型潜射战略导弹两级发动机时，他没有忘记杨南生和老一辈四院人的功劳，没有忘记杨南生领军建立起来的坚实基础，没有忘记杨南生的支持、协助和指教，心中充满感激。

1984年后期，杨南生担任四院技术顾问，彻底离开了研制一线，但他始终关心着四院固体事业的发展。四院主办的《固体火箭技术》和《固体火箭技术动态》两种期刊，每期到手，他都篇篇不落地详读，有所见、有所思时，即向有关人员提出。叶定友上任副院长后，总是将四院固体事业的最新动态打电话告诉杨南生，他自然高兴。他曾送字条给叶定友副院长，提醒他：应该关注推进剂研究动向。叶定友转给院领导看过，引起重视，向航天工业部呈送了推进剂研究方向报告。那时航天工业部崔国良等专家也在推动这件事。经过多方努力，在崔国良主管下，终于取得了研究高能推进剂的胜利。这表明杨南生虽是顾问，依然心在固体事业，以他在技术上的敏感性，关注着发展动向。高能推进剂的研究成功，为新型高性能发动机的成功研制提供了保证。叶定友称杨南生既是他的好领导，又是他的好老师，无论是在学术研究领域，还是在为人处事方面，都让他受益匪浅。即使杨南生离开四院移居北京后，同样和四院同呼吸、共命运。四院在研制工作中出了重大问题，也会请他示教。

1991年5月，杨南生兼任航空航天工业部科技委顾问，他永不退休，在古稀之年，还承担了部科技委主编的英文版《当代中国的航天事业》书稿校改任务，他动手动脑，费神费力，整整伏案一年，逐字逐句纠错改讹。他觉得这本书是要拿到世界上去的，不能有纰漏，让世界笑话，这关系到中国航天甚至国家的声望。他认真负责的精神，他爱祖国、爱航天的浓浓之情，见诸细微。

6. 第一批研究生导师

1978 年，国家百废待兴。大学里教师队伍青黄不接，加之国际上多有科研工程人员晚年去学校教书育人之风，杨南生接受了西北工业大学的邀请，去给教师开讲座，讲授塑性力学等课程。1984 年，杨南生退居四院技术顾问之位，虽然仍为固体事业劳心，终究清闲了许多，觉得尚有余力为国奉献，便接受了西北工业大学的聘任，成为该校正式的兼职教授，开班讲授先前为教师开设了塑性力学课，更开设了弹塑性断裂力学新课程。这是国际上 70 年代才兴起的一门新学科，开设这门课程，其目的在于加强基础科学研究，更合理地使用材料，大幅度提高经济效益，为祖国经济腾飞培育专门人才。因属于国际上 70 年代出现的新学科，他需要经常翻阅大量的英文、俄文、法文书刊，深入把握这门新学科的发展动向。由于杨南生的理论研究和教学实践的贡献，西北工业大学成为我国设立“弹塑性断裂力学”学科的少数院校之一，学术水平不断提高。在这一学科理论的指导下，西工大还开展了“带裂纹结构剩余强度有限元分析与试验”的研究，取得了丰硕成果，部级鉴定认为：部分已达到国际水平，部分处于国内领先地位。

当国家恢复了研究生培养制度后，他成了第一批硕士生导师，第一批博士生导师。后来国家又推行博士后制度，他又做了西北工业大学材料科学博士后工作站导师，被批准为学科带头人。1989 年他放下教鞭，西北工业大学授予他名誉教授荣衔。

杨南生学的是力学，几十年工作也多用力学，而且从来没有脱离世界力学发展的轨道。在学术界，他除了担任过中国宇航学会第一届副理事长和该学会固体火箭推进剂专业委员会第一届主任，陕西宇航学会第一届理事长，陕西航空学会第一届副理事长，陕西科协第二届委员，也连续担任过中国力学学会从第一届到第三届理事。20 世纪 90 年代，中国科协编写的《中国科学技术专家传略丛书》，力学卷首选了 40 位力学专家入书，杨南生榜上有名，足以表明他的力学专家地位是得到公认的。

至于讲课，杨南生也是不陌生的，他在几十年的工作中，没有间断过自编讲义为工程人员授课。去大学教书毫不生疏，也是驾轻就熟的事。所以，杨南生在西北工业大学材料系的课堂上游刃有余，自由发挥。深厚的

1981 年 11 月，中国宇航学会固体火箭推进剂专业委员会委员
和工作人员合影，前排中为杨南生

学识，通俗、艺术化的讲解，紧紧吸引着学生，深受学生拥戴。指导研究生，他一如在工作中培养研制人员那样，耐心、细微、点拨、引导，帮助人才快速成长。从他的门下累计走出十多位硕士、七位博士、两位博士后，有一位博士生获国家科委颁发的青年科学基金，后又获得德国洪堡奖学金，并远赴德国学习、工作；有一位博士生是西北工业大学与德国联合培养的，后来也去了德国继续学习与研究，可谓门生济济，桃李满天下。而这些桃李们今天也有了自己的桃李，但他们始终没有忘记自己的恩师杨南生。只要有机会，他们便来看望杨南生，并与他一起交谈、合影留念。

在指导学生完成论文，投到国内外学术刊物或学术会议上发表时，他坚守原则，决不贪功，坚持不署名。拗不过学生的心意时，只署次要位置。在学生眼里，这简直是异乎寻常的事，油然心生敬爱。

在这个殿堂里，他将几年来的研究、讲课形成的讲义，和助手共同整理为《塑性力学与弹塑性断裂》专著，付梓出版，为这一学科留下一份宝藏。

回想自己回国之初，因报国心切，而一次次地回绝高校的聘请，义无反顾地奔向科研生产主战场，急于为国家建设作出直接贡献，不料晚年又回身大学课堂，感慨时光流逝、峰回路转。现在，他要珍惜这个机会，为培养祖国科研事业的接班人做出努力。

7. 永远的导师

杨南生对学生的指导从不把着手教，而是出题目，启发他们找资料提出方案，方案讨论充分后去实施，在实施中他再做指导。每当遇到问题时，大家总爱向杨南生请教，他从来不会借故拒绝，每次大家总能得到满意的答案。承蒙杨南生栽培的人都说，他一点领导的架子都没有，一身师长风范，

杨南生编写的高等院校教材：《塑性力学与弹塑性断裂》《塑性力学基础》等

1984 年，杨南生怀抱外孙，与西北工业大学的研究生们一起在西安大雁塔游玩时合影

是我们永远的好老师。

“杨院长（四院人的亲切称呼）对四院的贡献是根本性的。从事业开始到现在，我所做的一切工作都是在他指导下完成的。但他从不居功，不突出自己，总是把年轻人推到前面。”八十高龄的前四院副院长阮崇智如是说。他的话何尝不是大家的共同心声呢?

有一次，杜磊把他所带的几个研究生的学位论文送给杨南生审阅。他看后对杜磊说，搞推进剂从“炒菜”（推进剂研究初期就是把几种组合粗糙地混在一起，有点像炒菜）到设计是一种技术上的飞跃，搞工程不能一味搞“炒菜”，还要从理论出发，用理论指导实践，对工程问题不能仅是知其然，还要知其所以然。他语重心长地告诫当了四院副院长的杜磊：“当了行政领导，不要忘了搞学问，要两者兼之。”

1956 年，杨南生所在的力学所对新入所大学生的培养采用导师制，一名叫刘汝滨的大学生从北京钢铁学院毕业后分配到塑性力学组，导师正是杨南生。刘汝滨回忆说，先生给他的一项任务是负责把一台普通材料实验机改造成松弛实验机，涉及到自动调节原理、仪表测试技术及金属加工等。他们边学边干，历时大半年，终于组装完成。开始试运行那天，刚一打开负载水箱的进水阀门，进水软管突然脱落，自来水飞喷四射，他们下意识地向后退躲，杨先生却上去一把抓住主软管，关紧阀门，止住了一场意外小事故。杨先生说：“苏联专家碰到事故一定是这么做的！”他的行为和说过的话，给他们很大震动，一生都不敢忘记，而且也传给后辈青年；在力学所两年，杨南生先后在做研究工作的基本功方面给他以严格训练，对他后来在航天系统近四十年的实践工作以及取得的成果都起到了很大作用。

“回首半个多世纪的师生情，备感珍贵，无论事业上，做人上，先生都给了我一生很大的影响和帮助。”刘汝滨说：“我十分珍视五十年来先生对我工作、思想、做人多方面的指导和帮助！先生在我心里建立了一位热爱新中国、坚信马列、疾恶如仇、横眉冷对千夫指、俯首甘为孺子牛的伟大爱国学者的光辉形象。”刘汝滨还赋诗一首，敬颂先生：“泰山顶上不老松，根深枝茂叶长青。累累硕果润沃土，喜闻林涛震远峰。”

早在上海机电设计院期间，为了培养人才，杨南生利用研制工作空隙，为技术人员讲授塑性力学，前后达一年之久。他还为此编写了 10 多万字的讲义。在传播塑性力学知识的基础上，他带领几位助手，运用塑性力学理论，对于工作时内外壁温差很大的探空火箭液体发动机燃烧室壁，进行了应力分析研究，解决了液体发动机燃烧室设计的技术难题。这一研究成果以《再生冷却式燃烧室内壁应力分析》为题，发表在国防部五院内部刊物《研究与学习》1964 年第 10 期上，引起了同行的注意，并引用借鉴。

20 世纪 90 年代，四院教育处开始着手组织编撰研究生教材，要求导师们编写教材，并号召老一代科研工作者将多年的工作经验总结出来，留给后人。陈汝训把自己撰写的《固体火箭发动机壳体结构分析与设计》一书，送给杨南生审阅并请他作序，心想哪怕只在书上签上“杨南生”三个字，他也就知足了。电话里面的杨南生明显表现出为难，说他最近身体不太好，视力欠佳，且近来很少干这种事了……但陈汝训知道，杨南生不干则已，要干就一定非常认真，所以执意求教。见陈汝训态度诚恳，杨南生最终同意了。陈汝训把书稿邮寄到北京，果然，在收到书稿的第三天，杨南生就打电话告知，他一口气看完了两章，对这本书很感兴趣，并给予了充分肯定和极高评价。此后几天，几乎天天都有电话，告诉陈汝训他对书稿的意见和建议，甚至个别笔误也提到了。这再一次说明，杨南生对科技人员取得的成绩发自内心的喜悦，再艰难也认真支持。

多年以来，杨南生带领过的人，无不感激地表示：我们从杨院长身上，得到了无尽的教益，不论是技术方面，思想方法方面，还是做人方面，大家共同认定，杨院长是我们永远的导师。是啊，崔国良、邢球痕、阮崇智、叶定友，等等，整整一代中坚力量，全都是在杨院长带领、教导、影响、栽培下成长起来的。

现在，他老了，自然规律。后生可畏，他心欢喜。面对纷至踏来的疑惑，他坦然一笑，我尽力了！是啊，璀璨过后，只留一地的花瓣。落花不是无情物，化作春泥更护花。中国的航天固体事业，因为杨南生而激励着更多的人为之努力，踏着他的足迹前进。

面对尊他为“永远的导师”的四院一代中坚，面对视他为一代宗师的群体，杨南生当会欣慰吧！

2001 年杨南生到 43 所指导工作

第十二章 风雨人生不问高

以权谋私这几个字眼与杨南生无关。他淡泊名利、宁静致远、超凡脱俗，一辈子没有因为个人的私事而麻烦过组织。若不是达到品质高洁、无私忘我的境界，是无法理解他博大、包容的内心世界的。这是大仁、大爱、大智、大勇的价值取向……富贵不能淫，贫贱不能移，威武不能屈，一世功名任春风，他是人们心目中的院士和科学家。

1. 父女情深

在1964年赴四川及随后迁往内蒙古基地的三年中，杨南生抛家舍口、孤身一人，与同志们奋战在艰苦的大三线，而远在上海的妻子和孩子们，也时刻挂念着他。1964年，当杨南生接到前往四川的调令时，任务紧急且地点保密，杨南生说走就走，可以想到他的妻子儿女是多么地依依不舍。但是，他不能向妻子透露一点工作秘密，甚至连去哪儿也不能说。临行前夜，只能让女儿为他一遍又一遍地弹奏着钢琴曲《毛主席的战士最听党的话》，伴随着琴声，他们深沉地反复吟唱着歌词中飞扬出的豪迈情怀："毛主席的战士最听党的话，哪里需要到哪里去，哪里艰苦哪安家！"他想用歌声安慰家人，也在用歌声表达着战士为国家而战的坚定决心，这是一种怎样的精神境界和报国情怀啊！

1966年2月，杨南生在偏僻艰苦、荒郊野外的战地上病倒了。女儿得知后，写来一封深情而稚嫩的信，他一遍又一遍地读着，激动而欣慰。女儿用钢笔工工整整地写道："亲爱的爸爸：您好！今天我听妈妈说，您病了，我很着急，想说几句笑话给您听，可是又想不出来。爸爸，现在我总想上您这儿来，经常问妈妈组织上批准没批准。小立想学蒙古字，因为他觉得蒙古字好玩，才想学的。祝您身体健康！"这封信杨南生一直保存了一生。

1967 年暑假，年仅 12 岁的杨小红第一次独自带弟弟出行，他们姐弟俩要到爸爸工作的地方——内蒙古呼和浩特市去看望爸爸。当时，他们的妈妈正在上海的单位里接受“文革”运动的审查，不能调动工作，也不准请假，所以只能把他们送上列车，对列车员和相邻乘客托付再三，请大家帮忙关照一下俩姐弟，一家三口就忐忑不安地分别了。

姐弟俩经北京转车，终于安全抵达呼市。但当他们下车后，站台上并没有看到爸爸的身影，而是由廉茂林叔叔替爸爸来接他们了。廉叔叔说，爸爸正在工作，很忙，所以让他来接她们姐弟俩。

来到东门大院的“家”里，他们才知道爸爸在这儿的生活是多么的艰苦。一个两居室的套间内，除了桌椅、书架、书柜和木板床，厨房里连个炉子都没有。这些年，杨南生一直在食堂吃大锅饭，而且经常去郊外工作，回来晚了，食堂关门了，就去同事家蹭一顿饭。

1967 年 10 月，杨南生带着两个在内蒙古过暑假的孩子到北京，莘耘尊也从上海赶来北京，一家人在北京短暂相聚后，就各奔南北了

看到爸爸的生活状况，小红非常心疼。一次，杨南生和女儿聊天时问她：“愿不愿意从上海转到内蒙古来上学呢？一来可以和我在一起，二来也可以使自己离开大城市锻炼锻炼呀！”懂事的小红高兴地同意了，并劝服了妈妈，同意让她暑假后就转学到内蒙古。

1967年，利用国庆节的几天假期，莘耘尊带着女儿的转学证明从上海来到北京，杨南生带着两个孩子从内蒙古来到北京，全家小聚了几日后，杨南生和莘耘尊便分别带着一个孩子各奔南北了。离别之时，夫人莘耘尊十分伤感地在他们的合影照片上写道：“久别之后，重聚北京，又将别离！”字里行间隐含着多少心酸、多深的不舍啊。

2. 教子莫忘知识就是力量

杨小红从上海来到内蒙古后，在她眼里，一切都显得那么新奇：蛮荒的山梁，贫乏的生活，说变就变的天气……身为副院长的杨南生十分注意不让女儿沾染上官位等级思想，时刻告诫孩子：不能以父母的官位论高低，和小朋友要真诚平等相处。在爸爸的教育下，杨小红结识了一个个新的伙伴，在艰苦的环境下茁壮成长。在她小学毕业升入初中时，觉得自己已经“长大了”，就要求爸爸将她名字中的“小”字去掉，从此她的大名就是“杨红”了。

杨南生经常要去远郊工作，杨红一点一点学会了独立生活，她会去食堂买好饭菜，等待爸爸回来。夜晚归来的爸爸，看着乖巧懂事的女儿，多了一份喜悦，也多了一份歉疚，心想只要有点可能，就要多陪陪女儿。此后，只要周末可脱身工作，杨南生就带上女儿去饺子馆享受一顿，再带点回来，让女儿多改善几顿。

机关大院里常放露天电影，都是“地道战”“地雷战”一类的影片，有的还重复放映。孩子们是百看不厌，早早搬出凳子占好座位。杨红也会央求爸爸陪她一起去，但大都让她失望。偶尔爸爸会放下手中事，硬着头皮陪女儿坐在孩子堆里。杨南生看着孩子们说笑打闹，也得到一时的放松，会不时地逗惹孩子们哈哈大笑。

学校“停课闹革命”那阵子，杨红和几个要好的小伙伴相互传阅着各种各样的“禁书”——中外名著。杨南生知道了，从不制止，有空闲还会启发杨红谈谈阅读感受，他不时给以指点，帮她区分是非善恶。杨南生有两本非常喜爱而珍藏多年的英文原版名著，一本是《大卫·科波菲尔》，一本是《约翰·克利斯朵夫》，他很欣赏书里宣扬的正直、勤勉、奋斗精神，教育杨红，应该像主人公那样有崇高的人生信仰和精神追求，为了实现人生目标去努力学习和奋斗。那时，杨红第一次从爸爸那里听到了做人要“有所为，有所不为”的教诲。爸爸反复教导她：有所为，是人生要有奋斗目标，要对人类、对国家有所贡献；有所不为，是要有自己的是非判断能力，有自己的道德标准，不能随着社会潮流什么都“为”。这是对孩子的教诲，也是他自己的准则。这也注定了他在“文革”期间的立场：没有派别，只有科研，谁来掌权，他都一样。

在那段无聊的停课阶段，杨南生利用到北京出差的机会，专门挤时间去给女儿买回各种漂亮的剪纸和花花绿绿的“蜡光纸”，鼓励杨红自己动手复刻剪纸，他要培养孩子懂得美。杨红至今还记得，有一张名为“亚非拉人民要解放”的剪纸，里面有黑人孩子，他满头卷发，特别难刻。她叫来几个小朋友一起做，期盼刻出来的剪纸获得爸爸的赞赏。果然，爸爸见了大大夸奖一番。杨南生还给杨红买回一些初级英语小册子，指导女儿查字典、读全文，还要她大声朗读。那可是“文革”年月啊！“读书无用论”甚嚣尘上，但杨南生逆潮流培养女儿坚持读书的习惯，还教女儿学英语，让她坚信“知识就是力量”。

1969 年，杨南生患上风湿性坐骨神经痛，卧病在床。杨红心疼爸爸受病痛折磨，却又非常珍惜能够和爸爸终日相伴的时光。放学回来，她就给爸爸讲学校里的故事，再把自学的英语念给爸爸听，做作业也要坐在爸爸床前，空下来就和爸爸一起读书，一起听音乐，听爸爸满怀激情地讲解贝多芬的《命运交响曲》，听他讲和妈妈年轻时候的故事，讲他的人生信仰和做人的原则，讲“知识就是力量”的道理……杨红说，在内蒙古陪伴爸爸的几年，爸爸的教育和影响，对她的成长起了关键作用，她心中留着无数美好的回忆。

3. 久别重逢全家团聚

莘耘尊直至 1971 年年底才被终结审查，得到“解放”，终于可以带着儿子杨小立调到内蒙古与杨南生和女儿团聚了，全家在呼和浩特度过了几年团圆美好的时光。

妻子调到内蒙古城建局工作，他们各忙各的工作，两个孩子放了学就独自在家。杨南生教导孩子们不要去外面游荡，以免受社会上不良风气的影响，交往要交正派正直的人，多在家学习。他给孩子们说，他相信大学招生总有一天会恢复，到那时，你们一定要靠自己的“真本事”考入大学，要有“即使全国只招一个人，那个人就是我”这样的准备和信心。多年后，岁月老人印证了杨南生的预言。

“文革”后期，杨红升入高中，学校逐渐复课。杨红在班里的成绩得到老师和同学们的肯定，渐渐滋生了骄傲情绪。杨南生敏锐地觉察到了，及时给予纠正。他给孩子们讲了伯恩斯用一个分数表达人的价值的“分子和分母的故事”：一个人对自己的评价是分母，别人对你的评价是分子，自我评价越高，你的价值就越低。杨南生还经常鼓励孩子们在学习上要和同学们互相帮助，他教导孩子说：“一个人不能靠封锁自己的知识来取得领先位置，只有在帮助所有人进步之后，自己还能领先，这才是真本事。”实际这也是他一生坚守的一项准则，不论在学校时，还是领军干事业中，他都是这么做的。

1973 年，杨红高中毕业，在她毕业的那天，杨南生和妻子送给她一个风格典雅的日记本，扉页上杨南生给女儿写了一段深情厚意的赠言：

To dear Hong:

Wishing you a diligent, honest life leaving school,

And a bright future as the consequence.

With fondest love from

Papa & Mamma

1973 年 9 月，杨南生和夫人鼓励女儿响应毛主席号召，去广阔天地接受贫下中农再教育。杨红离家之前，全家人来到单位家属大院外那片小树林合影惜别留念。之后，杨红带着爸爸妈妈的嘱托和牵挂，踏上了西去的列车，到陕西蓝田插队。直到 1975 年 12 月，四院招工，她才被分配在蓝田基地的四院 401 所（试验站）工作。1977 年 3 月，国家还未恢复高考，她作为 76 届工农兵学员，进入南京华东工程学院计算机专业学习。杨红在下乡、工作、上大学等人生各个阶段，都与父母保持着密切联系，享受并得益于父母的关爱和教诲。

1973 年 9 月，杨红即将离家赴陕西插队，全家来到大院外的小树林中合影

女儿插队农村时，杨南生在给她的信中写道：“如果人生的伟大理想就是能在城市里吃吃、穿穿、用用高级物品的话，那是一种多么没有出息的人生观啊！那么我看，在动物园里做只备受优待的大熊猫恐怕是最合他的理想了吧？吃得好、住得好，而且还备受人们的欣赏和赞叹呢！这种‘熊猫’人生观是多么渺小可笑啊！”

杨红在外期间，杨南生从女儿来信中发现浮躁或自满等不良情绪的苗头时，都会及时提醒，指导改正。而在女儿灰心泄气时，杨南生又会鼓励女儿脚踏实地地学习和工作，安心做一个踏踏实实的“地才”。

儿子杨小立高中毕业后，于 1976 年 6 月随四院 76 届知青到陕西洛南山区插队，也走上了上山下乡接受再教育之路。1977 年恢复高考后，杨小立以农村下乡知青身份参加全国恢复高考后的第一次高考，并以优异成绩考入中国科技大学近代物理系。他感激父亲的教诲和激励，让他在下乡年月也没敢忘记学习，才会顺利考上大学。

在杨小立即将奔赴中国科技大学的所在地安徽上学之际，全家又一次合影留念。母亲深情地在照片后面写下：“第二只鸟儿又将远飞出去了。”透出母亲对儿女们的依依不舍之情，可怜天下父母心哪！

自从杨南生1975年2月随三线建设从内蒙古搬到了陕西蓝田基地，他与莘耘尊又要两地分居了。想着两人几十年来离多聚少的岁月，妻子总是随他变迁，杨南生的内心惴惴不安、隐隐作痛。已经年近花甲了，该让莘耘尊早日安稳下来，给她多一些的弥补。在蓝田基地安顿下来后，杨南生开始谋求妻子的调动。莘耘尊也是高级人才呀，不是可以随便安置的。最后，在组织的关怀下，安置她在陕西城建局任总工程师。1978年年初，莘耘尊调回来了，杨南生特意将家安到了西安市区大雁塔附近的国防工办院内，宁可自己跑车，也不让妻子增加辛苦了。杨南生这位为祖国建设事业呕心沥血一生一世的专家、学者，内心也充满着儿女情长。

1978年春节，杨南生在西安大雁塔国防工办宿舍的家中

后来，为了再度减少妻子上下班途中的辛劳奔波，1980 年 12 月，他们又将家搬到莘耘尊所在单位的西五路城建局生活区。从 1958 年年底至 1978 年年初的二十年间，杨南生夫妇有一半时间是两地分居。尤其是“文革”期间，留莘耘尊独自在上海受审查，二人两地揪心，辛酸的滋味可想而知。在城建局简陋的新家里，杨南生和妻子似乎要弥补以往的缺失，留下了许多合影，每张照片都记录他们一时一处的心情，其中一张的题词是这样写的：“颠沛流离兮，相依为命”，足见两人多么珍惜此时此刻相聚一起的美好时光。在这个堪称破旧的家里，充满了欢笑。杨南生风趣地吟诵道：“烂对联，破煤炉，陋室生辉复何求！”1980 年 5 月，女儿杨红顺利完成大学学业，回到了西安航空工业部计算机研究所工作，并和杨南生夫妇一起居住在西安西五路家中，直至建立了自己的小家庭。

4. 爱妻驾鹤，悲痛蚀心

常言道，“人生不如意事十有八九，可与人言语无一二”。人的一生伤心莫过生离死别，那些突如其来的离别往往将人伤得措手不及。人有时候一转身，从此后会无期，天各一方。

莘耘尊，中国城市规划专家，长春一汽厂区规划，是她的第一个手笔。北京、上海、西安的美丽容貌，都留有她的神笔。他总想，这样的女人应该有一处安稳的居所，于音乐声中，相拥谈笑，公园漫步，看云卷云舒，花开花谢……可正当享受亲情团聚之时，病魔悄悄袭来，让两人猝不及防。直到爱人弥留之际，他才发现，留给她的，一生之中除了她亲手绘制的恢弘与高大、令人称奇的建筑群落外，便是流年漂泊与无休止的等待。在她最需要他的时候，他却不能为她抵挡风雨，展开臂弯悉心护佑……

时间进入 1981 年，莘耘尊持续咳嗽不愈，显得神情疲惫。杨南生担心起来，抽空陪她去医院就诊。都说天底下悲剧远多于喜剧，真是应验了，医院诊断莘耘尊罹患肺癌！祸从天降，如此突兀，两人的精神堤坝瞬间被打开了决口。杨南生拿着西安第四军医大学的诊断书，一遍又一遍地看着，简直不敢相信自己的眼睛，他怎么也不相信，事业心极强、性格开朗、挚爱音乐、喜欢运动的老伴儿，怎么会遭此劫难？

亲朋好友、单位同事，同样不敢、也不愿相信，这么好的人，竟然会遇上癌魔！

杨南生攥着由权威们开具的诊断书，回天无力。他眼含泪花，心头滴血，给老伴儿办理住院手续。他默默祈祷着，期望妻子的命运交响曲能够奇迹般地重新奏响起来。

莘耘尊躺在病床上，往事涌上心头。她想起西南联大的音乐为媒，想起清华大学的出双入对，想起曼彻斯特的甜蜜与奋发，更想起了回国的艰辛与曲折，以及回国后这几十年的追求和奉献、聚散与飘荡，想起……想不下去了，病魔在折磨她。

守在病床前的杨南生，望着被病痛折磨得痛不欲生的妻子，心碎了。他满怀愧疚，对老伴儿说咱们转院吧，上北京。杨南生平生第一次接受组织照顾，暂离岗位，陪妻子去了北京友谊医院诊治。在北京作了肺切除手术后，又回到西安住院进行恢复治疗。

1981 年 6 月 4 日，莘耘尊病情突然恶化，一口气上不来，便溘然长逝。她留下安祥清秀的貌容在人间，在杨南生心中，从容接受了命运的迁徙，相爱的人从此相见无期。杨南生想起 1981 年 5 月在北京友谊医院，侄子侄女来医院看望时，为正从友谊医院的楼梯上走下来的他们夫妻二人抓拍了一张合影，莘耘尊还没有看上一眼。杨南生拿到照片后，百感交集，冷静下来后，他在照片后面写上“虽是最后的合影，却似步向婚礼的新郎和新娘”，以此抒发自己百感交集的心情。

在单位协助下，举行了隆重的告别仪式，按级别规定，杨南生把莘耘尊的骨灰安放在西安烈士陵园灵位。回到家里，他凝视着他们两人最后一张合影，任泪水长流，久久，久久。

第二年清明节，杨南生到烈士陵园祭奠老伴儿，把一个相框置入骨灰盒灵龛。相框左面是莘耘尊遗像，右面是杨南生亲手书写的莘耘尊个人简介：

> 莘耘尊，1918 年 5 月 2 日——1981 年 6 月 4 日，浙江吴兴人，共产党员（1956 年 3 月入党）。西南联大工程学士（1943 年）。英国利物浦大学工程硕士（1949 年）。曾任：北京都市计划委员会工程师；长春第一汽车厂基建处工程师；上海城市规划建筑设计院总图室副主任；内蒙古呼和浩特市规划办公室副主任；陕西省基本建设委员会总工程师。鞠躬尽瘁，死而后已。
>
> 爱人：杨南生谨志。

这是他简笔勾勒出的莘耘尊的一生，以此祭告老伴儿，他懂得她的一生，他不忘她的一生。

莘耘尊永远地走了，他把悲痛从脸上抹去，把思念深藏在心底，转身又上了研制阵地。

5. 小鸟离巢，孤独降临

女儿杨红是 1980 年 5 月完成学业，被分配到西安航空工业部计算机研究所工作，和父母住在一起。

莘耘尊去世后，杨南生带女儿又搬回西安国防工办大院居住。杨红结婚后，小夫妻仍然陪爸爸住。1982 年，杨南生的小外孙出生，给他带来了含饴弄孙的快乐，使他渐渐走出了阴影。他从蓝田基地繁忙紧张的研制工作中脱开身回到家里后，一个小精灵会扑入怀中，疲劳、困扰、烦忧全都云消雾散，他马上笑上眉梢。

1983 年夏，杨南生和他的小外孙在西安国防工办宿舍，他的书桌旁

20 世纪 80 年代中期，改革开放全面展开，带动了人才流动大潮，原本封闭的航空航天系统也是春潮涌动，杨红的不少同事陆续离开了西安，南下创业，杨红小两口心中也泛起涟漪。杨南生敏锐地觉察出小夫妻内心的波动，知道他们也想凭借自己的实力去外面闯荡闯荡，心里也涌起波涛，他想支持他们去闯世界，又怕失去女儿，自己孤苦伶仃。不久，女婿张建国被大潮裹挟去了深圳。杨红也担心自己离去使爸爸孤单无依，加之孩子尚小，一时思虑不决。待张建国在深圳站稳脚跟了，吃尽两地分居苦头的杨南生，觉得不能让女儿再吃苦头，就放下担心自己孤独的想法，鼓励女

儿去深圳与张建国会合，一起去闯一闯。虽然，此时的杨南生是多么希望自己的女儿陪伴身边啊！但是，他没有，他微笑着鼓励女儿到大风大浪中去锻炼，凭借真本事去干一番事业。他曾多次跟杨红说，他从来都不认为孩子是父母的“私人财产”，孩子们应该有自己的人生选择和奋斗目标，希望儿女们通过自己的努力奋斗，既为国家作出贡献，也能有一个积极向上的人生追求。他还安慰杨红说，爸爸这辈子已经一个人生活很多年了，不用担心，等你们在深圳安定下来之后，我还可以到深圳跟你们一起住嘛。

1984 年 6 月，杨南生和女儿及小外孙在西安碑林合影

1986 年 3 月，杨红带着儿子，依依不舍地离开杨南生调往深圳工作。多年后杨红回想当年，才体会到那时的爸爸是以怎样轻松的口气，掩饰着心底里对儿孙们的爱恋和不舍之情啊！是的，当年在火车站送走女儿和外孙后，他急急回到家里，闭上门便嚎啕大哭起来。这哭声里有对女儿的不舍之情，也有思念妻子、感到孤独降临的真正悲哀。他的思维曾经幻化成多少丰硕的物质成果啊：那一枚枚大大小小的固体火箭，为我中华民族增

添了几多威武；那一本本专著、一篇篇论文，揭示了多少宇宙万物的力量奥秘……可是现在的他却不知道自己的心“断裂”到何种程度，也找不到有威力的“抗裂”之道。

杨南生终究是坚强的。在以后和人们聊起放女儿离去这件事时，他仍然坚持说，把儿女培养长大，让他们一个个离巢而去，独立闯荡自己的新生活，理应如此。他说：“决不为自己的余年拖累他们，这是应该的事。”这种精神境界令人心灵震动，这里有西方教育影响的影子，也有“可怜天下父母心”的传统。但从杨南生保留下来的“宝贝”中，人们会惊叹于他作为一位伟大科学家身份的父亲，有着常人所无法坚持的细腻与悉心：孩子们上学前的第一封信、上学时的绘画习作以及他们的往来书信，而且有年月记录及杨南生的批注……从中可见杨南生这位父亲在内心深处对孩子们有着多么深厚的感情啊。

杨南生与女儿合影

1986年9月，儿子杨小立在中国科技大学获得硕士学位，赴美继续深造。1993年1月完成学业，获得物理学博士和计算机系统工程硕士学位，留美工作，育有两个女儿。夫妻二人曾带着孩子回国探望父亲，杨南生一时重享含饴弄孙的天伦之乐。

多年后，年逾半百的杨红回忆说，那时的自己，年轻不懂事，在爸爸最最寂寞的时候离开了他，留下了终生遗憾，内心的负疚感永远抹不去。当她为祝爸爸寿诞，收集文章，编辑出版《我的父亲杨南生》的过程中，了解到父亲为中国航天事业作出的巨大贡献后，她心中的爸爸更加鲜明高大了，自己更加理解、敬重和爱戴他了，尽管他头上没有应该有的光环。杨红记得，八十多岁高龄的父亲带着她来到航天桥旁航天科技集团公司的办公大楼外，深情地对杨红说：这个公司是他以前工作单位的总部，他现在不能随便进去了……杨红深刻地感受到：爸爸对航天事业真是一往情深啊！把自己的一生献给了航天事业，至今身离了，心还留在里面。

1999年，杨南生的儿子全家从美国回来探亲，杨南生第一次和儿女及孙女外孙一起团聚，在北京家中合影

6. 重度鹊桥，幸福晚年

杨南生的第二次婚姻是与新华社记者张严平建立起来的忘年之恋。

莘耘尊走了，儿女飞了，杨南生孑然一身，尽管他努力继续为固体事业操劳，甘做人梯，培育后生，以充实自己的内心，但总有填不实的空虚。尊重爱戴他的四院人，关注他，关爱他，对他的处境，看在眼里，明白于心。许多人为他担心，更有人为他操心，而他一声谢谢了结。他对身边的人说，如果有一天我要找伴，我会自己找。

时光流逝，岁月蹉跎，这一天终于来了。

那是 1984 年 5 月，第六届全国人大二次会议在北京召开，续任第六届人大代表的杨南生随陕西代表团出席，住在京西宾馆。大学毕业刚到新华社不久的张严平被派往京西宾馆作驻会记者，她按照代表团提供的名单在会下一一进行采访。

这一天，她敲开了杨南生代表的门，做了自我介绍，说明来意，但她惊讶地感觉到，眼前这位代表不像其他代表那样配合。听了她的开场白，他用幽默风趣的口气回应道："噢，你是记者同志啊？"急于采访，张严平向他提了一大堆问题，被他全部巧妙地回避了。张严平有些莫名其妙，一脸茫然。那时她不知有个保密的原因。杨南生的幽默风趣让谈话没有冷场，他说不如我来采访你吧，便向张严平询问了许多有关八十年代青年人对社会的理解与看法、抱负与理想等问题，场面轻松了，两人就聊开了，以杨南生为主，聊人生、聊艺术、聊音乐、聊诗歌……张严平是山东大学中文系毕业的，更是一个诗歌爱好者，谈起诗歌特别兴奋，几乎忘了采访任务，与杨南生热烈地探讨起来。作为年轻人，张严平熟悉当时涌现的有影响力的年轻诗人——北岛、舒婷、顾城、海子……杨南生则对这些名字听都没有听过。但热爱文学的他很感兴趣，拿出一个小本子一一记下，说是回去找他们的作品看看，张严平没在意，只当他是顺口说说，当时没有给他提供她手上已有的诗作。后来从他的信中才知道，杨南生是认真的，他读了好多篇诗坛新作。

张严平记得，从杨南生嘴里问出的符合采访目的的只有一句话。她问："您这一辈子感到最幸福的是什么？"杨南生沉思了一会儿，充满感情地回答："最幸福的是天上那颗会唱《东方红》的、会转的星星上有我亲手摸过的东西啊！"

"幸福"这个字眼，在年轻人心中是一个抽象的概念，但在杨南生这位科学家的心里，却是那样的具体，这给了张严平很大的触动。当时，张严平只知道杨南生是搞导弹的，也不知道他从事的事业有多么伟大，他在其中的作用有多么重要，对他的背景、家庭，等等，也都一无所知。尽管张严平问出了"幸福"的概念，但她难以写出采访稿，这次采访失败了，杨南生成了她在这次会议上唯一没有写出稿子的代表，但是杨南生给她留下了难以抹去的印象。杨南生对张严平也是印象深刻，觉得这个年轻人很特别，像一颗晶莹露珠，透明、阳光、灿烂、心怀理想，幽默、风趣、学识不浅，内心如同蓝天般辽阔明净。两人彼此有好感，互相吸引。张严平回忆说："那场职业生涯中唯一一次没有写出稿子的采访，竟在关于北岛、舒婷的朦胧诗与贝多芬、肖邦音乐之间有无关联的讨论中，注定了一场忘年恋。"

会散人走，杨南生回到单位，给亲近的人说，他找到了。但考虑到世俗的目光，为人负责的忧心，还是有些困惑。知者给了排解困惑的劝勉，他坚定了步伐，从此，西安北京，鸿雁纷飞。

1986年3月，第六届全国人大四次会议期间，一对忘年恋人久别重逢，空闲时间，形动影随。两人依然有着对理想、社会、艺术、音乐、诗歌等话题的热烈交谈，彼此的爱在两颗纯粹的心中已经生长。杨南生让张严平看到了一片如星空般璀璨的精神天空，他们注定要走到一起。北京归来，杨南生欣喜地告诉接站的亲近人：大事已定！回应者欣喜若狂。随后走完了一切程序，公开了秘密，关注关心他的人们都乐见其成，祝他幸福。

1986年6月，张严平来到西安与杨南生缔结终生之约。没有世俗仪式、宾朋大宴，但祝福贺仪，难以谢免。时任四院副院长叶定友和科技委副主任许定宇携科技委秘书孙凤周等人，要送去他们最最美好的祝福。可送一个什么样的礼物给他们的杨南生老院长才有意义呢？大家费了一番心思。叶定友说，杨院长是吃过洋面包的大知识分子，儒雅浪漫；张严平是新华社记者，喜欢高雅。所以提议送上一束鲜花，既西式浪漫，又喜气洋洋。大家说好。当时送花篮还不盛行，所以市场上难以买到。当天正下过一场

杨南生与张严平于家中的合影

雨，四院院内的月季花被雨水洗过之后，显得格外鲜艳。于是，孙凤周动手，就在院子里剪来大把鲜花，又找来一条红纱巾，剪成彩带，精心制作出一个漂亮的花束送给这对新婚夫妇。收到这份贺礼，杨院长和新伴侣非常高兴，非常合意，深深致谢。因为有花，加之好友们的祝福，小屋子里洋溢着美丽、温馨、浪漫的喜庆气息。

连理结枝后，张严平回岗工作，杨南生仍在西安奉职，劳燕双飞，各自东西，杨南生又过起了两地分居的生活。

1988 年，杨南生移居北京，航天工业部给他安置在航天大院的一座旧楼里，三室一厅，他与张严平才有了小家。屋子虽然旧了，仍然洋溢着欢乐，充满了温馨。

张严平是记者，忙碌紧张，出外采访是家常便饭，每天还要通宵达旦地写稿。每逢此时，杨南生避免干扰她，以免搅乱她的思路，就到另一间房里读书学习。一篇稿子写出，杨南生是当然的第一位读者，读完一篇由衷地欣赏赞扬，给予张严平温暖与鼓励。

张严平外出采访，有时几天回不了家，她就提前采购回食材果蔬，按营养食谱调配，做出一份份饭菜，分装在食品盒里，放入冰箱冷冻起来，让杨南生在她回不来的几天里，每次取出一份用微波炉加热食用，保证一日三餐。他们的书房里，也因女主人的关爱，多了许多营养与健康、中老年保健之类的书籍。杨南生常常幸福地对来访的友人说：“这些都是严平为了我买的。”

闲暇时光，两人一起听音乐，读书讨论，也时而重拾初次见面聊天涉及的那类话题，偶而杨南生也给张严平讲自己一生的往事。张严平听得心里酸甜苦辣，百味杂陈。有振奋、有眼泪、有欢乐、有苦涩，由衷地为他的付出、功绩、挫折、坚忍、辉煌、淡泊等乐章组成的多彩人生交响曲大唱赞歌！

他们相互爱慕，相互扶持，相互照顾，相濡以沫，牵手走过了幸福的近三十年岁月。张严平说，她生命的第一个三十年是从幼童长大成人；和杨先生在一起的第二个三十年是她精神成长最丰富饱满的生命阶段。杨先生给予她很多很多，他让她看到了什么是灵魂的高贵，什么是人格的高尚，什么是生命的意义。他给了她对一切美好事物的热爱，对名利的绝对淡泊，对真理的永不放弃，对他人永怀的善意与慈悲。她就是这样在杨先生的引领和呵护下一天天成长丰满。这种成长在她的记者生涯中得到了最突出的展现：她从一个幼稚的小记者，逐渐成长为中国新闻界有影响力的名记者，还是写人物通讯最好的记者之一，写了许许多多感动中国的人物，她采写的四川凉山州木里县马班邮路乡邮员王顺友的稿子《索玛花儿为什么这样红》被评为中国新闻奖一等奖。她曾先后被评为全国优秀新闻工作者，当选为中国共产党的十七大代表，荣获中国新闻界最高奖项——长江韬奋新闻奖。她被后辈记者尊称为“张老师”。张严平说：“所有这一切是先生给予我的，如果没有他对我生命和精神的引领滋养，我绝不可能在记者的道路上坚持到底，也绝写不出那么多闪耀着精神光芒的稿子。”

张严平记得，有一次她因为没有评上高级职称，情绪有些低落，心里有点苦恼。杨南生得知后平静地说：“我还以为什么大事呢，为这样的事苦恼不值得。一个人只要能做好自己喜欢做的事，就有最长久的快乐。”张严平逐渐明白，这不仅是他安抚鼓励她的话，也是他自己的人生哲学。的确，与先生相比，她这一点点委屈算得了什么？“两弹一星”的荣誉没有他，电视新闻播放颁奖大会的那天晚上，家里的电话都打爆了，人们为他抱不平。他却非常平静地说：“没关系，我当初回国报效，搞卫星搞导弹，又不是为了今天拿这个奖。只要导弹搞成了，国家强大了，没人敢欺负我们了，就满足了。其他的，随他去。” 后来，杨先生又因一些不明白的原因未能入选院士，许多人也很不平，而杨南生还是那句平静的话：“无所谓，随他去。”有人说杨院长这辈子的成果都被人家拿走换荣誉了，杨南生依然平静地说：“别人拿去有用，也很好啊。”有人说，杨先生当年如果少点刚性，学点世故，不会得罪人，一定是荣誉等身，光环耀人。杨南生笑而应道：“我绝不后悔！”

杨南生为张严平开启了一个全新的人生境界，给她的爱成就了她的生命高度。难怪张严平会说：“我的父母生了我，但我的杨先生却给予我生命的灵魂，提升了我的精神世界。他是上帝对我的最大恩赐。”

杨南生也因有张严平牵手，晚年有依，快乐幸福。尤其是在最后时月，他须臾离不开张严平。人们感念于他们的忘年结合，说如果两人年龄相当，老了困病相怜，彼此有情无力，就谁也顾不上谁了。虽然可以请保姆，但卧床之时，总有一些保姆难为之事。现在，张严平在杨南生卧病期间，有情有力，万事全靠她，并在保姆协助下，忙前忙后，请医配药，一事无误。特别是住院期间，陪床伺候，熬过了多少个日日夜夜，最终她顶下来了，实属不易。

张严平却说，只有杨先生给得起我世间最美好的诗情与高度，他对我的爱成了生命中恒久的激励，我对他的付出又算得了什么……

7. 火箭专家进拼世界

杨南生一生所事多为“栽树”工作，他是一位开拓型人才，创造了许多“第一”：第一批回归新中国的海外学者；第一批加入中国共产党的回国高级知识分子；他创建了新中国第一个汽车材料实验室，又在中国的第一个汽车制造厂里组建了中央实验室，参与了中国第一辆解放牌汽车的诞生和国产化历程；率队设计出中国第一个运载火箭；第一个领军开创了中国探空火箭事业；领军研制成功中国第一个固体复合推进剂火箭发动机，我国第一颗人造卫星发射的重要参与者；第一代多种用途固体发动机研制的技术指挥员；第一个战略导弹研制工作的主持人；第二代性能精良战略导弹技术奠基研制队伍的领军者；我国第一批硕士、博士、博士后导师；第一批国家推荐当选的国际宇航科学院院士……如果细数，还可以数出许多。他的“栽树”付出，有些他只是见到根深叶茂，没有见到累累果实。他得过国家和陕西省科技大会先进个人奖励，国务院第一批认定的“有突出贡献专家”，荣立航天工业部一等功等荣誉。他曾是吉林省第一届人大代表，陕西省第五届人大代表，第五、第六届全国人大代表，中国共产党内蒙古自治区第三届代表大会代表和党委委员，中国共产党第十次代表大会代表。国家科技奖励制度建立后，他得过东方红二号通信卫星系统国家科学技术进步奖特等奖中的重要参与者绿皮证书。他头上桂冠最重者，是那个国际宇航科学院院士。杨南生以火箭专家身份，被国家首批推荐，被国际宇航科学院票选通过成为院士，表明他是国家认可、国际认可的火箭专家，进入了世界级行列，成为享受政府特殊津贴的第一批专家。

1985 年 10 月，国际宇航联合会第 36 届年会上，首次选聘了中国 12 位宇航界人士为国际宇航科学院院士，除了杨南生外，还有任新民、杨嘉墀、梁守槃、陆元九、庄逢甘、蔡金涛、孙家栋、陈芳允、曹鹤荪、王大珩、吕保维。

付出了多少心血，挥洒了多少汗水，将中国固体火箭事业，从无到有，从小到大，从粗到精，一步步发展壮大起来。为强国防，壮国威，作出了巨大贡献，杨南生入列世界火箭专家之林，当之无愧。

有“顾”必“问”，不“顾”也“问”，当研制工作遇到挫折时，他仍与大家一样呕心，一样求解。几十年来，杨南生率领一代四院人，遇山开路，遇水搭桥，经历了多少坎坷，多少辛酸，人们记着那个常年穿一身褪了色的灰中山装、抬头笑逐颜开、低头默默工作的杨院长。即使卸下技术指挥职责，他仍以“技术顾问”之身，悉心关注着四院的发展，密切关注着固体火箭技术的动态。感慨之余，有同事就以“五十功名任春风”来描绘杨南生的人生，真可谓鞠躬尽瘁，死而后已。

他一辈子没几个红皮奖状。一次，国家专家办公室请他出示一下所获奖状，他很认真地从一个精致的匣子中取出证书，来人却说：“这个奖状是绿色的，要红皮的才行。”他笑着说：“哦，这奖状是绿叶啊，我不懂。”

后来，当杨南生没有入列中国院士榜时，四院和业内一些人十分诧异，十分不解，甚至不平，替杨南生抱屈。而杨南生却非常平静坦然地说：“自己一生的所作所为全是自觉自愿的，是真心实意、一心一意为国家、为人民、为理想、为事业的，从来没有想过为自己，更没有去追逐名利、沽名钓誉，不然为什么要回到新中国来呢？”听者起敬，闻者肃然。当他听到昔日战友刘汝滨及其同事的工作成就及研制成果汇报后，感慨地说：“你们才是为航天事业当了一辈子的无名英雄啊！而相同的人才何止千万！”言外之意，我的个人际遇又算得了什么？

夫人张严平说，别人看重的事情，他不一定看重；别人不看重的事情，他却看得很重。这是多么坦荡的襟怀，多么赤诚的忠义啊！也许这就是他独特价值观的具体体现吧！在四院人心中，在认识他的人们的心中，他是合格的院士。

2003年11月，四院邢球痕光荣当选为中国科学院院士。杨南生很高兴，打去电话祝贺说，“固体终于有人当院士了！”这句肺腑之言，让邢球痕院长感动不已，泪水长流。他回谢杨院长说：“这个院士应该是您的，您才是固体第一人。”杨南生平静地说，我不是为这而干的。邢球痕坚定地说：“不是你争，而是我们大家要为你而争啊！”杨南生的老搭档、资深院士王希季曾多次聚集机电设计院老专家为杨南生呼吁争取，他对大家说，杨南生不能当选院士，我这个院士的脸上都会失去光彩。这是一句真诚的知己话啊！其实，大家都知道，杨南生就是这么一个人，不以物喜，不以己悲，精神高洁，人格高贵。他对中国航天事业的热爱和痴情，从来没有因为自己遭受的不公正对待而有丝毫减少。

为固体事业，“献了青春献终身，献了终身献子孙”的一代四院人以及后来者，永远不会忘记杨南生，他们将站在这位巨人肩上继续攀登固体火箭技术新高峰。

8. 一世英名，两袖清风

老子说，一生二，二生三，三生万物。大千世界始于一，一便是历史，一便是本原，所以才有那句名言：忘记历史等于背叛！房子是一砖一瓦堆砌而成，而大多数人却不会去争执哪一块砖瓦是自己砌的。

杨南生曾是一砖一瓦，人们不会忘记，也不该忘记！杨南生是大厦的砌砖人，在荣辱面前，他总是十分坦然。那一年，电视播放“两弹一星”功勋奖章授奖大会新闻，杨南生不在其列。晚上，他家里电话被打爆。张严平说："电话那边说些什么我不知道，这边先生说的话却让我刻骨铭心。"他微笑着说："没关系，我这一辈子干的这些事又不是为得到这些东西而干的。想想天上飞的有我亲手摸过的，再想想我们干的东西让国力强大，外人不敢欺负，这就够了。其余的，随它去！"

随着航天大门逐渐向国人打开，这个领域赢得无数鲜花、掌声、聚光灯时，作为中国航天固、液两大臂膀之一的固体火箭技术的奠基人、开创者、领军者的杨南生，却消失在一切聚光灯外。杨南生对这一切一笑而过："我绝不后悔！"他曾不止一次地讲："评不上职称、当不了功勋就生气，那也太不值得了。"他曾经谦卑地说："我个人政治水平低，组织能力差，业务知识窄……但一生能为国家发达做一点实实在在的事，我十分满足了！"

杨南生八十寿诞时，四院曾提议给他出一本纪念文集，一方面是继承技术成果，激励后人，发扬光大；另一方面，是向杨院长致以敬意。这个想法却遭到了杨南生的严肃拒绝，他说，他不想给大家添忙、添乱，又一次体现了杨南生淡泊名利的崇高品质和他坚守的做人准则。但四院敬重杨院长，最终，从学术交流与传承方面，李德然书记坚持，有必要做这件事，才有了《伟大的爱国学者杨南生》和《固体动力与发展》两册内部图书的问世，为后人提供了学术参考与借鉴。

杨南生 1988 年移居北京后，人事关系仍在四院，尽管四院没有忽视，但是难免会有远水不解近渴之时，在医疗、住房、日常生活诸多方面，总会遇到一些难处，杨南生却极少找领导麻烦，比如住房，直到生命终结，他一直住在那栋 50 年代建造的旧楼里，而且是顶层。他一生丝毫不占公家便宜，对公家东西从无非分之想。单位为了便于联系，给他家安装了长途电话。张严平采访时用了一次，杨南生含蓄地提醒她：“这个电话是单位为我的工作方便安装的。”明白后，张严平以后再也没用这部电话打过与四院无关的电话。他坚守只知付出，不屑索取，不计名利，安于清贫。许多人说，杨南生一生贡献不小，好处却没有得到多少。杨南生不以言误，仍然痴情不移，仍然为航天事业的每一点进步由衷的喜悦。即使在病中，听到航天的好消息，他也会高兴得跟个孩子似的。他不是圣人，但他是一个高尚的人，航天就是他一生的牵挂。妻子有时说气话：“你当初不回国多好！”杨南生乐着说：“给别人干活没意思的，给自己的家人干活，我心里满足！发展中国的固体事业，就是为了发展国家，就是为了让中国不再挨打。”他就是这么一个人，他的兴奋点以及他所关注的目光，永远在常人所看不到的地方，他的喜悦永远在事业上，他对事业、对航天倾注了一生。

中国的航天事业能有今天的成就和辉煌，不就是因为有一批像杨南生这样的爱国学者，不贪恋西方国家优越的工作条件和生活环境，不贪恋资本家许诺的丰厚的英磅美元，毅然决然，返回贫穷、落后的祖国，投身新中国的航天事业，成为第一批开拓者、奠基人，他们的高尚品格，怎不令人肃然起敬。

杨南生在写给女儿的一封信中，曾借谈一位故人去世后家人的表现，郑重地对女儿写出了他的意愿：我死后，一定不要任何形式的告别会、追悼会，以及任何形式的讣闻及评价。他诙谐地说，“生前与世无争，死后更不去抢夺”。

杨南生要维护一世清名，赤条条地来，赤条条地去。

晚年，杨南生把自己一辈子撰写、搜集的有关固体火箭发动机领域的

卸任后的杨南生

文稿和书籍资料，全部送给了那些还在工作的同志们。他以此来告别他痴心钟情、赤胆忠诚的固体事业、航天事业。他重病在床，对得知的航天领域每一个微小的进步和成功的消息，都发自内心的喜悦。

第十三章
思思念念　心系航天

他是四院人的旗帜，是四院人心目中的精神领袖。要知道，当一个人深入人心时，就会蓄积起原子弹般的能量，细微之处折射出人性的光辉。诚信做人，文明做事，他高屋建瓴，学贯中西，像一座富含正义的金矿，在航天事业的发展过程中，取之不尽，用之不竭。人们口口相传：他的人格与他的贡献等身，天问无悔。

1. 鞠躬尽瘁事航天

杨南生是老一辈航天人，为我国航天事业的发展立下了汗马功劳，他主持和参与了航天事业中的多个中国第一。但难能可贵的是这位“国宝”级的专家品德高尚，谦谦君子，淡泊名利，不计个人得失，为航天事业鞠躬尽瘁，一生都无怨无悔。

杨南生在北京居住的岁月里，各级领导经常探望他，向他汇报工作，听取意见，并竭尽全力为他晚年的生活幸福奔波，及时解决他生活中遇到的各种困难，四院历任领导邢球痕、袁人锐、叶定友、胡建华、李德然、周为民、赵晓晨、田维平、张康助等都为他送去过四院人的关心与爱戴。

1990 年，战友廉茂林受院里委派，去北京专程看望杨南生。敲开门，杨南生热情地将他让到了小小的“会客室”。互问平安后，杨南生倒给他一杯咖啡，两人便坐在沙发上聊了起来。

没聊几句，杨南生就将话题转向了四院，言语再没有离开过固体。他问这个型号，问那个项目；问这个单位，问那个工号；问张三问李四，关切之情溢于言表。廉茂林说到四院不少老同志都记挂着他，盼望他回四院看看，杨南生迅速接话说，他也没有忘了大家，也想再和大家“摸爬滚打”。但是，岁月不饶人啊，心有余而力不足了啊！他略作停顿又接着说，向院

时任中国航天科技集团公司党组书记、总经理马兴瑞（右）看望杨南生

四院党委书记张康助（右）到京慰问杨南生

里说，任何时候，以任何方式，同他讨论技术问题，他都会尽心尽力贡献意见，只是他动不了窝儿了，难以再去研制现场了。他充满感情地说：时代总是前进的，事业总是发展的，事情向前迈出了一步时，就不应再走回

头路。他坚信四院是奋发向上的，四院是能够不断为国家作出贡献的；当然，曲折是不可避免的，但是难题总会解决的，“山重水复”之后，必是“柳暗花明”。

杨南生的手边依旧放着四院主办的《固体火箭技术》，他对这本技术杂志情有独钟，每期到来，杨南生几乎是通读全文，而且细致到一个公式有问题，一个提纲不正确，都会发现。这不仅因为他是这份刊物编委会的顾问，有责任帮助提高刊物的水平，更重要的是他通过这份刊物，能够始终与四院、与四院的固体事业同呼吸共命运。当人们赞叹他老当益壮、离而不忘、时刻牵挂，把毕生精力都用到航天事业上时，他总是说：我是一个爱天爱地爱国家爱事业的人，耐不得寂寞。

是啊，晚年的杨南生是欣慰的，因为他一直关心与呵护的航天固体事业，不断取得一个又一个辉煌成就。

2. 八十寿辰，四院叙情怀

杨南生一生严于律已，谦虚为人，从不计较个人得失，也从不喜欢谈论自己的功绩，虽著述、立业丰硕，但从不写自己，更无著书立传之欲望，就连开会照相也总是能躲就躲，能逃就逃，所以在四院几十年，没有留下多少影像，但留有一句名言：努力做事，把名字写在水上。是啊，水利万物而不争，但是，人民不会忘记他，历史不该忘记他，与他同甘共苦、并肩作战的同志、领导们更不会忘记他。

2001 年 12 月 29 日，是杨南生八十寿辰，这一年，也是杨南生从事党的科技事业五十一周年。四院党委研究决定，筹备组织一系列活动，向受人敬重和爱戴的杨南生先生表示庆贺。得知这一消息的杨南生又愧疚、又高兴，犹豫一阵，终于对去邀请他的人说：“好呀，该回家看看了！如果到时候身体条件允许，我一定去，一定去！”随后，他翻出大小四五本相册，边翻边向那两位同志介绍起经历的情景来。他谈到了父母，谈到了曼彻斯特，谈到了“解放”牌汽车，谈到了T-7火箭，谈到了第一台直径300毫米发动机，谈“651”“巨浪一号”和“331”等只有专业人员才懂的话题，还谈西北工业大学首批研究生，一直谈到晚年这个家……交谈中他笑声朗朗，思维敏锐，底气十足。书桌上依然摆放着有关固体发动机的最新资料，旁边还放着一个高倍放大镜。除了不间断地跟踪世界最前沿的技术，他依然喜好音乐，阅读书籍。面对这位老者，人们会说，这哪里像个80岁的人啊！

2001年中秋、国庆“双节”刚过，杨南生应四院领导和广大职工的盛情邀请，重归故园，参加四院为庆贺他的八十华诞暨回国从事科研工作五十一周年举行的系列活动。

2001年10月，杨南生受四院盛情邀请回到西安，参加为他举办的“庆祝杨南生八十华诞暨回国从事科技工作五十一周年”系列活动。图为他和与他相交半生的秘书兼挚友廉茂林合影留念

此次，杨南生在四院停留了六天。这六天里，院领导指派曾是他的秘书、老战友廉茂林全天候陪同，同吃同住同活动，照顾周全，叶定友亲赴机场迎接。红毯、鲜花之中，周为民院长、李德然书记率全体班子成员迎接于宾馆前，少先队员献上鲜花，杨南生像个孩子般手足无措，不好意思却又十分开心地笑了。

西安，四院，十三年的变化，令杨南生惊叹。从机场回四院的路上，他睁大一双惊奇的眼，一路欣赏，一路赞叹，现代化的机场、公路，纵横交织的高架桥，耸入云天的大厦高楼，让他目不暇接，赞不绝口。他说："我还以为改革开放仅使北京、上海、深圳及沿海地区发生了翻天覆地的变化，没有想到地处大西北的西安也发生了如此惊人的变化。"在院里参观各厂所时，他更是感叹变化之大，田王地区星罗棋布的栋栋新的住宅楼，还有高精尖的实验设施和加工设备，大大小小的各种主产品，技术含量很高的民品，都使他备感新鲜，更是感慨万千，回房休息了还平静不下来，不停地念叨着：真了不起，真了不起！虽然没有听到他说出什么豪言壮语、

2001 年，杨南生（右一）在四院"庆祝杨南生八十华诞暨回国从事科技工作五十一周年"系列活动中讲话

华丽言辞，但他那颗爱祖国、爱事业、爱四院的赤子之心，却怦然有声。

庆寿宴会那一天，四院为他做了一个 80 寸的生日大蛋糕。当杨南生出现在人们面前时，整个宴会厅掌声雷动，经久不息，许多人情不自禁地叫了起来，眼泪顺着脸颊流淌。而这一幕，让人想起 508 所成立 40 周年庆典大会上的那一幕。那年，五院 508 所在人民大会堂举行 40 周年庆典，特邀杨南生先生回所参加庆典。当杨南生步入人民大会堂时，人们全场起立，雷鸣般的掌声自发地在人群中经久不息，场面令人震撼。一同前往的张严平女士惊呆了，她在想，这或许就是一种教育，一种感动，更是一份精神滋养吧？一个人在茫茫人海中真是太渺小了，但当他融入一个全新的事业，而又在这个事业群体中默默无闻地守住阵地，一辈子无私奉献的人，就会永远被人们所敬重啊！而今天四院的大厅里，男女老少济济一堂，每个人脸上都洋溢着爱戴的表情，他们高唱生日之歌，频频举杯，为杨南生老先生送上最最美好的祝福。这场面他一生都不习惯，但很激动，一时说不出话来，不知道说什么好。当少先队员为他献花时，他手足无措，可爱得像个孩子；接受院新闻媒体采访时，他语不成句，词不达意，只剩下微笑，只反复说：自己没什么了不起，都是大家的功劳……看到这么多可爱的战友，他太激动了。同样激动的是大厅里那群被他高尚情操和人格魅力感染的人，是他谆谆教导和循循善诱培养出来的人。大家敬重他，对他有深厚的感情，那是对生命价值的认知，对崇高事业的向往。今日重聚祝贺他八十华诞，怎能不激动呢！

接下来的几天，行程满满。四院科技委举办了庆祝杨南生从事科技工作五十一周年学术报告会，政治部组织了老领导、老科技人员、老工人座谈会，团委开展了青年座谈会。

杨南生在座谈会上讲话

夜幕降临，到下榻处拜访者盈门满室，一拨未退，又来一拨。他们中有熟悉的，有不熟悉的，有古稀老人，有毛头小伙子，有领导干部，有普通员工，有科研人员，有工人师傅，还有政工人员、司机同志。见到老院长杨南生，大家好像回到了当年。不少人还带来了可资纪念的物品，有旧军装、旧工装、帽徽、领章，还有老照片和红彤彤的获奖证书等。见到当年的物品，那年那月的场景浮现在眼前。杨南生感慨地说："那时候你们都是青春焕发，朝气蓬勃，那么的美。"一本本红彤彤的证书，映射出大家青春的光辉灿烂，表明青春年华没有虚度。人们围在杨院长周围，随便而坐，随意说话，无拘无束，气氛祥和。回忆往事，都有说不完的故事，话题多触及过往岁月，围绕着当年的杨院长展开，七嘴八舌，滔滔不绝。许多人还送上祝福的礼品，有亲手绘制的书画作品，有精心准备的工艺品，有巧手编织的饰物，有位叫范琴英的小辈，居然送上一件自己编织的毛衣，还有人捧上千挑万选的寿石。面对此情此景，杨南生又一次不知所措。杨南生整晚沉浸在欢乐的氛围中，忘掉疲劳，一脸欢笑。人们告别走出屋门，都会感慨地说，杨院长这人太好了，现在仍然那么平易近人，没有架子。时任副院长的阮崇智即兴赋诗一首，表达了他对导师、恩师的无限崇敬：

风骨如君世称奇，学富五车贯中西。
天生才俊学识广，力学苑中成大器。
液体引擎鸣上海，固体腾飞震戈壁。
最叹功高不自诩，两袖清风一布衣。

这首诗也说出了四院领导和职工们的心声，概括表达了杨南生在四院人心目中的定位。

阮崇智与恩师杨南生合影

3.“民间聚会”显真情

时间无余，小屋受限，难以让人人如愿拜访。于是41所老科技人员就自发组织了一次“民间聚会”。义重如山，盛情难却，领导同意，匀出一点正式活动时间，满足这些同志的心愿。

聚会举行，会议室自称“花甲学生”者三四十人，济济一堂，除了41所的同志，还有43所、7416厂等单位的人员自愿参加。他们奉上贺寿信和自制的贺寿卡，围绕在杨南生的周围，争先恐后地发言，仿佛又回到了当年在先生麾下，共商攻关夺隘的岁月。杨南生也是喜气洋洋，侃侃而谈，也仿佛又回到了当年他深入群众、细听众论、集思广益、深谋决策的现场。人们发言论及杨南生的际遇而发出不平之声时，他立即严肃起来，劝说大家不要如此，不必这样，反复地说，自他回归新中国以来，人民对他不薄，就说在四院的几十年吧，自己只是做了应该做的份内事，却得到四院领导和广大群众如此厚爱，已经受之有愧，深感不安了。人们想到，淡泊名利、与世无争、只知奉献、不求索取，这是先生的本性啊！听了他的话，人们更加敬重这位伟大的爱国学者。聚会到了尾声，大家纷纷要他在四院出版的那本《伟大的爱国学者杨南生》纪念文集上签名，要与他合影留念。场面的热烈气氛，如同毕业班的学生在与朝夕相处的老师争相一聚时的那个瞬间。

座谈会合影

当年老战友相聚后合影

随后，院领导陪同杨南生到各厂所站重点部位参观。会上会下，杨南生对于人们送来的赞颂祝贺，只是微笑中还带几分腼腆地点头致谢，这位曾经见照相就躲闪的老人，不习惯捧着拥着的场面哟！参观时，他倒是很轻松，像是回到了当年的战场，这里看看，那里摸摸，不时问问，不时赞叹。

这次的西安之行，让杨南生看到了四院的发展与未来，更感受到了四院人浓浓的情、深深的爱。

4. 思念绵绵，关怀备至

杨南生 1988 年移居北京后多年来，四院的领导和同志们始终没有忘记这位可敬的老院长，思念绵绵。历届领导和一代自称老人学生的科技人员，去北京公干，多数情况下都会去看望他。逢年过节，领导或亲自或派人专程慰问他，指定四院驻京办事处关注老人的日常生活，有困难就立即帮助解决。杨南生也对四院给予的关怀深深感谢。

1994年，时任副院长的杜磊去北京出差，抽出时间，代表院领导班子去看望杨南生。他十分高兴，和杜磊聊了好几个小时。杜磊向他汇报了院里技术发展的情况，他不时插话，提出建议，特别语重心长地说："要抓好预研，要有技术储备。"当杜磊向他汇报了高能推进剂和发动机的发展思路后，他表示十分支持，希望一步步实施好，特别要注意安全。关切之情，溢于言表。

2000年年底，李德然等院领导去给杨南生拜年，说到神舟飞船上天了，其中也有四院的贡献，这是四院人献给新世纪最好的礼物，杨南生听后，兴奋地说："替我向全院职工问好，我为四院高兴！"

四院张德雄、姚润森等人翻译编写了《固体推进剂技术》一书，拿去请杨南生指正。很快，便收到了他的回信，信中谦恭地说，年岁已老，只草草地读了一遍，觉得很好。他特别赞赏"全过程、全成本经济评估"的观点，希望在研制过程中运用这一观点，从各个环节降低固体发动机成本。他还提到了要重视可靠性，他说："搞工程就是要可靠啊！"作者很受鼓舞，也深感杨副院长的心还在固体事业上，不光是说说，而是实实在在关注着。

人们发现他逐渐老了，腿脚不再灵便了，仍然住在那栋五十年代建造的老式三层楼顶层。张严平说，房屋因年久失修，暖气已不大管用，而且屋顶时有漏雨，他总是找人修修补补完事。再加上没有电梯，年轻时没病没灾不觉得，一旦病魔缠身，便无法下楼，连晒太阳都成了奢望。但杨南生从不抱怨，他的心里永远只装着固体事业，永远都关注着四院的发展。

杨南生就是这样一个人，领导、同事、学生来看望他，他总是航天、四院、固体、事业不离口，外加文学、艺术、哲学与人生……从来不谈个人的需求，从来不张口索求，久而久之，人们似乎已经习惯了他的简约与清贫。但四院没有忘记他，四院的领导和职工没有忘记他，经常会有人前去拜会。2011 年 5 月，已离任的四院院长叶定友去北京出差，抽空去看望已届九十高龄的杨南生，联系好几点几分去。因为杨南生听力已不大好，不方便接打电话，那年起，他家雇了保姆，转话说叶定友院长要来看望他。杨南生特别高兴，欢迎他们快点来。叶定友在四院驻京办同志陪同下赶到时，他在保姆搀扶下，已在楼下等候了。一见面，杨南生紧紧握住两人的手，显得特别高兴。回到三楼家中，杨南生说他听力差了，叶定友靠近他坐在沙发上，热谈起来。叶定友转达了院领导和一些老同志对他的问候，介绍了院里的发展情况。杨南生听得很仔细，不时提问一些问题。说他离开时间长了，对院里的情况不了解了，由于年纪大了，不太出去，视力也不好，看东西不方便了，外面的信息知道得很少，听了介绍，相信院领导和同志们一定会干得很好……他还像以前那样健谈，时而还开几句玩笑，拉叶定友参观他家的房间，介绍这些房间的用处。叶定友关心他的近况，保姆说："这段时间，吃饭、起居比较正常，天气好的时候，可以扶着他下楼走一走，晒晒太阳。听说你们来，他情绪特别好。"叶定友放心了，为了不影响杨院长休息，他们起身告辞，并祝他多多保重，健康长寿。杨南生依依不舍地把他们送到楼道口，一直目送着他们下楼。

2011 年 12 月 29 日，是杨南生九十岁生日。张康助书记代表四院，在北京给他办了一席寿宴，邀请中国航天科技集团公司马兴瑞总经理，当时在集团公司任职的原四院院长周为民、党委书记赵晓晨等人和杨院长亲属莅临。大家举杯频频，满满一席，愉快欢乐。席间，向他呈送了四院院长田维平、党委书记张康助署名的贺信：

2011年12月29日，四院党委和领导在北京为杨南生先生庆贺九十寿诞

在您九十华诞之际，我们谨代表中国航天科技集团公司第四研究院党委、全体院领导向您表示衷心的祝福！

近半个世纪以来，您作为我国固体火箭发动机事业的开拓者和见证人，亲历了我国固体事业从无到有、从小到大，自力更生、艰苦奋斗的发展历程。您不懈钻研，成就卓著，率领一代固体事业创业者，相继攻克了药柱裂纹和稳定燃烧等一系列重大课题，为我国复合推进剂固体火箭发动机研制立下了不朽功勋，是我国固体火箭发动机事业开拓者和固体动力技术的奠基人。您博学笃志、为人师表，一直工作在科研生产的第一线，为四院培养了一批德才兼备、富有开拓创新精神的优秀科技人才。您朴实严谨、平易近人，赢得了各方面的广泛赞誉和尊重，为四院广大科技工作者树立了光辉的榜样。

您对航天事业的耿耿忠诚，对固体动力技术的孜孜追求，必将影响和激励四院广大干部职工以您为榜样，锐意进取，勇攀高峰，为谱写中国固体动力事业新的传奇、实现又好又快科学发展而不懈努力。衷心地感谢您为固体火箭发动机事业的创业与发展做出的杰出贡献！祝您生日快乐！健康长寿！阖家幸福！

院长田维平

党委书记张康助

二〇一一年十二月二十八日

席间，杨南生面带微笑，情绪兴奋，对所有的关怀不忘一一致谢，但却已思维不敏，垂垂老矣。

移居北京的杨南生与四院人通话时开怀地笑

第十四章
含笑西去　音容永驻

忘记历史就意味着背叛。人的经验是可以跨代传递的，人的言谈举止、兴趣爱好、行为轨迹等，也承载着历史和回忆。随着我国航天领域的部分解密，四院党委决定书写杨南生，把一笔巨大的物质和精神财富留给后人传承。然而，时间却不为任何人停留，引用杨南生夫人张严平的话，“这是一次抢救式的采访”，因为采访中，与杨南生先生曾经共事的战友们大都已年愈古稀，有的甚至永远地离开了我们……他们也曾在那个激情燃烧的岁月里留下自己骄傲的足迹。历史不应该忘记，历史也不曾忘记。

1. 最后的微笑

自然规律谁也无法逆转。杨南生老了，身体器官不断报警。2011 年他突然患了带状疱疹，治疗中又发生了肠梗阻。2012 年，90 多岁的他住进了北京协和医院。

在他住院期间，四院党委书记张康助带着院党委和田维平院长的嘱咐，及时询问病情。在得知需要手术时，张康助书记马上让四院驻京办同志关心此事，要求不惜一切代价予以配合。

在医院，杨南生受到医护人员及病友们的尊敬和爱戴。这时的他仅仅是一位病中的老人，没有人知道他这辈子做了什么，但他巨大的人格魅力仍然吸引和感染着身边每一个人。他快乐幽默，对每一个人都充满尊重与友善，脸上永远带着真挚的微笑，永远在为别人帮了自己而深怀感谢之情。医护人员说，我们医院接收过诸多名流老人，但像杨先生这样快乐、友善又如此优雅的老人，真不多。

北京航天大院门诊部李丽军医生多年来十分关心杨南生，有病给看，无病给话，帮他调养，杨先生入住协和医院，也是她帮助夫人张严平送去的，她也常去探视。她写过这样一篇日记：

“2012 年 9 月 3 日。在协和医院急诊观察室拥挤的一角，杨老无力而安静地躺在床上，对身边每一位走过的人施以他特有的面部表情交流，友善而谦和。刚刚接手杨老的小娟——一个阅人无数的资深护工对我说：这个老爷爷真好，让人喜欢，伺候他不觉得脏，也不觉得累。一对时尚的小夫妻被杨老的风度所吸引，在一旁默默地观察着，告诉我：这位老先生昨晚对着天花板念了一宿的诗，真是个让人心疼的老人，执意要为他做点什么。眼见杨老嘴干又不允许进食，就提醒我们应当给他涂点什么。当时我们分别要转入各自病区，匆匆而忙乱……直到天色已晚，安排杨老住进病房，在医院的路口碰巧遇到了那个可爱的叫叶会的姑娘，她跳下自行车急切地告诉我们，她回到家里，专门为杨老选了一支无色唇膏，嘱咐我们一定要给老人用上，说她的家离医院近，有什么用得着的地方尽管说，还主动和我们互留了电话。当时我就问自己，一位风烛残年的老人，能够在短短几个小时的接触中打动他身边的每一个人，他头上没有耀眼的光环，不住别墅，不坐豪车，没有鲜花，也无红地毯。他如此强大的人格魅力浑然天成，令人不可思议，举手投足间，带给人忽如一夜春风至的暖意。他没有刻意表现，也不曾故作风雅，他就是他，一位令人尊敬的优秀的中国知识分子的杰出代表，他是一个纯粹而高尚的人。”

杨南生先生经过治疗，身体稍稍平稳之后，从协和医院回到了家中。在那段日子里，张严平请了两个护工，杨南生跟她们相处得非常好。其中一个小护工曾写了一文发表到自媒体上，“我们特别爱戴杨爷爷，他总是努力站起来迎接我们。他对我们每一个人都是那么的尊重。我为这样的人办事，再累也愿意。原来，他对别人永远是无限好！”是的，杨南生虽然身体衰老了，但他的人格却永远散发着光芒，这发自内心的光芒一点也没有随着他身体的衰弱而衰减。他永远都会感激别人，永远都会为自己给别人添了麻烦而心怀歉意，说声“对不起”。

2012 年 12 月 29 日，北京，雪后初晴，空气格外清新。大家盼望着为杨南生过 91 周岁生日的愿望实现了。医生李丽军亲自上街挑选了一个大蛋糕，上下三层，上面嵌有九个连枝带叶的鲜桃，999 元，91 岁，寓意绵长。李丽军医生希望那个连齐天大圣都爱慕的寿桃，能够带给病中虚弱的杨老一丝丝温暖，一点点快乐。傍晚时分，华灯初上，杨老家中，航天大院门诊部护士长在为老人调整输液流量，张严平和两位年轻护工床前床尾地忙碌着。老朋友陈庄来了，王生梅来了，航天大院门诊部宋主任来了，大家围在杨老床前为他戴上生日花冠，点亮九根五彩的蜡烛，唱响生日之歌，切开香香甜甜的大蛋糕，共同祝愿人们心目中的英雄、九十一岁寿辰的杨南生老先生早日康复、快乐生活。人们希望能够永远留住这美好的时刻，留住这精神华彩，为杨老先生的生命加油。

他削瘦的面容绽放出慈祥喜悦、优雅沉静的光芒。

2013 年 2 月下旬，杨南生因病情再次恶化，住进中国航天科技集团公司航天总医院。集团公司领导和科技委等部门，以及四院的领导都很关心，医院领导也很关注，每一位医护人员都在尽心尽力，可是天不遂人意，病情没有好转。人们心如刀绞，家人心急如火。每一次换药，每一次静脉穿刺，每一次会诊，每一次抢救，都是让人感动的场面。杨南生发亮的眼神和来自心底的笑意让人们感到温暖，而他苦痛无力中吞咽的无奈让每一位医护人员揪心。那些发自内心、源于真诚的交往，让普通的医患关系提升到了前所未有的信任高度。面对杨南生这样的老人，就是再大的风险，医护人员都愿意去承担，哪怕为他减轻一点点的痛苦。

杨南生奋力地呼吸，再呼吸，他顽强地争取着最后的机会，场面揪心，催人泪下。人们想，一个 92 岁高龄的老人与高贵之间是何种联系？一个老人和国防事业之间又是何种联系？病房中与他眼神交流，人们就会为之震撼：原来死亡也可以如此从容，平静，优雅，尊严！只因为赴死者的内心，有一颗永远朝向阳光的向日葵。身旁一位小护士流着泪说：“从来没有见过这么好的爷爷。他长得也不是那么威武高大，但气场很足，有着人文情怀与大爱，给人舒服，让人爱慕。”他戴着氧气面罩，呼吸微弱，唯有一双眼睛明亮含笑，他向前来探望的亲朋好友、各级领导、医护人员用眼神一一致谢。之后，杨南生进入深度昏迷。

3 月 4 日，是他在这个世界上最后的一天。

2013 年 3 月 5 日 4 时 20 分，太阳即将升起，杨南生却永远地走了，含着微笑，驾鹤西去。这一天是惊蛰。

2. 在大海中永生

中国航天科技集团公司科技委主办了杨南生遗体的告别仪式。

北京八宝山哀乐奏起，认识、敬重和爱戴杨南生的人们从四面八方赶来为他送行。

苍松翠柏中，鲜红的党旗覆盖着他，他面含微笑，安祥肃静地长眠了，音容常驻人间。他的遗像高挂中台，他像以往迎接来访一样笑容满面。

灵台周围摆满了各方送行的花圈，两边是一副风骨铮铮的挽联：满腔热血奉人民，天问无愧；一世功名任春风，碑树人心。这是与他相处半个世纪情超战友的廉茂林为他撰写的悼联，写出了所有四院人的心声。

夫人张严平在他上衣的口袋里放了一张CD，是他生前听过无数遍的莫扎特的《安魂曲》，然后与女儿杨红及亲属侧立灵旁守护，无声有泪，黯然神伤。送行的人们神情肃然，绕灵告别。

所有的人都在心中默默祷告——安息吧，杨老先生，您一路走好！

张严平按照杨南生生前“绝不搞墓地”的遗愿，选择了让他魂归大海，在大海中永生。

8月，张严平在李丽军医生的陪伴下，捧着骨灰和一大束火红的玫瑰花，随着一艘送亲人魂归大海的“撒海”邮轮，来到苍茫浩瀚的渤海海面上，在深情隽永的音乐中，在鲜花、海风、海鸥的伴舞下，送她心目中这位为新中国建设、为中国航天事业奋斗一生、贡献一生、磨砺一生、无悔一生的先生——杨南生，一步一步，面带微笑地进入了他灵魂的归宿地——大海。

大海边，张严平满含热泪为挚爱的人诵读了《送别》：

南，我最亲爱的人！/你穿越一个世纪的风雨，/我追随你30年的脚步，/今天，我们一起来到大海边，/竟是，送你上路。/天，湛蓝，/水，湛蓝，/就连飞翔的海鸥也透着湛蓝的光，/这个秋天，大海将成为你永远的天堂。

是的，纵使世界上有千千万万种选择，/你又怎能不选择大海。/你生来就是大海的儿子，/大海给了你大海的血脉，/大海雕塑了你大海的灵魂。/你有海一样的胸怀，/天高地阔，/坦坦荡荡。/你有海一样的风骨，/即使碎尸万段，/也绝不向暗礁低头。/你有海一样的追求，/让有限的生命融入无限的美好之中。/你有海一样的深情，/高贵，明亮，/阳光照耀下无尽温柔。

是的，纵使世界上有千千万万种选择，/你又怎能不选择大海？！ / 你对共和国的挚爱与奉献，/ 如大海般绵长汹涌。/ 那是风华正茂的年纪，/ 你捧着一颗赤子之心，/ 漂洋过海，回到祖国，/ 从此，共和国伟大的航天事业中，/ 刻下了你永远抹不掉的名字。/ 第一枚探空火箭，/ 第一台固体火箭发动机，/ 第一颗东方红人造卫星，/ 第一发巨浪一号潜地导弹……你的生命紧紧地连着中国航天事业发展的一个第一又一个第一。/ 你让人记住的不仅于此，/ 你更令人敬仰的是，/ 当一切奋斗过后，/ 在你本应该当之无愧地站在其中的那一个又一个颁奖台上，/ 却被“莫须有”的原因抹去了身影。/ 面对太多的同情，/ 你平静地放下一句话：/ “这一辈子，做了自己喜欢的事，/ 国家强大了不被欺负了，/ 便够了。/ 其他的，随它去。/ 我这一辈子做事，/ 绝不是为了这些荣誉。”

是的，纵使世界上有千千万万种选择，/ 你又怎能不选择大海。/ 你正直高贵的灵魂，/ 唯在大海中自由翱翔。/ 你宽阔透明的心怀，/ 唯在大海中尽情奔放！ / 你留下生命遗言：/ “不要墓地，/ 不留骨灰，/ 只愿安静地埋在我爱人的心里。” / 今天，怀揣你天高地厚的深情，/ 我在大海边为你送行。/ 这一生，因为有你，/ 我卑微的生命才饱满明亮。/ 因为有你，/ 我才懂得了，/ 什么是人生最美好最壮丽的风景！

南，我最亲爱的人，/ 今天有鲜花，/ 有海鸥，/ 有浩浩的长风，/ 去吧，去拥抱你的大海吧。/ 今后无论走到哪里，/ 看见海，就看见了你。/ 苍天万物，/ 唯灵魂不死，/ 你炽热的生命，/ 将在大海中永生！

——张严平 2013 年 8 月 27 日于渤海边

杨南生走了，许许多多的人为杨南生老先生鞠躬落泪。他星辰般的光芒已深深地刻进人们的心里。他让人们相信，这位老人有着人世间最灿烂、最干净、最高贵的灵魂。

3. 一笔巨大的财富

采访中，一大批老专家、航天战友们这样评价说："人走了，还活在别人的心里，这就是永远的纪念。杨院长是我们的好老师，他是我们难以忘怀的、忠党爱国的航天战士，是我国航天事业功不可没的老领导、老专家，他对国防事业及导弹固体化作出了重大贡献。他一生忠心耿耿，把一切献给了固体事业，所以他赢得了人们内心的尊重和无尽的怀念。"老专家朱祖念听到杨南生去逝的噩耗，满怀悲痛地写道："是轮机是舵手指领中国固体火箭引擎起航，非院士非功勋奠定四院威慑导弹动力基础。"

是啊，我国的航天固体动力事业是一部自力更生、艰苦奋斗的发展史，几代人听从祖国的召唤，转战南北、栉风沐雨，献了青春献终身，献了终身献子孙，许多人甚至献出了宝贵的生命！"在异常恶劣艰苦的条件下，我国的航天固体动力事业之所以能取得现在的辉煌成就，靠的就是爱国奉献！"原四院党委书记张康助激动地说，"正是凭借对祖国的无限忠诚，一代代航天固体动力工作者选择了无私奉献，献出生命也在所不惜！"

是的，这支神秘的英雄队伍背负祖国的重托、民族的希望，钻深山、走荒原、进戈壁，从北京东山沟到四川泸州高坝，从内蒙古塞外大漠到陕西秦岭深山、湖北谷城峡谷……足迹遍及大半个中国；他们迎酷暑、战严寒、斗风沙，喝过黄泥水、住过干打垒……物质的极度匮乏、条件的极端艰苦、环境的异常恶劣、道路的坎坷曲折，丝毫没有动摇他们对祖国的铮铮誓言、对人民的庄严承诺。他们历经无数次失败，用智慧、汗水和血水，创造了中国航天固体动力事业无数个“第一”，这些惊天动地的“第一”，强了军威、壮了国威，让中华民族挺直了脊梁！而杨南生就是他们中的杰出代表之一。杨南生一生为后人留下两笔巨大的财富，一笔是物质的，一笔是精神的，值得后人永远珍惜、继承、发扬光大！

2013 年 4 月，在杨南生去世一个月后，他的女儿杨红突然收到父亲的老朋友寄来的一个大包裹，打开一看，里面全是杨南生的科研笔记，不同学科，厚厚的几大本子。手稿一笔一画，装订仔细，记录认真，有公式，有概述，有总结……那时没有电脑，没有打字机，所有的笔记都是杨南生一笔一划、一个公式、一个数据地演绎、计算、书写出来的，而且做了很好的封面设计与装订。老先生称，这是杨先生留给后人的一笔巨大的财富，自己年事已高，无法再拥有它们了，他必须亲自转交给杨红珍藏。据他回忆说，杨南生有过许多这样的笔记，都曾作为礼物，无偿地赠送给了他的

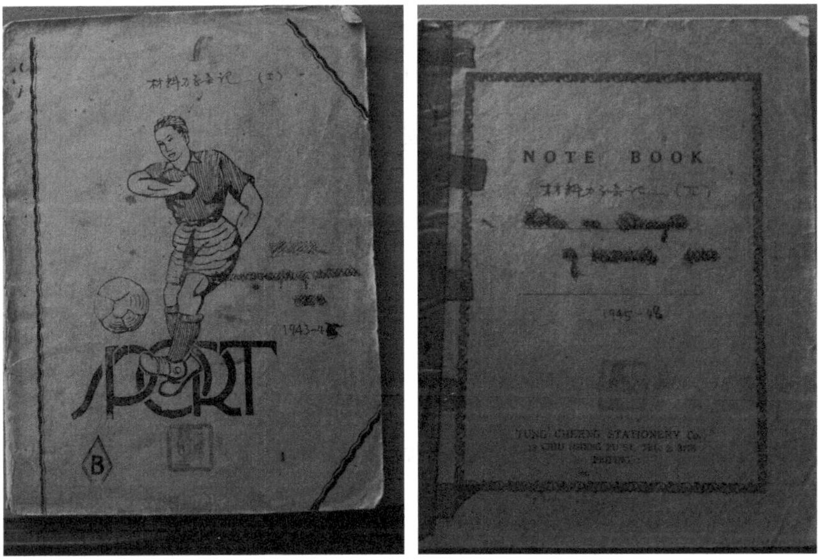

杨南生编写的《材料力学杂记》（共三册）

学生和研制人员。这些手稿经过五六十年的风雨、众多科研人员的传阅，但仍然保存完好，足见人们对它的悉心呵护和爱戴……

杨南生爱书如命。他从英国背回来的大多是书籍和音乐资料，他用心存了一辈子。他说："人生一定要有自己的爱好。"他处乱不惊，心静下来的时候，音乐、文学艺术、足球就是他的天堂；他从不对下属发脾气，他说："控制情感和虚伪是两个概念，不能把任性当成美德！"是啊，因为他的心中充满爱意，所以人们从不见他抱怨，住在陋室里，也会感到温暖如春……

其实，杨南生最辉煌的顶点，不仅仅是他缔造了中国历史上多个"第一"，而在于他取得这些成就背后所散发出的人格魅力。他总是淡然地说，"一生能为国家发达做一点实实在在的事，对我讲，完全足够了！想想天上飞的有我亲手摸过的，再想想我们干的东西让国力强大，外人不敢欺负，这就足够了。"这些朴实无华的语言，给人们带来的是一种强烈的冲击和人格震慑！航天是个大系统，在这个竭尽忠诚、艰苦奋斗、履行神圣天职的无私群体中，杨南生是一座永远的丰碑，他的贡献与人格等身！

杨南生得到了这么多人的爱戴和崇敬，他应该是幸福的。

4. 南四栋，一个筑梦的地方

为了写《杨南生传》，笔者走访了杨南生曾经工作过的地方——内蒙古呼和浩特市东门及南地。

2013 年 9 月 29 日，这是一个极好的天，秋风送爽，天清云淡，瓦蓝瓦蓝的天庭覆盖在内蒙古南地新村。南地变了，有了绿的生机，这里的树木与楼房若隐若现，以往的"干打垒"住房几乎见不到踪影，只在村子的一角还留有几处这样的房屋，仿佛是时间的记忆，述说着沧桑。南四栋也还存在，而且完好地保留着它原有的模样，只是墙壁已涂刷一新，里面的水电线路进行过修整，整体构架依然如故，像一座盛满了历史沧桑的城堡。

南四栋，多么熟悉的名字啊！这个被杨南生无数次提及的字眼儿，如同一个奇妙的密码，深深印刻在人们的脑海里。借助南四栋，他给家人讲述过一段历史，一段被他轻描淡写，但却充满乐观、自信与豪情的历史。

今天，当“南四栋”的字样真真切切映入眼帘时，我们掩饰不住内心的激动，让小车稍事停留，便走到这栋写满岁月沧桑与创业故事的楼前。

楼道昏暗，没有灯。这是一座两个单元三层楼高的旧式建筑，一楼设有公共厕所和水房，房间里没有自来水，没有厨房，也没有独立卫生间，这大概就是俗称的“筒子楼”罢？这里就是杨南生副院长和战友们放飞中国“固体”第一梦时生活过的地方。

只可惜，屋里没人，无法感受到里面“家”的气息。我们驻足门前，

南地村子的一角还留有几处四院人居住过的“干打垒”

当年为单身职工修建的“南四栋”

陷入深思。然后，回转身，拍了一些照片。楼道过于昏暗，又没带闪光灯，尽管屏住呼吸，借助栏杆支撑，照片仍是不大理想。但我们留住的是永恒。

南地仍在建设中。经过一段坑坑洼洼的颠簸，我们终于来到了杨南生曾经研制、生产及试验过的区域。虽然现在呼和浩特和西安两地的航天单位已经分家，呼和浩特的单位划归航天科工集团，西安的单位为航天科技集团四院，但两家的心却永远连在一起。河西公司（原四院内蒙古指挥部）的老人们说，我们的根扎在四院，我们的情留在四院，我们永远是父子兵、亲兄弟、一家人！而这里的领导更是令人感动，知道我们是为写《杨南生传》而追寻那段激情燃烧的岁月、寻梦航天，他们为我们大开绿灯，全力支持，带领我们参观了火箭发动机研制、生产、总装、试验全过程，因为时间关系，没能看到地面试车……但已经足够了。他们指着试验现场一个小小的窗口对我们讲，杨副院长就是透过它来观看试验结果的，当时，不允许任何人靠近它，太危险了，离发动机只有一墙之隔，如若发生爆炸，后果不堪设想。但杨副院长为了获取更为精准的实验结果，好几次冒着生命危险站在这里……听着讲述，那些曾经惊心动魄的场景似乎历历在目。

杨南生就是透过试验现场这个小小窗口观看试验结果的，防弹玻璃已被震碎

这里是一个神圣而陌生的领地。外人无法想象，我们国家最高精尖的固体火箭动力研制曾是在这样一个艰苦环境下完成的，厂房里完全没有人们想象中的轰轰烈烈，有的只是无怨无悔、默默坚守。许多媒体采访过无数的专家学者，对伟大的科学家们心存敬佩，但眼前的一幕却令人由衷感慨：这里的一线工匠也是那么的伟大！他们拿着外界人士根本无法想象的有限工资，长年与荒凉和孤寂为伍，却默默无闻地坚守着一个关乎国家尊严的重阵，无私奉献，不嫌弃，不放弃，才让无数科学家的宏伟蓝图及设想成为现实，而他们却永远是那么谦恭，与名利无争，甘守清贫，尽职尽责……我们庄严地站在某大型火箭发动机旁，仿佛也融入了这样一个魂牵

梦绕的群体，看着杨南生副院长亲临现场，指挥作战。因为，这里曾经是他工作过的第一线，这里是中国固体火箭发动机腾飞的摇篮……

“为什么我的眼里常含泪水？因为我对这土地爱得深沉！”突然想起艾青的一首诗。杨副院长啊，在这样一群可亲可爱的人当中，我们理解了您的付出、您的放弃、您的拼搏、您的骄傲、您的坚守、您的崇高与自豪！

5. 竖起两座高峰

2012 年夏，是航天固体动力事业创建暨四院建院 50 周年，院里评选 50 年来影响和感动航天固体动力事业及四院的十大感动人物，杨南生以第一高票荣登榜首。老航天们发自肺腑地说：“杨先生不是两院院士，但他是我们心中的院士；杨先生未获功勋，但他是我们心中品德高尚、功绩卓著的科技大师。”是啊，人们从他身上看到了科学家的光辉，更看到了一名科学家背后所折射出的人性光辉！他一生留给后人两座高峰：一座是“事业”高峰，一座是“人性”高峰。而这两座山峰，值得人们用一生去攀登！在他奋进的事业中，不仅有党和国家领导人运筹帷幄的历史背景，更有中国科学家的英雄群像，他们是中华儿女的杰出代表。历史，请永远记住他们！当年，有关人员在撰写《中国固体火箭发动机诞生历程》一书时，杨南生再三强调说：固体火箭发动机的问世是群体劳动的结果，一定不要写我个人。当时，记者不敢亵渎他的谦逊美德，只好“恭敬不如从命”，只是简短地提及了他。

然而，参与固体火箭发动机诞生历程的人们都知道，杨南生是中国固体火箭发动机创业一代的优秀代表，是固体火箭发动机研制战线的卓越指挥员，是造诣很高的固体火箭发动机专家；固体火箭发动机诞生历程中的每一步都留下了他的坚实脚印，取得的每一项成就都闪烁着他的智慧之光；他对固体火箭发动机事业的功勋不可磨灭。他和研制团队几十年奋斗的结果，使中国现代固体发动机事业从无到有、从小到大地发展壮大起来了。第一颗东方红卫星、第一颗返回式卫星、第一颗通信卫星、第一台固体导弹发动机，等等，杨南生和他的战友们都以固体火箭发动机无可替代的价值，在中国航天史上写下辉煌的篇章。忠诚，执着，无怨无悔，专家杨南生不仅创造了一份辉煌的业绩，而且率先垂范，体现出了航天人的伟大精神，那就是：自力更生、艰苦奋斗、大力协同、无私奉献、严谨务实、勇于攀登。

富国强军心中记，爱国奉献脚下行。在这里，总有一种信念，任凭风吹雨打，纹丝不动；在这里，总有一种精神，不论世事变幻，永远坚守。剑舞九天，啸傲长空。当一条条“巨龙”冲天而起、直上九霄的时候，一代代航天固体事业工作者，把对国家的忠诚、对人民的热爱铸进了共和国的倚天长剑，让民族的尊严巍然挺立于天地之间！50多年来，固体动力事业从无到有、从弱到强，经历了一个艰难的发展过程。他聚集了几代人的努力奋斗，才取得了今天可喜的成果。杨南生，一个把毕生精力和才智奉献给了祖国、奉献给了固体事业的航天老兵，以其才学、作风和对固体事业的贡献，赢得了人们的敬重，他不计名利，奉献国防，四院人永远记着他，他的功勋，永不磨灭！

原四院院长叶定友评价说，“杨南生同志学成回国后，满怀报国之志，服从组织安排，舍小家，为国家，转战东西南北，率领科研团队，始终工作在第一线。自力更生，艰苦奋斗，顽强攻关，为祖国的航天事业创造了多个第一，作出了突出贡献。我在杨副院长领导下工作了20多年，深受教益。他是我最崇敬的一位领导、师长和专家。他走了，却永远活在我心中。”

原四院副院长阮崇智说：“他的学识我永远赶不上，他的为人将是我终生效仿的榜样。”杨南生视为忘年知己的廉茂林曾写过一篇概览杨南生一生的文章，取题“五十功名任春风”，可谓高度概括。是啊，因为他的一生写满了故事，传奇而令人敬仰；因为他对每一个劳动者以应有的尊重，从他身上，人们看到了生命的尊严。人们不会忘记历史，更不会抹去那段尘封在历史长河中的传奇。金杯银杯，不如老百姓的口碑，他的心中装着祖国和人民，祖国和人民永远记住了他。

他的名字叫杨南生！

杨南生年谱

杨南生，1921 年出生。博士、研究员、教授、博士生暨博士后导师，弹塑性断裂力学学科学术带头人，力学家，火箭专家，国际宇航科学院院士，政府特殊津贴享受者。一生主要从事火箭研制，是中国火箭事业的杰出创业者之一，尤为我国固体发动机的发展鞠躬尽瘁，贡献卓著；晚年从事弹塑性断裂力学的教学与研究，培养了硕士、博士、博士后近 20 名。2013 年 3 月 5 日逝世，享年 92 岁。

1921 年

12 月 29 日诞生于缅甸仰光市一个华侨家庭。祖籍福建省海澄（今龙海）县。父亲杨允修（留日生），时任仰光华侨中学校长；母亲萨本祥（留日生）随往仰光市。

1923 年

春夏之际，随父母回归祖国。父母工作无着，全家颠沛于福建与北平（今北京）两地间觅职，直至 1927 年。

1927 年

秋季，入北平育英小学读书，全家始定居北平。父亲任职北平国立图书馆，母亲居家。

1933 年

秋季，考入北平师范大学附属中学，在此一直读完高中。学习一贯刻苦，成绩始终名列前茅，曾获北平全市中学生数理化会考第二名。

1937 年

“七七事变”前夕，父母因日寇进逼华北而先后南迁福建，将其寄居于时任辅仁大学教授的舅舅萨本铁家，以求不中断学业。

“七七事变”后，北师大附中被日伪接管。为发泄抗日之情绪，曾拒绝参加校球队、抵制日语课、拒不参加日伪政府组织的“庆祝”侵占汉口的游行，为此，受到校方记大过处分。

1939 年

暑期，高中毕业，不顾舅舅阻拦，冲破日寇封锁，由海口经越南到昆明，考入西南联大航空系。一年后，因对腐败的国民党政府认识更深，不满日增，对那时只修不造的航空业极为失望，遂愤然舍弃钟爱的航空专业，转入机械系学习。

1943 年

暑期，从西南联大毕业，获工学学士学位。随即受聘到昆明中央机器厂任工务员。

1945 年

秋季，受聘回西南联大，担任材料力学课助教。此时反蒋情绪日增，积极参加反内战活动。年末遭遇“一二・一”昆明惨案，曾为解救马大猷教授，拳击闯入校园的国民党特务。

1946 年

暑期，西南联大解散，随清华大学迁回北平，受聘为钱伟长教授新设的“现代应用力学”课程助教，从此确立了主攻力学的志向。其时，政治上坚持反蒋，参加反内战、反饥饿大游行等活动。

1947年

考取庚子赔款公费留学，入英国曼彻斯特大学理工学院深造，受钱伟长先生的指点，选取塑性力学为研究方向。起初读硕士学位，一年后因成绩优异被批准转读博士学位。在校期间，积极参加左派留学生的反蒋活动，逐渐接触马列主义，了解中国共产党。

1948年

圣诞节假期中，与同在英国攻读硕士学位的莘耘尊结婚。他们是在西南联大期间相识并订婚的。婚后育有一女一子。

1949年

中华人民共和国成立后，在支德瑜同学带领下，发起成立了“中国科协留英分会”，以介绍新中国，促进同学学成回国参加新中国建设为宗旨。在开展的活动中，作过“新中国概况”“北京介绍”等报告。

1950年

7月，以《各向同性金属的塑性应力应变关系》优秀论文，获博士学位。随后结束了曼彻斯特大学理工学院的学业。

10月，携妻莘耘尊并几位同学，谢绝英国友人挽留，冲破国民党阻挠，持“无国籍人士”护照，离开英国，辗转印度、香港，回到新中国，受到人民政府的热情接待。因为一心要直接参加新中国建设工作，便回绝了几所大学的聘请，而选择到重工业部汽车实验室工作，被任命为汽车材料科科长，为创建新中国汽车工业作准备。

1951年

负责完成了重工业部汽车材料实验室的土建和设备安装，并开展了人员培训，获重工业部“培训干部”奖。

1952 年

正式展开汽车材料实验工作。通过工作实践，培养了一批技术人员。

1953 年

10月，随重工业部汽车实验室整建制调入建设中的长春第一汽车制造厂，出任中央实验室主任、工程师，负责实验室建设和材料检验。

1954 年

主持“解放”牌汽车材料检验和材料国产化工作，为中国的第一型汽车的出车作出贡献。

当选为吉林省首届人民代表大会代表。

1955 年

当选为中国科普协会吉林省分会秘书长。承组织命，联合弟弟妹妹们动员旅居香港的父母亲回内地工作。次年父母亲归来，终因政策未落实，一直闲居北京女儿杨平生家。

1956 年

出席全国首届科普工作积极分子大会。

9 月，加入中国共产党。

同月，调入刚组建的以钱学森为所长的中国科学院力学研究所，任副研究员，学术委员会秘书。

参与力学研究所大楼及实验室建设。

当选为中国力学学会第一届理事会理事。连任三届，直至 1990 年。

1957 年

主持高温塑性力学研究课题，带领青年人开展工作，取得成果，写出《三七黄铜的塑性应力应变关系》论文（发表于《力学学报》,1958 年第 1 期），并培养了一批青年人。

兼职力学研究所学术秘书，协助所领导组织、管理科研工作。

钱伟长先生被错划为右派，受牵连被迫作检查。

1958 年

8 月，出任中国科学院筹组中的卫星研制机构之一“1001”设计院负责人，负责运载火箭设计。突击 3 个月，完成了设计图，制成模型，一起在中国科学院“自然科学跃进成果”展览会上展出。

11 月，随“1001”设计院整建制迁往上海，出任该院与上海有关单位联合组成的中国科学院上海机电设计院的副院长（无院长），仍主持运载火箭研制。

1959 年

根据国家决策，卫星研制任务撤销，上海机电设计院任务转为研制探空火箭。作为该院副院长，负责探空火箭研制和发射场等设施建设。

9 月 29 日，手执由毛泽东主席等国家领导人签署的请柬，步入人民大会堂，出席“中华人民共和国成立 10 周年庆祝大会”。

10 月 1 日，受国庆 10 周年筹委会邀请，登上天安门城楼观礼。

12 月，主持完成我国第一枚探空火箭 T–5 的总装。此箭虽然尚不具备发射能力，但通过研制 T–5 探空火箭，加深了对探空火箭复杂性的认识，对以后的研制具有指导意义。

1960 年

1 月，主持建成上海南汇县老港探空火箭简易发射场。虽很简陋，却是我国第一个火箭发射场。

2 月，负责研制成功试验型液体探空火箭 T–7M。19 日首次发射成功，飞行高度达 8 千米，迈出我国探空火箭发展第一步。

4 月，负责研制我国第一枚实用型液体探空火箭 T–7 的主发动机并达到试车阶段。18日，陪同聂荣臻副总理、中科院张劲夫副院长、力学所钱学森所长（兼），参观在上海江湾利用旧碉堡改建的试车台进行的主发动机热试车。试车圆满成功。

5月28日，毛泽东主席莅临上海新技术展览会，参观了T-7M火箭实物，给予了高度赞赏和热情鼓励。

6月，主持建成较大、较正规的安徽广德探空火箭发射场。

9月，负责研制T-7探空火箭达到发射试验阶段。13日，在广德发射场首次发射成功，飞行高度达18千米。由此，我国的探空火箭进入实用阶段，截至1963年，共进行了10次发射。

1961年

负责完善T-7探空火箭，直到定型，投入小批量生产。

参与领导上海机电设计院松江新址建设。4月落成，正式投入使用。

给技术人员讲授《塑性力学》课，每周半天，历时两年，培养了年轻的技术队伍。其讲义经整理刻印成册，形成一部25万余字的著作。

1962年

上海机电设计院机构和任务调整完毕，重新集中力量开展探空火箭的研制。

1月，负责进行由T-7改型的T-7A探空火箭研制，目标定为90千克箭头，115千米高度，用于高空气象探测。

1963年

6月，作为以赵九章为团长的五人代表团成员，列席在波兰华沙举行的第四届第六次国际空间科学学术会议。这是我国首次参与国际空间学术活动。

8月，主持连续发射3枚T-7探空火箭，为中国科学院地球物理研究所进行高空风测验。3枚火箭的飞行高度均达64～65千米，成功测得高空风参数。

12 月，负责研制成 T-7A 气象火箭，月中进行首次发射，飞行高度达 125 千米，基本成功，使我国的高空探测又迈出了新的一步。

1964 年

7 月，负责完成由 T-7A 改制的 T-7A（S1）生物火箭研制。月内首次发射并回收成功。高度为 70 千米，所载的小白鼠、大白鼠等生物，回到地面时全部存活。这次发射揭开了我国宇宙生物学研究的序幕。

8 月，调任国防部第五研究院第四分院副院长兼总工程师（该分院次年改称七机部第四研究院，以后又多次变更番号，杨南生一直担任此职至 1983 年），主持开创固体火箭事业。

10 月，在国防部第五研究院内部刊物《研究与学习》1964 年第 10 期上，发表《再生冷却式燃烧室内壁应力分析》论文（与陶乃堃等合作）。

同月，深入国营 845 厂协作小分队，与大家同吃同住同工作，指挥直径 300 毫米实验发动机（XX-01）研制，直到 1965 年年末。

12 月，回四分院院部所在地四川泸州高坝，举办《粘弹性力学》讲座，给技术骨干讲授粘弹性力学知识，推动运用粘弹性力学分析方法，研究药柱完整性问题。

1965 年

1 月，主持在国营 845 厂召开的四分院第二次技术会议（惯称“1·15”会议），主要决定 XX-01 发动机使用消振器抑制不稳定燃烧，走完发动机研制全过程，取得研制经验，掌握研制规律；积极开展添加铝粉的推进剂研究，以期彻底解决固体发动机不稳定燃烧问题。

4 月，指导制定《1966—1975 年固体弹道式导弹型号研制发展规划》，确定十年奋斗目标是：研制中程潜地导弹。实施方针是：远近结合，以近为主；先单级，后多级；先陆上，后海上；先拥有，后提高。弹径系列为：770

毫米;1200~1500毫米;1500~2000毫米。该规划铺设出四院发展的基本道路。

5月，主持XX-01发动机研制，取得各种环境试验和多次连续试车成功，随即冻结技术状态，进入飞行试验准备。

7月，兼任四院41所所长。

8月，率队到20基地，进行考核XX-01发动机的试飞弹XX-1飞行试验。连续发射6枚弹，全部成功。这是我国固体火箭发展史上的一座里程碑，标志着我国拥有研制复合推进剂固体发动机的能力了。

12月，进驻内蒙古基地。此时，四院院部和全部力量都搬迁到此基地。

1966年

3月，主持研制成功XX-01A发动机（由XX-01发动机将推进剂更换为含铝推进剂而成）。从上年8月至今，进行了多次成功试车和各种环境试验，以及作为“XX61”动力装置通过了飞行试验考核，全都燃烧稳定，证实了含铝推进剂可从根本上解决不稳定燃烧难题的预期。

5月，在直径300毫米发动机中已解决了的药柱裂纹问题，在作为大型发动机过渡产品的直径654毫米发动机上又出现了。分析原因时，支持用粘弹性力学分析得出推进剂高温慢速率伸长率过低是根本原因的观点。依此部署开展提高推进剂高温低应变速率下力学性能的研究。研究成果从根本上解决了药柱裂纹难题。同期支持用人工脱粘解决发动机脱粘的方案，部署开展研制工作。经过多年努力，不断完善，最终成果成为彻底解决脱粘难题的有力措施。

9月末，作为七机部代表，出席国家举行的国庆17周年庆祝大会。

12月，主持研制直径1400毫米大型试验发动机，取得首次试车成功，向大型发动机迈出了可喜的一步。

年末，“文革”造成的混乱局面渐次出现，四院党委陷入瘫痪状态，主要领导人多数受冲击，挨批斗；群众热火朝天闹“革命”，上班极不正常。杨南生独挑研制重担。

1967 年

1 月，支持停止研制练兵型号“XX61”，力主研制海军核潜艇急需装备的潜地导弹“巨龙七十一号”（后改称“巨浪一号”）。

2 月，主持确定“巨龙七十一号”总体方案，定为水下发射的两级导弹，一级和二级均为直径 1400 毫米发动机（分别为 XX-04 和 XX-05），推力向量控制一级用 4 个摆动喷管，二级用液体二次喷射。

6 月，主持有相关单位出席的技术会议，确定潜地导弹武器系统试验先陆地、再水筒、再装艇的方案。

8 月，出席四院由承担导弹型号研制任务改为只承担固体发动机研制任务后的体制调整和三线建设规划会议，参与确定内蒙古基地承担最大直径为 1400 毫米发动机研制任务，三线蓝田基地按 13 个厂所规模、研制直径 2000 毫米发动机的能力来建设。

赴蓝田秦岭山区，跋山涉水，风餐露宿，为几个主要厂所踏点选址。

1968 年

尽管“文革”破坏了工作秩序，工宣队、军宣队、军管会反复进出四院，仍艰难地工作，承受种种压力，克服包括生病在内的种种困难，靠一辆自行车奔波各厂所站，不仅要解决各种技术难题，而且要动员群众，组织研制，举步维艰地推动直径 770 毫米的长征一号运载火箭末级发动机（XX-02）、巨龙七十一号导弹两级发动机（XX-04 和 XX-05），以及其他战术导弹发动机研制工作。

1969 年

1 月，研制“反击一号”助推器，取得首次试车成功，验证了技术方案。

9月，主持研制XX-02发动机取得连续多次试车成功后，参加长征一号运载火箭全箭试车，获得圆满成功，受到周恩来总理电贺。

年末，运用断裂力学理论，分析超高强度钢壳体低应力爆破问题，得出忽视了韧性是根本原因的观点，部署改进超高强度性能指标，提高断裂韧性的研究。其成果彻底解决了低应力爆破问题。

1970年

1月，主持研制XX-02发动机，取得高空模拟旋转试车成功（前已进行过旋转、高空模拟等试车共18次），结束研制，产品进入交付状态。

4月，率队到酒泉导弹试验基地参加我国第一颗人造卫星“东方红一号”的发射。24日，卫星发射成功，XX-02发动机发挥了应有的作用，成为四院向国家奉献的第一个产品而载入我国固体火箭事业的史册。

5月，主持研制的XX-05试验发动机首次试车，验证了技术方案的可行性。

6月，主持研制的XX-04试验发动机首次试车，验证了技术方案的可行性。

8月，参加国防科委在北京召开的计划会议（815会议），受到极左思潮的猛烈冲击。

秋季，发现、推广有限元法，使之逐渐成为药柱结构和壳体结构分析的有效工具。除主持研制“XX-02”“XX-04”“XX-05”和“反击一号”助推器以及返回式卫星回收制动发动机外，还主持开展为兄弟单位的战术导弹配套的发动机、助推器研制，身体几乎累垮。

1971年

1月，主持研制的“海鹰三号”助推器交付总体，在航天远洋测量船基地进行遥测弹飞行试验，获得成功。四台并联捆绑助推器同步点火，使弹正常脱轨。

3月，主持研制成功的“XX-02”，再次交付“长征一号”在酒泉导弹试验基地进行我国第二颗、也是第一颗实用型人造卫星发射并取得成功。

4月，主持确定了“反击三号”三级动力装置方案设计，一级为直径1400毫米发动机，二级为直径1200毫米发动机，三级为直径812毫米发动机。

5月，出席中共内蒙古自治区第二届代表大会，当选为自治区党委委员。

12月，主持研制的“XX61”舰空导弹发动机 XX-01B（XX-01A改型）通过鉴定，任务移交给上海机电二局。

此年，主持研制的“XX-04”和“XX-05”进入初样阶段。

1972年

1月，主持研制的“反击一号”助推器，提供给“反击一号”试飞弹，在24基地进行飞行试验，助推器正常工作。5月，又供独立回路遥测弹进行飞行试验，助推器工作正常（1979年成功进行了两次模型遥测弹飞行，1980年3月，此任务被撤销）。

7月，主持研制的XX-04初样发动机首次全程试车成功，考核了发动机结构。

12月，42所迁往湖北后，支持留在389厂的推进剂配方研究人员的要求，力主组成46室，直接归院管理，加强中能推进剂研究。1975年，报批以该室为基础，组建中能推进剂研究所，代号46所。

1973年

3月，主持研制的“XX四号”地空导弹主发动机和助推器，提供给总体，在酒泉导弹试验基地进行模样遥测弹飞行试验，助推器工作正常，主发动机正常点火（依上级决定，该项任务于1979年1月移交给上海机电二局）。

6月，主持研制的“海鹰三号”岸舰导弹固体助推器，从1967年至

1971 年，成功进行多发试车，2 次飞行试验，1972 年上级决定任务转移，此时通过技术鉴定，全部技术移交给三院。

8 月，以正式代表身份，出席中共第十次全国代表大会。

9 月，承接“鹰击一号”空舰导弹固体助推器研制任务，1970 年完成设计工作，上级决定停止研制，按要求，将全部设计资料交给三院。

1974 年

3 月，主持预研工作会议，审定“反击三号”等型号发动机和“曙光一号”载人飞船回收制动 / 逃逸救生发动机技术方案(“曙光一号”任务不久被撤销)。

6 月，主持开展群众总结经验工作，形成《固体发动机工作中的主要经验教训》一文，指出从 1962 年至今，共研制 36 种固体发动机，其中 8 种参加了飞行试验，这一历程主要经验是：自力更生，慎重决策，遵循规律，加强预研等。这一总结对以后的研制工作具有很大的指导作用。

8 月，主持研制的返回式卫星制动发动机，进行了各种条件的试车，完成 01 批发动机研制任务，11 月参加返回式卫星在酒泉导弹试验基地的首次发射。因发射失败，回收制动发动机未得到考核。1975 年 11 月发射成功，回收制动发动机正常工作，回收舱顺利返回地面。

父亲杨允修受“文革”冲击，病逝于北京二妹家，享年 77 岁。工作忙，未奔丧。

1975 年

2 月，鉴于“XX-04”和“XX-05”(根据新的命名法，从 1975 年起，发动代号由 XX 改为 XX1）技术方案得到验证，结构基本通过考核，无多少重大技术问题；蓝田基地初步具备研制条件，东方红二号通信卫星远地点发动机、“反击三号”三级发动机研制，以及“巨浪二号”(巨龙系列从 1972 年改为巨浪系列）预研工作转移到蓝田基地；四院党委报告上级，拟将院部迁往蓝田；

个人乐于创新，获准离开内蒙古到蓝田基地，以开创研制工作新局面。

6 月，参与规划蓝田基地的进一步建设，以尽快形成研制直径 2000 毫米发动机的能力。

7 月，主持采用头部人工脱粘技术，彻底解决导致玻璃纤维壳体发动机试车失败的所谓“神秘冲击”问题(波在不同介质中传播速度不同而引起的问题)。“反击三号”第三级直径 812 毫米玻璃纤维壳体发动机试车成功，验证了人工脱粘技术，玻璃纤维壳体发动机研制工作取得重大突破。

10 月，主持制定东方红二号通信卫星远地点发动机（XX-15）技术方案，力主采用玻璃纤维壳体等多项新技术。

11 月，主持预研工作会议，按照“既瞄着型号，又不挂型号”的思路，部署复合材料壳体、柔性全轴摆动喷管等推力向量控制装置、大型单喷管、碳/碳喉衬、三维药型、可拆卸芯模，以及多项工艺研究课题。

1976 年

5 月，主持起草报告，向上级呈明，“反击三号”要求高，难度大，必须分步研制，第一步抓紧预研。报告获准，研制工作按规律向前推进。

同月，主持测试与探伤技术会议，总结经验，明确研究方向、目标和重点。

8 月，对到货已久又锈蚀的 2000 升立式混合机进行细致检查，力排报废主张，确定稍加清理修整安装使用。该机运转正常，7416 厂提前建成，1977 年 1 月即投产装药。

1977 年

4 月，主持预研工作会议，审定预研型号“巨浪二号”三级发动机技术方案，检查总结相关单项技术预研进展情况，明确预研课题的重点是柔性全轴摆动喷管等推力向量控制技术。会议促进了预研工作的进展。

11 月，主持采用多种新技术的 XX-15 发动机，继地面静止试车和旋转试车成功后，高空模拟试车又基本成功，表明第二代固体发动机研制工作已步入加速前进的轨道。

12月，当选为省人大代表，出席陕西省第五届人民代表大会一次会议。会上当选为第五届全国人民代表大会代表。

1978年

2月，出席第五届全国人民代表大会第一次会议。

3月，出席全国科学大会，被授予科技战线“先进工作者”称号；主持研制的东方红一号卫星运载火箭“长征一号”末级发动机、返回式卫星回收制动发动机等项成果获一等奖。

4月，出席陕西省科学大会，获“在科学实验运动中取得优异成绩”奖状。

5月，主持研制的“反击三号”第三级玻璃纤维壳体发动机，最后一次（第8次）试车成功，随即终止研制任务（“反击三号”1980年正式被撤销）。这是四院第一种玻璃纤维壳体型号发动机，其成果运用于东方红二号通信卫星远地点发动机。

同月，作为以谷牧副总理为团长的中国政府代表团成员，出访法国、西德、比利时、瑞士、丹麦等五国，历时一个月。

受聘在西北工业大学讲授《塑性力学基础》，讲义经整理油印成册。后又被聘为研究生导师，先后培养出10名硕士。

1979年

1月，提出对改性双基推进剂意见，以蓝田基地名义向七机部呈报《关于加快我国改性双基推进剂研制发展的几点意见》，指出改性双基推进剂是我国固体推进剂研制的又一条重要途经，研制要重视综合性能，不能孤立地追求能量指标。意见促进了改性双基推进剂的发展。

7月，许多单项技术预研取得成果或突破性进展，决定开展三种综合试验发动机研制（即直径1400毫米玻璃纤维壳体发动机XX-1，直径1400毫米金属壳体发动机XX-2，直径2000毫米金属壳体发动机XX-3），以考核单项技术在整机中的性能。院党委确定：三年三大步，突破三种发动机，为研制我国第二代固体战略导弹奠定基础。

10月，在中国宇航学会第一届理事会上被选为副理事长。后又任第二届理事，第三届名誉理事。

12月，主持研制的“XX-1”首次试车成功，考核了大型玻璃纤维壳体、翼柱药型、含HMX丁羟推进剂、碳/碳喉衬、深潜入喷管和新型点火器等一批新技术，以及纤维缠绕工艺、装药工艺和试车测试技术。七机部党组和国防科委分别发电祝贺，指出这标志着我国大型固体发动机技术达到了一个新阶段，为我国第二代战略武器的研制迈出了新的步伐。

1980年

4月，主持预研工作会议，进一步明确XX-1、XX-2、XX-3综合试验发动机的研制方向和步骤，确定两三年内要突破的多项关键技术，提出了为1983年开展第二代固体发动机研制夯实基础的目标。

7月，主持“东方红二号”远地点发动机研制工作会议，决定制定正样技术文件，逐步冻结技术状态，稳定工艺，按时保质达到交付状态。

11月，经中央书记处批准，出任七机部总工程师。

同月，主持研制的第二台XX-1发动机试车成功，补充考核了柔性全轴摆动喷管这一关键技术，标志着推力向量控制技术的新突破。

当选为中国航空学会动力专业委员会第二届委员，后又连任一届。

1981年

3月，主持研制的“XX-2”试车成功。该发动机装药量11.3吨，采用丁羟推进剂、锥槽柱药型、大型整体式碳/碳喉衬、潜入式柔性喷管等多项新技术。

6月，夫人莘耘尊病逝。

9月，当选为新成立的七机部科技委副主任。

11月，当选为中国宇航学会固体火箭推进专业委员会主任。

12月，主持研制的第三台XX-1发动机在六分力试车架上热试车成功，柔性喷管按程序完成双向摆动。

当选为陕西省航空学会第三届副理事长。

1982年

2月，出任七机部科技委固体发动机专业组组长。

4月，主持研制的东方红二号通信卫星远地点发动机正样通过高空模拟试车，进入交付状态。

6月，主持预研工作会议，总结检查几年来成果，布置以第二代固体导弹型号发动机为目标的重点预研课题，强调研究要瞄准各领域先进水平，并重视基础技术。

同月，主持七机部科技委固体发动机专业组会议，审议《1981～1990年固体发动机专业技术十年规划（草案）》。

9月，主持研制的第四台XX-1发动机试车成功，考核了后回转中心柔性喷管。

同月，主持研制的第二台XX-2发动机试车成功。该发动机装药量15吨，喷管喉径280毫米。试车中柔性喷管依程序进行了水平摆动。

10月，组织编写《中国大百科全书》固体火箭部分条目。

12月，主持研制的第五台XX-1发动机试车成功，主要考核了不含苯乙烯的丁羟推进剂。

被国家学位委员会授予博士生导师资格，在西北工业大学兼职培养博士研究生。

1983年

1月，改任四院科技委主任，退出技术指挥岗位。

同月，被聘任为航天工业部第一届科技委常委。

2月，主持研制的第一台XX-3发动机试车成功。该发动机装药量22吨，采用含偶联剂的丁羟推进剂、新型锥槽柱药型、深潜入柔性喷管、碳/碳喉衬、高能点火器等技术。这一成功表明，我国的固体发动机技术有重大突破，第二代战略武器研制已具备了重要基础。航天工业部党组和陕西省政府等分别发电表示祝贺；四院召开庆祝大会。

4月，出席陕西省第六届人民代表大会一次会议，当选为第六届全国人民代表大会代表。

同月，被聘任为四院主办期刊《固体火箭技术》编委会主任。

6月，出席第六届全国人民代表大会第一次会议。

1984年

1月，被召至渭南卫星测控中心，参加东方红二号通信卫星首次发射，为远地点发动机保驾。第一颗卫星未能到达静止轨道，而远地点发动机依指令正常点火工作，为卫星进入低地轨道运行发挥了一定的作用。业内外称誉远地点发动机挽救了卫星。第二颗卫星于4月发射圆满成功，远地点发动机发挥了应有的作用。因此被作为“试验通信卫星及微波测控系统”项目主要参加者，获国家科学技术进步奖特等奖（1985年）。

9月，改任四院技术顾问。

10月，荣立航天工业部一等功。受聘为西北工业大学兼职教授，博士生导师，先后培养博士7名。领衔合著的《塑性力学与弹塑性断裂》一书由航空专业教材编审组出版；发表《LY12CZ薄板铝材裂纹起裂、稳态扩展和失稳扩展时的抗裂特性》论文（《固体力学学报》，1984 年第 1 期）。

当选为陕西宇航学会第一届理事长，后任第二届名誉理事长。

1985 年

3 月，出任航天工业部科技委固体发动机专业组组长。

10 月，被国际宇航联合会第三十六届年会选为国际宇航科学院院士。在第四届全国断裂学术会议上，发表领衔合作的《表征裂纹稳定扩展过程的两个力学参量》论文（收于该会议论文集中）。

领衔合作发表《JR 曲线单试样测试方法》（英文）（《国际压力容器及管道》杂志，1985 年 21 卷）。

1986 年

6 月，与张严平同志结婚，组成新的家庭。

秋季，在“全国首届电站金属构件失效分析和寿命管理、电站主蒸汽管道寿命技术”研讨会（厦门）上，发表合作的论文《表征裂纹稳定扩展过程力学参量的理论分析和实验研究》，被评为优秀论文。

1987 年

中期，发表领衔合作的论文《弹塑性状态下 I 型裂纹前缘应力应变场的奇异性分析》（《应用数学和力学》，1987 年第 7 期）。

1988 年

移居北京航天大院内。

夏季，在国外《工程断裂力学》（Eng. Fract. Mech）1988 年第 30 卷第 4 期上，发表领衔合作的《稳定扩展中的裂纹前端近场形变分析》（英文）论文。

1989 年

10 月，被西北工业大学聘任为工程力学系名誉教授，工程力学博士后工作站导师，培养了两名博士后。

1990 年

秋季，发表领衔合作的论文《弹塑性Ⅰ型裂纹端三维应力应变场的结构分析》(《固体力学学报》，1990 年第 3 期)。

主审《弹塑性断裂力学工程应用指南》一书（陕西科学技术出版社出版，1990 年)。

1991 年

秋季，在日本京都召开的第六届国际材料力学会议上，发表领衔合作的《预示韧性材料断裂的一个新模型》(英文，收录于会议文集)。

9 月，获航空航天工业部“有突出贡献专家”称号。

10 月，被批准自 1990 年 7 月起享受国务院颁发的政府特殊津贴。

主审《固体火箭发动机手册》(航天档案馆出版，1991 年)。

母亲萨本祥在广州大妹家寿终正寝，享年 96 岁。身体不佳，未能送终。

11 月，被聘任为航空航天工业部科技委顾问，直至 2013 年 3 月 5 日 (1991 年至 2013 年 3 月，先后经历了航空航天工业部、中国航天工业总公司、中国航天科技集团公司三个阶段变更)。

1992 年

8 月，被陕西省科学技术协会授予“陕西省科技精英”荣誉称号。

任《当代中国的航天事业》英文版副主编，为修改原稿付出艰辛，该书由宇航出版社出版，向国内外发行。

1993 年

为祝贺钱伟长先生 80 寿辰，领衔合作《裂纹体与无裂纹体的变形和韧性断裂过程研究——模型与分析》论文，收入《钱伟长先生八十诞辰祝寿文集》(科学出版社出版，1993 年)。

6 月，收到中国第一汽车集团公司（原长春第一汽车制造厂）邀请书，写道:“您作为老一辈创业者，作出了卓越的贡献……不仅为一汽的建设发展创立了光辉的业绩，而且为年轻一代汽车工人留下了宝贵的精神财富……深深赢得了汽车工人的尊敬和钦佩……在建厂四十周年的日子里，一汽职工倍加怀念您，恳请您回厂参加纪念活动。”因年高不便，未能应邀回厂，恭谨致函祝贺。

10月，中国航天工业总公司颁发给“航天创业荣誉证书”。

1994年

被西北工业大学评定为“弹塑性断裂力学学科学术带头人”。

应全国政协文史资料委员会之约，与崔国良合作撰写《中国固体火箭发动机诞生历程》一文，收入《文史资料选辑》第二十八辑（中国文史出版社出版，1994年）。

1995年

审完从1991开始主审的《导弹与航天丛书·固体推进技术》专著，共4卷5册（宇航出版社出版，1991 ~ 1995年）。

1996年

当选为中国宇航学会第三届理事会名誉理事。

中国力学学会鉴于杨南生为中国力学科学事业所作的贡献，特授予中国力学学会荣誉会员称号。

为庆祝航天创建40周年，应约撰写《第一台实用型固体发动机的研制》一文，收入《航天春秋——航天40年回忆录文集》（中国航天工业总公司档案馆出版，1996年9月）。

1997年

积极支持四院一些同志提出研制固体小型运载火箭的设想，并为之和研制卫星的老同志联系，给有关方面写信呼吁，托人在航天规划会上提议……寻求对这一设想的支持。

应邀评阅四院主办的《固体火箭技术》期刊，从选题到每篇文章，以及英文摘要，都给予认真点评，有肯定、有指正，洋洋洒洒写出一大篇。

1998 年

2 月，受邀参加上海市在南汇县老港镇东进村原 T-7M 探空火箭简易发射场址建立的“T-7M 纪念碑”揭幕仪式，因身体欠佳，未能成行，写信表达了祝贺和祝愿，以及对往事的怀念。

12 月，应约为上海市宇航学会编辑的《T-7M 火箭纪念文集》撰写序言。

1999 年

9 月 18 日，应邀出席中共中央、国务院、中央军委表彰为研制“两弹一星”作出突出贡献的科技专家大会。

谢绝四院领导为其出论文集的举措，为的是“不给领导繁忙的工作增添麻烦”。

2000 年

4 月，应邀出席国防科工委举办的“我国第一颗人造卫星发射 30 周年纪念大会”。

接受林华宝、柯受全邀请，到唐家岭五院航天研究试验中心参观。为中国神舟一号试验飞船的上天，为中国航天事业的辉煌成就，欢欣鼓舞。

2001 年

5 月，接待四院领导派员访问，理解四院领导和广大干部群众的心意，答应只要健康状况允许，10 月回院看望大家，当面致谢。

10 月 8 日至 14 日，受四院盛情邀请回到西安，参加为他举行的八十华诞暨从事科技工作五十一周年系列活动，相继出席了“学术报告会”“老干部老专家座谈会”“共青团座谈会”，友好部下自发召开的“祝寿会”，以及盛大的“祝寿宴会”；会见了络绎不绝的拜访者；在院领导陪同下参观了各厂所，几乎走遍了留有他的足迹和心血汗水的每个地方。在整个活动期间，四院院报和四院电视台进行了跟踪采访和报道。他十分感谢四院领导和广大干部群众对他的厚爱，他也真诚祝福四院事业兴旺发达，人人健康幸福。

2013 年

3 月 5 日，因病在北京去逝，享年 92 岁。

（廉茂林　编撰）

杨南生主要论著

1.《各向同性金属的塑性应力应变关系》（英文），英国曼彻斯特大学博士论文，1950年。

2.《三七黄铜的塑性应力应变关系》,发表于《力学学报》,1958第1期。

3.《再生冷却式燃烧室内壁应力分析》，发表于《研究与学习》（国防部五院内部刊行），杨南生、陶乃堃、洪树培合著，1964第10期。

4.《塑性力学基础》，西北工业大学，1978年。

5.《塑性力学与弹塑性断裂》，航空专业教材编审组，杨南生、张志镇、官忠信等，1984年。

6.《ＬＹ12ＣＺ薄板铝材裂纹起裂、稳态扩展和失稳扩展时的抗裂特性》发表于《固体力学学报》，杨南生、官忠信、张剑英等合著，1984年第1期。

7.《表征裂纹稳定扩展过程的两个力学参量》，发表于第四届全国断裂学术会议论文集，杨南生、王德民、官忠信合著，1985年。

8. 《表征裂纹稳定扩展过程力学参量的理论分析和实验研究》，发布于“全国首届电站金属构件失效分析和寿命管理、电站主蒸汽管道寿命技术”研讨会，杨南生、王德民、官忠信合著，1986年。

9.《弹塑性状态下Ｉ型裂纹前缘应力应变场的奇异性分析》,发表于《应用数学和力学》，杨南生、陈晓明、官忠信合著，1987年第7期。

10.《稳定扩展中的裂纹前端近场形变分析》（英文），发表于国外《工程断裂力学》（Eng. Fract. Mech），领衔合著，1988年第30卷第4期。

11. 《弹塑性Ｉ型裂纹端三维应力应变场的结构分析》，发表于《固体力学学报》，杨南生、陈晓明、官忠信合著，1990第3期。

12.《裂纹体与无裂纹体的变形和韧性断裂过程研究——模型与分析》，发表于《钱伟长先生八十诞辰祝寿文集》，杨南生、张克实、郑长卿合著，科学出版社出版，1993年。

参考文献

1.《伟大的爱国学者》（内部）——杨南生先生八十华诞纪念文集，李德然主编。

2.《航天四院简史》（内部），中国航天科技集团公司第四研究院主编。

3.《上海航天从这里起步》，上海市宇航学会主编。

4.《风雨三十年》，中国航天科技集团公司第四研究院主编，宇航出版社出版。

5.《丰碑如山》（内部），中国航天科技集团公司第四研究院主编。

6.《我的父亲杨南生》（内部），杨红主编。

7.《钱学森故事》，涂元季、莹莹著，解放军出版社出版。

8.《航天事业三十年》（1956-1986），宇航出版社出版。

9.《航天博览365》，刘登锐等编著，宇航出版社出版。

特别鸣谢

谨向以下接受采访及搜集资料的专家、学者、领导及朋友们表示衷心的感谢！

（以采访时间先后为序）

张康助、张晓轮、王玫、廉茂林、张严平、陈庄、陈大亚、陈中年、褚桂柏、纪明兰、李颐黎、李志军、戚发轫、沈铭潘、盛焕岳、王生梅、王希季、杨福生、谢昌年、杨雯锦、张新斋、陈克明、王明顺、万德明、刘守业、雷明忠、邵永昌、黄世臣、刘世琨、胡永强、卢兴福、赵殿礼、闫桐林、张志刚、杜学洲、戚南强、邬明洲、陈沁、吕德鸣、崔晓翔、杜磊、顾星若、刘国雄、钱家正、沈天标、王继盛、许达、杨滔祝、袁人锐、赵文瑜、李志明、罗裕章、陈增解、郭占鳌、肖有训、陈明义、谢丰沛、李德然、胡建华、冯冀、孙士杰、陈立学、阮崇智、朱祖念、王士宝、许定宇、陈增解、叶定友、孙凤周、邢球痕、仲瑞昌、赵锡良、潘春松、郭远铭、张锡学、赵晋武、关国山、王世安、高维忠、霍晓旭、于恩凤、王直翔、项建杏、王诤、苏君明、杨红、张建国、马伯信、董先秀、李丽军。

书中照片由杨红、路永明、高斌省、李威等提供；感谢伏玲、江汉琴、张宏娟、胡捧会等朋友帮忙打印部分资料，一并致谢。并特别感谢杨红女士、张严平女士提供大量的家庭照片及资料。

后 记

一

我崇敬杨南生先生，虽然并没有见过他，更没有机会与他共事、聆听他的教诲。所有的感动，皆源自于人们的口碑：他聪明睿智，亲和力极强，与他在一起，有一种轻松、有一种愉悦、更有一种超凡脱俗的魅力吸引你。后来才知道，那就是人格的力量！

世间的事情有时候就是这么玄妙，不用海阔天空，不必口若悬河，你的一个眼神，你的举手投足，细微之中，内心深处的纯真与伟岸尽显无遗。正是因为他的率真、坦诚、无私无畏和刚正不阿，他在人们的心目中才勾勒出了一副人生正义的坐标：这个坐标上，一头是祖国和人民，一头是他的赤胆忠诚……

他对每个人都充满了欢喜，充满了爱，他创下的功绩永载史册。而我能够承担撰写《杨南生传》这样一项光荣而艰巨的任务，既骄傲，又惶恐。当年，有关人员在撰写《中国固体火箭发动机诞生历程》一书时，杨南生先生再三强调："固体火箭发动机的问世是群体劳动的结果，一定不要写我个人。"现在，航天科技四院领导为了固体事业的传承，也为了航天精神永存，决定出版《杨南生传》，他是航天事业的杰出代表，他的背后，是一个无私奉献、为国争光的航天专家、科研人员群体，限于篇幅，英雄的名字不能一一提及，但老一辈航天人的精神永存。

二

正式接到撰写《杨南生传》的任务是2013年7月。当时，我退居二线整一年。期间，我已参与完成了《四院简史》《丰碑如山》《肩膀上的日子》等图书的编撰、校对工作，那些日日夜夜的辛劳，自己知道。听说院里又想让我执笔撰写《杨南生传》，我第一次斗胆回绝。然而，领导还是坚持说：再干一次，相信你一定能够完成好！鼓励面前，没有退路，要干，就必须竭尽全力。

在四院思想政治工作部领导、廉茂林老师和张严平老师的帮助下，说干就干。我们沿着杨南生先生走过的足迹，前前后后一共采访了100多位与杨南生先生共过事的同事及家人，年龄大多七八十岁，最年长的九十四岁。可以说，我们在与时间赛跑。

我心着急。采访如期进行，老同志的热情与认真让我感动，上午、下午，甚至中午不休息。记录做了三四本，大家的期望值越高，我写杨南生先生传记的难度就越大。一、我不是杨先生那个时代的人，许多背景需要消化吸收；二、我没有见过杨先生本人，对他没有直观认知；三、杨先生已经谢世，许多故事无法从本人口中获取，失去了直接的事件来源与故事启发；四、我对专业技术一窍不通……这诸多的不利，要在两年多的时间里拿出几十万字的传记书稿，还要经过保密关、事实关、家庭关……自然难上加难。

好在前辈们给予我太多的鼓励，那么，干就必须干好，这是我的做事原则，也是航天人的特质。

三

一路采访，沿着杨南生先生的足迹，经历了太多的感动。廉茂林先生的支持，陈庄先生的认真，戚南强先生的热情，张自刚、杜学潮先生的执着，李德然书记倾其所有提供的书籍资料……采访越多，崇敬越深。每到一处，大家口碑相似：他是一位真正的科学家，他一生留给后人两座山峰，一座是科学的高峰，一座是人性的高峰，这两座山峰够我们用一生去品读。在杨南生先生的女儿杨红那里，我看到了一个完整而立体的杨南生：儿子、丈夫、父亲、学者、专家、朋友……每一张照片的背后都有一段感人的故事，让这本书能够生动而立体，不仅再现出杨南生院士科学家的一面，也能够沿着他人生轨迹探寻到爱国治家、宽厚民主的一面，于是，他伟岸而高大的形象，就从那一点一滴的小事件中流淌出来……

四

航天四院党政领导和同志们给予了极大支持，尤其是田维平院长、张康助书记、邓红兵书记，思想政治工作部张晓轮部长、王玫部长，熊满仓副部长和宣传处的同仁们，多次组织召开座谈交流会，讨论确定写作主题和大纲，提供大量鲜活生动的素材；感谢廉茂林老师、陈庄老师，感谢四院老领导叶定友院长、胡建华书记、李德然书记、阮崇智副院长及科技委孙凤周秘书长的认真修正。在采访中，我再次被老一辈和年轻一代航天人无私奉献、淡薄名利的精神所感染，他们的道德、品格、修养和情趣所闪耀的人性光辉，给我、给世人留下了美好而深刻的印象，这些都将是经久不衰且永远值得长留心间的财富。

正如习近平总书记所说："未来中国，是一群正知、正念、正能量人的天下。真正的危机，不是金融危机，而是道德与信仰的危机。"心怀苍生，大爱无疆，后人的心中一定要以崇拜者为楷模，而杨南生先生就是航天人的正知、正念、正能量的精神楷模。

本书历时近四年，上上下下把关、审核，几易其稿，终将与世人见面，欣喜中多有忐忑。因本人水平有限，疏漏及误差之处在所难免，祈盼专家、领导及杨南生先生的家人鉴谅并指正。

特别感谢四院领导和编委会同志们的大力支持；还要特别感谢我的家人给予的理解与支持，得以专心致志、全力而为之。

2017 年 3 月 5 日